KB089537

굿모닝,
윤석열

굿모닝, 윤석열

김윤중 지음

S|A 시아

서문

　작금에 이르러 공산주의 국가인 북한과 중국이 사회주의 강성 대국을 추구하며 자유민주주의 국가인 우리 대한민국을 전복시키 려고 날뛰고 있다. 마치 이에 동조하기라도 하듯 국내에서는 낡아 빠진 좌파 이념으로 무장한 채 위험한 연방제 통일을 주장하며 사 회주의자를 자처하는 자들이 문재인 정권을 주도하고 있다. 이는 도도한 역사 발전의 물줄기를 거꾸로 돌리려는 시대착오적인 행위 라고 아니 할 수 없다. 게다가 사회주의 환상에 빠져 있는 좌파 지 식인들이나 좌파 문화인들의 발호는 극악스러울 정도여서 우리나 라는 내우외환의 위기에 처해 있다.

　어쩌면 이 시기가 대한민국의 자유민주주의 체제가 몰락할 수 도 있는 국난의 시기로 판단하여 필자는 이에 분연히 맞서기 위해 용감하게 펜을 들기로 했다. 1945년 자유민주주의 국가인 미국과 영국 등 연합국에 의해 해방된 우리 대한민국은 1948년 자유민주 주의 가치를 내세워 건국했고, 이 숭고한 자유민주주의 정치이념을 전승하고 발전시켜 앞으로 자유민주주의 체제로 통일한국을 만드는 것이 역사적 진보이고 역사적 대의라고 생각한다.

그러나 아직까지 '성공한 대통령'이 단 한 명도 없는 우리 대한민국은 자유민주주의 체제를 굳건히 수호하여 우리의 낙후된 정치를 선진국 수준으로 발전시키기는커녕 문재인 정권의 주도적인 정치세력들이 위험한 사회주의 환상에 빠져 역사를 퇴보시키고 있다. 특히 이들은 최근에 애국적인 국민들을 친일파로 모는 등 분열을 조장하여 정치불안을 부추기며 사회갈등을 일으키고, 경제발전을 후퇴시키는 등 우리 자유 대한민국을 몰락의 위기로 몰아넣고 있다.

그리하여 서울대학교 정치학과 교수를 역임한 저명한 어느 원로 학자가 이런 정치 퇴보 상황을 지켜보고서 몇 달 전, 아직 우리나라는 30여 년 전에 머물러 있는 정치 후진국이라고 일갈한 바가 있다. 필자 역시 정치외교학을 전공한 전기 전문작가로서 그 원로 학자의 견해에 전적으로 동감하고 싶다. 즉 우리나라 경제와 문화는 선진국 수준이지만, 우리나라 정치는 여전히 후진국 수준에 머물러 있는 실정이다.

그러한 인식을 바탕으로 필자는 용기를 내어 J일보에 〈성공하는 대통령을 보고 싶다〉와 〈정치영웅이 필요한 시대〉라는 기고문을 게재하여, 리더십 부재인 한국정치의 현실을 개탄하고 대안을 제시한 바가 있다. 또한 정치 선진국 미국을 이끌면서 공산국가 소련을 무너뜨리고 장기간 정치적 안정과 경제적 번영을 가져다준 미국 보수주의 영웅 레이건에 대한 인물평전인 《위대한 대통령 로널드 레이건 평전》(2016.9)을 발간한 바가 있다. 역사적으로 240여 년의 자유민주주의 전통을 지닌 미국에 비해 기껏 70여 년의 자유민주주의 역사를 이어오고 있는 우리 대한민국은 지금까지도 정치안정이 되지 못하고, 낡은 유물 같은 좌파 이념을 맹종하는 사회주의자들에 의해 심각한 체제 위협을 받고 있는 실정이다.

따라서 자유민주주의 체제가 풍전등화의 위기에 처한 이 시기에 필자는 자유민주주의, 시장경제 및 법치주의 등의 소중한 가치를 철저히 수호할 수 있는 '정치영웅'이 나타나기를 갈망하여 왔다. 즉 우리나라에도 미국 보수주의 영웅 레이건 대통령처럼 용기, 결단력, 통찰력 및 추진력 등을 겸비한 '위대한 정치 지도자' 즉 '정치영웅'이 출현하기를 학수고대하여 왔다. 레이건 대통령은 퇴임한 이후에도 링컨이나 케네디 대통령 등을 앞설 만큼 국민적 인기가 매우 높았던 인물이기도 했다. 우리 대한민국에도 그와 같은 정치영웅이 등장했더라면 한반도는 벌써 자유민주주의 체제로 통일국가가 되었을 것이라고 확신한다.

인물평전(전기) 전문작가인 필자는 최근에 《한 권으로 쓴 조선왕조인물사》(2020.10)를 발간하였는데 이 책에 기술한 50명의 인물 중에서 임진왜란 당시의 '구국의 영웅' 이순신 장군, 정조 시대의 영의정으로서 '불세출의 인물'인 채제공, 이 두 인물의 삶과 리더십에 깊은 감명을 받은 바가 있다. 특히 조선 후반기를 이끈 개혁군주 정조는 신하들 앞에서 강직한 관리인 채제공을 일컬어 "그는 불세출의 인물"이라고 극찬한 적이 있을 정도였다.

임진왜란의 위기가 고조되자 정읍현감 이순신은 병조판서 유성룡의 천거에 의해 6단계쯤 뛰어넘어 전라좌수사로 임명되어 큰 공을 세우지만, 선조 임금 등 편협한 집권세력의 핍박 속에 감옥에 수감되는 등 온갖 수모를 당하면서도 나라를 망국의 위기에서 구해냈다. 또한 조선 최고의 정치가 채제공은 당시 보수주의자이면서도 개혁적인 실학자들을 과감하게 이끌어주며 개혁군주 정조를 도와 개혁정치, 탕평정치 등으로 르네상스를 부활시키고, '화성(수원) 신도시 건설' 등을 성공시켜 부강한 근대국가의 기초를 다졌다. 그리고 미국 보수주의 영웅 레이건은 자유민주주의와 시장경제 및 법치주의 등의 소중한 가치와 투철한 반공정신으로 무장하여 공산국가 소련을 무너뜨리고 '경제적 번영'과 '평화로운 세상'을 이룩했다. 이렇듯 시대와 지역은 다르지만 이들과 같은 '위대한 지도자' 즉 '정치영웅'이 곧 나타나기를 간절히 바라는 심정으로 필자는 펜을 든 것이다.

개혁군주 정조에 대한 책을 가장 많이 저술하는 등 30여 권의 역사서를 발간한 한영우 박사(서울대 사학과 교수 역임)는 15세기의 세종대왕, 18세기의 정조에 이어 21세기에 우리나라의 국운을 크게 상승시킬 인물이 나타날 것이라고 주장한 바가 있다. 즉 그는 명망 있는 역사학자로서 3세기마다 우리나라에 큰 인물이 나타난다고 주장하고 있는 것이다. 따라서 필자는 그의 의견을 존중하여, 곧 우리나라를 정치 선진국으로 도약시키고 '자유민주주의 통일'을 실현해 우리 대한민국의 국운을 비약적으로 상승시킬 인물이 바로 그 인물일 것이라고 예상하고 싶다.

요즈음의 민심을 살펴보면 이른바 '촛불혁명'에 의해 탄생한 문재인 정부가 국민들의 희망과 기대에 부응하지 못한 채 무능하고 위선적인 정권으로 전락하고 있어서 국민들은 새로운 지도자를 갈망하고 있는 실정이다.

이에 필자는 역사적 경험을 토대로 미래를 통찰하여 볼 때, 위에 거론한 불세출의 인물들과 강직한 공직자 윤석열이 많이 닮아 있음을 느낄 수 있었다. 그가 겪은 삶의 역정과 가치관, 자유민주주의 신봉자로서, 한미동맹의 지지자로서의 확고한 보수주의 정치이념 등을 참조해 볼 때, 필자는 그가 우리 시대의 '불세출의 인물'일지도 모른다는 생각이 문득 들었다.

따라서 그를 이 시대가 부르고 국민이 부르고 있다. 이러한 때 역사적 필연으로 혜성처럼 '구국의 영웅'이 나타나는 법이다. 구한말과도 같은 내우외환의 위기에 처한 우리 대한민국과 국민들은 윤석열 같은 '불세출의 인물'을 애타게 기다렸는지도 모른다.

진안 자택에서
저자 김 윤 중

차례

c o n t e n t s

1장

윤석열의
출생과
성장

1장
윤석열의 출생과 성장

윤석열의 집안과 학창시절

윤석열(尹錫悅)은 파평 윤씨로 1960년 12월 18일 서울 서대문구 연희동에서 태어났으나, 그의 부친 윤기중(전 연세대 상대 응용통계학과 교수)의 고향이 충남 공주여서 충청도 출신으로 알려져 있다. 또한 그는 조선 후기 성리학의 최고봉이자 집권 노론세력의 영수인 송시열에게 당당히 맞선 소론세력의 영수로서 좌참찬(지금의 부총리급 벼슬) 등 제수된 많은 벼슬을 거부한, 명망 높은 재야의 선비 윤증의 후손이기도 하다. 강직한 선비 윤증의 후손들은 논산·공주 등 충청도 지역에서 500여 년의 면면한 삶을 이어오고 있다. 그리고 그의 외가는 강원도 강릉이며, 그의 어머니도 이화여대 교수로 재직한 바가 있다. 또한 그의 외가 친척 집안에서는 두 명의 국회의원이 배출된 것으로 알려져 있다. 따라서 윤석열은 명망 있는 선비집안의 후예로서 교육자 집안의 환경 속에서 어린 시절을 비교적 유복하게 지냈고, 서울에서 충암고등학교를 마친 후 1979년 서울대학교 법학과에 진학했다.

그는 서울대학교에 입학한 이후 1980년, 1981년 두 번에 걸쳐 신검(신체검사)을 연기하다가 이후 받은 신검에서 부동시(不同視 : 두 눈의 시력이 현저히 차이가 나는 상태)로 판명되어 병역 면제 판정을 받았다. 그는 대학시절에 교내에서 벌어진, 5·18민주화운동의 무력진압과 관련한 전두환 전 대통령에 대한 모의재판에서 재판장을 맡아 전두환에게 무기징역을 선고하고 강원도로 피신하여 사찰을 전전하며 도망다닌 일이 유명한 일화로 전해지고 있다. 이 유명한 일화를 통해 그가 대학시절부터 재야의 선비 같은 강직한 성품을 지녔다는 것을 알 수 있다.

그 사건 이후 그는 대학 4학년 재학 중에 사법고시 1차에 합격하였으나 2차에서 거듭 낙방한 뒤 서울대학교 대학원에 진학하여 법학석사 학위를 받았고, 그 후 6년 동안 재수를 하면서 끈기 있게 도전하여 결국 9수 만에 사법고시(제33회)에 최종적으로 합격했다. 실로 아홉 번 도전하여 이룬 성과로서 7전 8기보다 더한 도전이었다. 여기에서 그의 강인함, 집요함, 끈기와 인내 등을 충분히 느낄 수가 있다.

유능한 검사로 성장하다

이후 그는 1994년 사법연수원을 제23기로 수료한 후 대구지방검찰청 검사를 시작으로 검사생활을 시작했다. 그 후 1996년에 춘

천지방검찰청 강릉지청, 1997년에서 1998년까지 수원지방검찰청 성남지청에서 일하다가 1999년 김대중 정부 시절에 서울중앙지검 검찰청으로 옮겼다.

1999년 김대중 정부에서 경찰 실세로 꼽혔던 박희원 치안감을 소환해서 뇌물 수뢰 혐의로 수사했다. 소환한 지 단 하루 만에 자백을 받아냈다고 알려지고 있다. 따라서 그가 얼마나 철두철미하게 증거를 수집하고 심문을 잘했는지, 박희원 치안감은 영장 실질심사 등을 모두 포기했을 정도였다고 한다. 그리하여 박희원은 1심에서 2년 6개월 형을 선고받았다.

그런 윤석열은 심경에 변화를 일으켜 2002년 돌연 사표를 내고 법무법인 태평양에 들어가 1년간 변호사로 재직했다. 그러나 그는 변호사가 적성에 안 맞아서 결국 경력직 채용 형식으로 검찰에 복직했다. 그리고 2003년에 노무현 대통령의 최측근이면서 그의 정치동지인 안희정과 강금원을 구속 수사하였다. 살아 있는 권력의 눈치를 보지 않는 그의 강직한 자세와 기개를 엿볼 수 있는 대목이다.

또한 2006년 대검찰청 중앙수사부 검찰연구관으로 있을 때 현대자동차 비자금 사건을 맡았다. 그는 정상명 검찰총장에게 면담을 직접 신청하고, 수사를 한 결과 정몽구 회장을 구속해야 한다고 주장하면서 이의 관철을 위해 사직서를 제출했다. 이에 정상명 검찰총장은 고심 끝에 정몽구 회장을 구속하기로 결정했다. 이 과정에서도 그의 단호한 소신과 뚝심을 알 수 있다.

2008년에는 파견검사로서 BBK 특검에 참여했다. 당시 윤석열은 BBK투자자문에 50억 원을 투자했다가 이명박·김경준에게 민·형사상 절차를 밟은 (주)심택과 관련해 "(주)심택이 50억 원을 투자한 주된 이유는 시티은행 지배인을 통해 소개받은 김경준으로부터 프레젠테이션을 받은 것이었고, 이명박 당선인이 '괜찮다'라고 말해준 것"이라고 설명하면서 "이명박은 (주)심택의 BBK투자자문 50억 원 투자에 큰 역할을 하지 않았다"는 취지로 언론에 발언하기도 했다.

하지만 최재천 당시 대통합민주신당 국회의원이, 윤석열의 이러한 언론 해명으로부터 2개월 전인 2007년 12월 13일 공개한 '전영호 세일신용정보 회장이 김백준에게 보낸 편지'에 따르면, 전영호는 김백준에게 "이명박을 믿고 BBK투자자문에 50억 원을 투자했다"는 취지의 항의를 한 것으로 알려졌다. BBK 특검이 종료된 후 윤석열은 대전지방검찰청 논산지청장으로 부임했다.

그리고 2009년 대구지방검찰청 특별수사부장으로 부임하였고, 그 후에는 대검찰청으로 복귀하여 범죄정보 2담당관을 맡았고, 2010년에는 대검찰청 중수2과장, 2011년에는 대검찰청 중수1과장을 역임하는 등 요직을 두루 거쳤다.

이렇게 승승장구하던 51세의 윤석열은 2012년 3월, 그보다 12살 연하로서 재력가이면서 미모를 겸비한 김건희 코바나컨텐츠 대표와 결혼했다. 김건희 씨가 적극적으로 구애한 것으로 알려지고 있으며, 당시 그의 처 김건희 씨는 수십억 대의 자산가로서 주로 세계적으로 유명한 미술관 소장품 등을 전시·소개하는 유명한 사업가였다.

결혼 후 2012년 7월에는 서울중앙지방검찰청 특별수사 제1부 부장검사 자리에 올랐다. 2013년 4월에는 수원지방검찰청 여주지 청장이 되었고, 또한 동시에 국가정보원 여론조작사건 특별수사팀 장으로 임명되었다. 수사 과정에서 국가정보원을 압수수색하는 등 박근혜 정권의 정통성을 흔들 수준으로 적극적으로 수사를 했다. 이 과정에서 당시 상관이던 채동욱 검찰총장이 조선일보의 스캔들 기사 폭로로 인하여 자리에서 물러났고, 윤석열 본인도 국정원 직원들의 압수수색·체포영장 청구 사실을 상부에 보고하지 않았다는 이유로 수사팀에서 배제되었다. 그러자 이때 윤석열은 당시 황교안 법무부 장관이 부당한 수사 지휘권을 행사하고 있다고 항의하기도 했다.

이후 원세훈 전 국정원장에게 공직선거법 위반과 국가정보원법 위반 혐의를 적용해 징역 4년 자격정지 4년을 구형했지만, 공직선거법 위반은 결국 적용되지 않아, 원세훈은 1심에서 징역 2년 6월 집행유예 4년 자격정지 3년을 선고받았다. 이 1심 판결이 있은 지 한 달 뒤인 2013년 10월 21일, 윤석열은 국가정보원 여론조작사건 관련 국정감사 증인으로 나와 "수사과정에서 외압이 심했습니다. 상관으로부터 '야당 도와줄 일 있냐'라는 질책을 받았습니다. 이래선 조영곤 검사장 밑에서 수사를 계속할 수 없다고 주장했습니다"라고 발언했다. 이에 새누리당 측 위원인 정갑윤 의원이 "조직을 사랑하느냐, 사람에 충성하는 것 아니냐"라고 묻자, "저는 사람에 충성하지 않기 때문에 오늘 이런 말씀을 드린 것입니다"라는 유명한 말을 남겼다.

검찰총장에 파격적으로 발탁되다

그런 후 2014년 대구고등검찰청 검사를 거쳐 2016년에는 대전고등검찰청 검사로 부임한다. 그러던 중 이른바 '촛불혁명'으로 2017년 문재인 정부가 들어섰다. 박근혜 대통령과 최순실이 저지른 국정농단에 분노한 국민들이 촛불집회 등으로 대규모로 저항하는 가운데 당시 야당인 '더불어민주당', '국민의당', '정의당' 등의 주도로 박근혜 대통령 탄핵소추가 국회에서 가결되고, 이어 헌법재판소에서 박근혜 대통령의 탄핵이 인용된 후, 2017년 5월 9일 치러진 대통령 선거에서 제19대 대통령으로 문재인(文在寅)이 당선되었고 다음 날인 5월 10일에 문재인 정부가 출범한 것이다.

2016년 윤석열은 박근혜 정부의 '최순실 국정농단 의혹 사건'을 규명하기 위한 특별검사실 수사4팀장을 맡으면서, 1년 후 출범한 문재인 정부에서 주목을 받기 시작했다. 그리하여 대통령으로 당선된 문재인은 국정농단 사건의 철저한 규명과 함께 공소 유지를 위해 특별검사실 수사팀장인 윤석열을 전폭적으로 신임해, 2017년 5월 19일 전격적으로 서울중앙지검장으로 임명하였다.

당시에는 언론이 놀랄 정도로 파격적인 인사여서 이때부터 윤석열은 국민들의 주목을 받기 시작했다. 마치 문재인 정부의 핵심적인 인물로 급부상한 것처럼 보였다. 그 후 그는 국정원 여론조작 사건과 박근혜·최순실의 국정농단 사건 등 국가적으로 중대한 여러 사건들을 소신 있게 처리해 나갔다. 그러던 중 문재인 정부의 첫 번째 검찰총장인 문무일이 물러나자, 문재인 대통령은 또다시 윤석열에 대한 전폭적인 신임을 바탕으로 2019년 7월 24일, 5단계 정도를 뛰어넘는 파격적인 인사를 감행해 윤석열을 문재인 정부의 두 번째 검찰총장(제43대)으로 임명했다.

촛불정신을 내걸고 "기회는 평등하며, 과정은 공정하고, 결과는 정의로울 것"을 외치며 취임한 문재인 대통령은 윤석열 검찰총장을 임명하는 자리에서 '사람에 충성하지 않는다'는 그의 기개를 높게 평가하며 '살아 있는 권력'에도 단호하고 엄격하게 수사하도록 독려했다. 이에 강직한 검찰총장 윤석열은 그를 파격적으로 발탁하여 임명한 촛불정부의 대통령 문재인에게 공정과 정의의 칼을 휘두르기로 화답했다.

그렇지만 윤석열은 검찰총장 청문회에서 대부분 훌륭한 평가를 받았으나, 특히 그의 처가와 관련한 부분에서는 거센 공격을 받기도 했다. 그와 2012년 3월에 결혼한 김건희 씨는 2007년 설립한 그녀의 회사 코바나컨텐츠를 통하여 '까르티에 소장품전'을 비롯해 '앤디 워홀 위대한 세계전', '미스 사이공', '색채의 마술사 샤갈', '르 코르뷔지엔전(展)' 등 색깔 있는 전시로 흥행에 성공한 탁월한 사업가로서 많은 재산을 대부분 현금으로 보유하고 있어서 예금 총액이 50억여 원에 이르고 있는 것으로 알려졌다. 게다가 신고가액이 12억 원인 서초동 소재 복합건물도 소유하고 있는 등, 그녀의 많은 재산은 사업체 운영과 주식투자 등을 통해 증식된 것으로 많은 의혹을 불러일으켰다. 반면에 공직에만 충실히 종사해온 윤석열의 재산은 예금 2억여 원으로 알려져, 이는 처의 많은 재산과는 대비되면서 그가 강직한 공직자로 검소하게 살아왔다는 것을 보여준다.

그렇지만 그의 장모 최모(75세) 씨가 2013~2015년 경기도 파주시 내 요양병원을 동업자 3명과 함께 개설 운영하면서 국민건강보험공단으로부터 요양급여 22억 9천만 원을 부정하게 받았다는 혐의로 현재 불구속 기소된 상태다. 이 사건을 수사한 서울중앙지검이 윤석열의 장모 최씨를 의료법 위반과 특정경제범죄가중처벌법상 사기혐의를 적용, 의정부지법에 공소 제기한 것이다.

　　원래 이 요양병원 부정수급 사건은 2015년 파주경찰서에서 수사가 시작돼 동업자 3명만 입건됐다. 이들은 재판에 넘겨졌고 2017년 1명은 징역 4년이, 나머지 2명은 징역 2년 6월에 집행유예 4년이 각각 확정됐다. 최씨는 당시 공동 이사장이었으나 2014년 이사장직에서 물러나면서 병원 운영에 책임을 묻지 않는다는 '책임면제 각서'를 받았다는 이유로 입건되지 않았다.

　　그러나 2020년 4월 7일 최강욱 열린민주당 대표, 황희석 열린민주당 최고위원, 조대진 변호사 등이 최씨와 윤 총장 부인 김건희 씨, 윤 총장을 각종 혐의로 고발, 재수사가 시작됐다. 이 사건에 대해 최씨의 변호인은 "의료법은 의료기관 개설에 관여했을 때 적용되는 것이지, 최씨가 관여한 의료법인은 대상이 아니다"라며 "최씨는 요양급여를 수령하는 데도 일절 관여하지 않았다"고 검찰의 주장을 반박했다. 또한 최씨의 변호인은 "이 사건은 시작부터 정치적이었고 끝까지 정치적"이라며 "윤 총장에게 모욕감을 주려고 사법제도를 농단한 것"이라고 주장했다.

　　이에 대해 검찰은 "정치적이라는 변호인의 주장에 대해 이 자리에서 말할 사안이 아니다. 제출할 증거로 공소사실을 입증할 것"

이라고 반박하고 있다. 또한 검찰은 당사자들 사이에 '책임면제 각서'를 작성했다 해도 범죄성립 여부에는 영향을 미치기 어렵다고 보고 최씨를 기소한 상태다. 따라서 앞으로 몇 년 동안 법정에서 지루한 공방이 벌어져 어떻게 결정날지 알 수 없는 상태로 강직한 공직자인 윤석열의 앞날에 도의적으로 부담이 되고 있기도 하다.

조국의 비리를 단죄한
윤석열
검찰총장

2장
조국의 비리를 단죄한
윤석열 검찰총장

조국은 누구인가

윤석열 검찰총장은 '살아 있는 권력'에도 부정과 비리가 있으면 과감하게 척결하겠다는 소신을 견지하다가 문재인 정부 출범 후 잇달아 터진 '드루킹 사건', '조국 사건', '울산시장 부정선거 의혹 사건' 등 권력형 비리 사건을 수사하고 나섰다. 그런데 여러 권력형 비리 사건 가운데에서도 이른바 '촛불정권'이 내세운 기회의 평등, 절차의 공정, 결과의 정의로움이란 가치를 뒤흔든 사건이 조국 민정수석비서관이 저지른 '조국 사건'이다.

문재인 대통령의 최측근인 조국 민정수석비서관이 법무부 장관으로 부임하여 그가 장관직을 불명예스럽게 사퇴할 때까지 터진 권력형 비리 사건인 '조국 사건'은 '조국 사태'라고 불리게 되었고, 이 사건은 양심적이고 영향력이 큰 진보학자 진중권 전 동양대 교수가 일갈한 바와 같이 '정의의 사도'를 자임했던 문재인 정권 즉

'촛불정권'의 타락과 위선 및 내로남불(내가 하면 로맨스, 남이 하면 불륜)을 적나라하게 드러낸 사건이라고 할 수 있다.

이 '조국 사태'가 발생하기 전까지 문재인 정권이 추구한 소중한 진보적 가치를 추종했던 양심적인 진보지식인이었던 진중권 전 동양대 교수, 서민 단국대 교수, 김경률 회계사(참여연대 집행위원장), 권경애 변호사 등이 뒤늦게나마 나서서 '조국 사태'의 진실을 파악하고서 《조국흑서》란 책을 발간해 위선적 행동과 거짓선동 그리고 부패와 비리 등을 일삼으며 혹세무민하는 조국과 유시민 등을 강도 높게 비판하고 나섰다.

조국은 지금까지도 사회주의자이자 자유주의자를 자처하는 진보 좌파의 핵심 인물로 1965년 부산에서 출생했다. 부산에서 1982년 혜광고등학교를 졸업하고, 그해 3월 서울대 법대에 당시 만 16세라는 최연소의 나이로 입학해 화제가 되었다. 서울대 재학 중에는 법과대학 언론·학술지의 편집장을 맡았으며 학생운동에 참여했다.

서울대학교 졸업 후 그는 캘리포니아 대학교 버클리 로스쿨에서 LLM 및 SJD 학위를 받았다. 그리고 1989년에서 1990년까지 석사장교 복무를 마친 후, 1992년 울산대학교 법학과에서 교수를 시작했다. 울산대에서 법학과 교수로 학생들을 가르치다가 그해에 '남한사회주의노동자동맹' 사건에 연루되어 '국가보안법' 위반으로 구속됐다.

'남한사회주의노동자동맹(사노맹)'은 반제국주의, 반파쇼, 민족해방을 주요 이념으로 삼고 폭력·소요 사태를 일으켜 노태우 정부를 타도한 후 대한민국을 사회주의 국가로 만들겠다는 목적을 가지고 1989년 그의 선배인 백태웅(전 서울대 총학생회장), 박노해(시인) 등 200여 명과 함께 결성한 사회주의 혁명조직이다. 이 단체는 사회주의 건설을 위한 계급투쟁을 선동하는 유인물, 대자보를 중심으로 하여 활동을 전개하였고, 1991년 이에 가담한 조국 울산대학교 법학 교수는 국가안전기획부에 의해 국가보안법 위반으로 1993년 구속된 것이다. 당시 조국은 '사노맹'의 산하단체인 '남한사회주의과학원(사과원)'에서 활동하다가 구속되었고, 그 후 5달 정도를 복역하다가 풀려났다.

소련 공산당을 창설한 혁명가 레닌의 이념에 따르는 '사노맹'은 1991년 조직의 중심인물인 박노해가 체포되고, 1992년 조직총책 중앙상임위원장인 백태웅 등 39명이 잇달아 구속됨으로써 해체되었다. 어찌됐건 당시 '사노맹'은 공산주의 혁명가 레닌의 '당조직건설원칙'을 모방해 공산주의 체제를 답습한 이적단체이다. 실로 '사노맹'은 자유민주주의 정치이념을 기반으로 건국한 우리 대한민국 체제를 부정하는 반정부 활동을 벌인 탓에 법적으로 단죄받은 것이다. 공산주의 혹은 사회주의는 개인의 자유를 억압하고, 개인의 인권을 말살하는 독버섯 같은 위험한 정치체제로서 공산국가 소련이 해체되었듯이 향후 그 체제는 필연적으로 소멸될 것으로 예상된다.

출감 후 조국은 2000년에는 동국대 교수를 하였고, 2001년 12월 이후부터 서울대학교 법과대학 교수로 재직했다. 또한 2000년 이후 참여연대의 사법감시센터 소장 등으로 시민운동에 참여했고, 2007년부터 2008년까지 서울대학교 대외협력 부본부장을 역임했으며, 2007년 12월 대법원장의 지명으로 국가인권위원회 위원으로 임명되었다. 그리고 2009년 이후 대법원 제2기 양형위원회 위원으로 활동했고 한국형사법학회, 한국형사정책학회, 한국비교형사법학회, 한국피해자학회 등 여러 학회의 상임이사를 지냈으며, 2013년에는 한국경찰법학회 회장, 2015년에는 한국형사정책학회 부회장 등을 역임했다.

그리고 2011년에 그는 성남시 분당구 을 지역구 국회의원 보궐선거의 민주당 후보를 제안받았으나 거절했다. 또한 2012년에 제19대 국회의원 선거에서 민주통합당의 공천심사위원장을 제안받았으나 또다시 거절했다.

그렇지만 그는 《양심과 사상의 자유를 위하여》(2001년), 《성찰하는 진보》(2008년), 《진보집권플랜》(2010년), 《조국 대한민국에 고한다》(2011년), 《절제의 형법학》(2014년), 《경제민주화이론과 과제》(2017년) 등 10권이 넘는 저서를 왕성하게 발간하며 이른바 '촛불정권'인 문재인 정권의 이념 구축과 탄생에 큰 기여를 했다. 그런 후 문재인 정권의 민정수석비서관으로 진출해 정권 운영의 핵심인 인사와 감찰 등의 업무를 주도해 나갔다.

그러던 중 그가 민정수석비서관으로 재임할 때 유재수 전 금융위 정책국장에 대한 감찰을 무마했다는 혐의를 받는다. 그리고 검찰 수사에서 유재수 전 국장은 기사 딸린 차량과 골프채 수수 정황이 증거 분석 결과 포착되며, 현금과 항공권 등을 제공받은 의혹이 추가되어, 결국 항공권·골프채 수수 의혹 등이 유죄로 인정되어 뇌물 혐의로 징역 1년 6개월에 집행유예 3년을 선고받는다.

이때 민정수석실 김태우·이인걸 등 핵심 특감 반원들이 유재수 감찰 사건은 수사 의뢰할 정도의 심각한 사안이었다고 법정증언에서 한 목소리를 냈으나, 당시 조국 민정수석비서관이 유재수에 대한 감찰을 무마해 직권남용 혐의를 받게 된다. 이에 대해 조국은 감찰과 수사는 다르고 감찰에서는 사실 확인만 가능하고 강제수사를 할 수 없다고 주장하며, 고위공직자 직무감찰은 민정수석의 권한으로 직권남용죄를 적용할 수 없다고 반박하고 있다. 그런데 검찰 공소장엔 김경수 경남지사, 윤건영 당시 청와대 국정상황실장, 천경득 당시 청와대 선임행정관 등의 압력으로 감찰이 무마되었다고 나와 있다.

'조국 사태'와 분노하는 민심

게다가 조국 민정수석의 부인 정경심 교수가 금융범죄를 저지른 조국의 조카 조범동에게 가담했다는 등 여러 혐의가 터져 나와 권력형 범죄로 확대될 조짐을 보이자, 윤석열 검찰총장은 수사를 확대하고 전격적으로 조국 일가에 대한 압수 수색을 단행하고 나섰다. 그렇지만 조국 민정수석을 절대적으로 신임하는 문재인 대통령은 많은 고민을 하다가 2019년 8월 9일 조국을 법무부 장관 후보로 지명했다. 여러 범죄 혐의가 제기되고 있음에도 불구하고 문재인 대통령은 최측근인 조국을 신임하며 전격적으로 법무부 장관으로 내정한 것이다. 그렇지만 조국 일가에 대한 전면적인 압수 수색이 진행되면서 그들의 각종 범죄 의혹이 밝혀졌다. 법무부 장관으로 내정받고 청문회를 진행하니 각종 의혹은 확산되고, 성난 민심이 요동치기 시작했다.

특히 서울대학교, 고려대학교, 부산대학교를 중심으로 조국의 위선과 거짓을 성토하며 조국 법무부 장관 임명 철회를 요구하는 대자보가 등장하고 시위가 격화되었다. 그러나 문재인 대통령은 "본인이 직접적으로 책임질 불법행위가 드러난 것은 없다"라고 하면서, 그가 절대적으로 신임하는 조국을 결국 법무부 장관으로 임명하고 말았다.

그러자 문재인 대통령과 조국 법무부 장관을 비판하는 대규모의 집회가 광화문에서 개최되었고, 시간이 흐를수록 들불처럼 확산되며 번져나갔다. 수십만 규모의 엄청난 인파가 광화문 광장을 가득 메우고 군중들은 '말과 행동이 다른 조국 장관은 물러나라'고 외치기 시작했다.

그런데 이와는 별도로 조국을 옹호하는 수많은 군중이 서초동에 모여 촛불을 들고 조국에 대한 검찰의 부당한 수사를 규탄하며, 조국의 주장과 비슷한 '검찰개혁'을 외치며 시위에 나선 것이다. 이는 실로 두 개로 갈라진 민심이 나날이 엄청난 국론 분열로 확대되어 망국의 조짐이 보일 정도였다. 이에 국가적 위기를 절감한 문재인 대통령은 난국을 수습하기로 하고, 조국을 법무부 장관으로 임명한 지 35일 만인 2019년 10월 14일 조국의 사퇴를 받아들이고 '조국 사태'의 수습에 나섰다.

문재인 대통령이 국가적 위기를 느끼고 서둘러 조국의 사퇴를 받아들인 것은 엄청난 인파의 '광화문 광장집회'와 날로 확산되는 '대학생 촛불집회'가 주요한 요인이었다. 조국 장관의 위선과 거짓은 먼저 의로운 대학생들의 분노를 폭발하게 했다. 2019년 8월 23일, 서울대학교와 고려대학교는 조국 장관의 의혹에 대한 진상규명을 촉구하면서 촛불집회를 시작했다. 그리고 9월 19일, 연세대학교가 조국의 사퇴를 요구하며 촛불집회를 개최했다. 여러 대학으로 수많은 촛불집회가 확산되자, 각 대학의 촛불집회 집행부가 연합집회를 제안하였고 이후 고려대학교, 연세대학교, 부산대학교, 단국대학교 등 50여 개 대학교 재학생들을 중심으로 전국대학생연합촛불집회 집행부가 구성되었다. 그리고 10월 3일 조국 장관의 사퇴를 촉구하는 대학생연합촛불집회를 대학로 마로니에 공원에서 개최하였다. 그렇지만 이때 서울대학교 집회추진위원회는 대학생연합집회 대신 광화문 광장집회에 참여했다.

2019년 10월 3일, 조국 장관을 비난하는 수십만의 국민들이 광화문광장에서 서울광장까지 꽉 채우며 문재인 정부를 규탄하고 조국 법무부 장관 사퇴를 강력하게 촉구하고 나섰다. 10월 3일에 1차 집회가 열렸고, 10월 9일에 2차 집회가 개최되었는데 '광화문 광장집회' 주최 측은 300만 명 이상이 참가했다고 주장했다.

한편으로 조국 임명을 지지하는 집회도 서초동 서울중앙지방검찰청 부근 등 몇 곳에서 대규모로 개최되었다. 2019년 9월 16일부터 조국을 지지하는 군중들은 조국 법무부 장관에 대한 검찰수사에 반발하고 검찰개혁을 요구하고 나선 것이다. 이들은 '사법적폐청산 범국민시민연대'라는 이름으로 '사법적폐 청산을 위한 검찰개혁 촛불문화제'를 개최하고 나선 것이다. 이들 또한 8차 집회까지 개최하면서 이날 최대 규모인 300만 명이 참가했다고 주장하고 있으나, 자세히 확인할 길은 없다.

조국 일가의 적나라한 비리와 부패

'조국 사태'는 사모펀드에서 의혹이 확산되기 시작했다. 조국이 민정수석에 임명된 직후인 2017년 7월 31일에 사모펀드 '블루코어밸류업 1호 사모투자합자회사'에 9억 5,000만 원 출자금을 납입하고 증서를 교부받았고, 두 자녀도 각각 출자금 5,000만 원을 납입하여 가족의 출자금이 총 10억 5,000만 원을 출자했었던 사모펀드에 부인 명의로 67억 4,500만 원, 아들과 딸은 3억 3,500만 원씩 하여 총 74억 5,500만 원을 약정했는데 조국 가족이 신고한 총 재산 56억 4,244만 원보다 18억여 원이 더 많을 뿐만 아니라 해당 펀드 총 규모 100억 1,100만 원의 74% 수준에 이르는 실정이었다. 게다가 사모펀드 운용도 5촌 조카가 해 조국 가족 펀드라는 이름으로 의혹이 제기되자, 조국 측이 "주식에 대해 잘 안다"고 밝혔던 5촌 조카 조범동에 대해 검찰은 "부인 정경심과 두 자녀 등 일가가 투자한 14억 원을 운영한 사모펀드 운용사 코링크 프라이빗에쿼티(PE)의 실질적인 대표"라고 하면서 조범동을 귀국시켜 횡령죄로 체포, 구속했다.

사채시장에서 끌어온 돈으로 코스닥 상장사인 영어교육사업체 WFM을 인수하고, 회사 주식을 담보로 대출받아 사채를 갚은 뒤 주식을 되돌려 받으면서 주식 지분 50억 원을 자기자본이라고 허위 공시를 하고, 자금이 실제로 회사에 유입되지 않았음에도 전환사채를 발행해 투자자금이 들어온 것처럼 꾸며 주가 분양을 시도하면서 WFM·웰스씨앤티 등 코링크 사모펀드가 투자한 기업에서 총 72억 원 가량을 횡령하여 자본시장법상 허위공시·부정거래·횡령 등의 혐의가 있다는 것이다. 그리고 횡령한 자금 중 10억 원이 정경심 교수에게 흘러가고 그녀의 남동생과 남동생의 부인 명의로 WFM 주식을 차명으로 보유하고 있는데, 바로 이것이 "코링크 주식에 차명투자했다"는 의혹이다.

또한 조국 딸과 아들이 공정한 입시 절차를 거치지 않고 각종 부정한 방법을 동원해 대학과 대학원에 진학한 사실과 부당한 방법으로 여러 장학금을 수령한 사실이 밝혀지자, 청년들과 그들의 부모 세대인 50대 등으로부터 거센 비판을 받으며 여러 대학에서 촛불집회가 개최되었다. 특히 박근혜 대통령 때 최순실의 딸 정유라가 온갖 부당한 방법으로 명문 이화여대에 진학한 사건이나 다를 바가 없는 사건이어서 문재인 정권의 위선적인 행태에 또다시 국민들과 대학생들은 분노의 촛불을 들고 광화문 광장을 가득 메울 정도였다.

조국 딸은 고려대학교 입학, 서울대학교 환경대학원 입학, 부산대 의학전문대학원 입학 등 세 차례에 걸친 대학 입학 과정에서 모두 시험을 보지 않고 거짓으로 작성한 각종 인턴 활동 증명서와 위조된 동양대 총장 표창장 등을 주요 경력으로 기재하여 자기소개서와 면접이 중요하게 다뤄지는 수시전형을 이용하여 입학을 한 것이다.

　게다가 조국 딸은 각종 장학금을 부당하게 수령했다는 의혹이 제기되었다. 그녀는 2014년 2월 고려대 환경생태공학부를 졸업한 직후인 3월 서울대 환경대학원에 입학하면서 서울대총동창회가 운영하는 장학재단 '관악회'로부터 학기당 401만 원씩 2회에 걸쳐 장학금을 수령한 것으로 드러났다. 이때 장학금 담당자는 대학에서 장학금 신청이나 추천이 없었다는 해괴한 주장을 펼치기도 했다. 장학금 신청이 없었는데도 보이지 않는 손이 작용해 부당하게 장학금을 지급했다고 추측할 수 있다. 그리고 이와 관련해 홍종호 서울대 환경대학원장은 "통상 입학 후 1년 동안 한 학기에 서너 과목을 듣는 환경대학원에서 조국 딸은 첫 학기에 3학점 한 과목을 들었다"며 이는 "입시 준비할 시간을 가지려 했을 거라 짐작한다"고 밝히며, "2학기 장학금은 신청하지 말았어야 했다"고 비판했다. 이 홍종호 서울대 환경대학원장의 지적대로 사실 그녀는 한 과목만을 수강하며, 부산대학교 의학전문대학원 입학을 준비하고 있었던 것이다.

　이는 사실 부적절하고 교활한 행위로 지탄받아야 마땅하다.

　거짓 인턴 경력과 위조된 동양대학교 총장 표창장으로 나열된 자기소개서와 면접으로 합격한 부산대학교 의학전문대학원에서는 성적이 부진하여 유급을 당했음에도 6학기 연속으로 200만 원씩 총 1,200만 원의 장학금을 수령한 것이 밝혀져, 수많은 대학생·대학원생 그리고 학부모들에게 충격과 분노를 안겨줬다. 그렇지만 부산대학교 의학전문대학원 측은 "외부 장학금은 성적에 대한 규정이 없으며 외부에서 정한 규정에 맞는 학생을 찾아 지급한다"는 황당한 논리를 전개하며, "절차상 문제가 없다"고 주장했다. 이때 지도교수로서 조국 딸에게 무리하게 장학금을 지급한 노환중 교수가, 조국의 모친이 부산의료원에 기부한 그림 앞에서 조국 모친, 조국 민정수석 등과 사진을 찍기도 하는 등 그가 "부산의료원장 취임에 도움이 된 것 아니냐"는 의혹이 제기되기도 했다.

노환중 교수는 자신이 운영한 소천장학금에 대해 "성적, 봉사, 가정 형편 등 학교의 장학 기준에 따라 지급되는 기관의 공식 장학금이 아니라 학업에 대한 격려를 목적으로 자신이 개인적으로 마련한 장학금"이라고 해괴한 주장을 펼쳤다.

이어 조국 딸과 조국 아들이 대학교와 대학원에 진학하기 위해 허위 경력을 쌓아온 과정을 살펴보자. 이는 조국 일가가 공정한 절차를 무시하고 모든 수단과 방법을 동원했음을 알 수 있다. 즉 조국 일가는 문재인 정권이 내세운 소중한 가치인 '절차의 공정성'을 정면으로 위반하여 위선과 거짓을 저질렀다는 것을 알 수 있다.

조국 딸이 한영외국어고등학교 2학년으로 유학반에 있던 2008년 12월 단국대학교 의과대학 의학연구소에서 2주 동안 인턴십을 했던 경력으로 해당 연구소에서 2009년 3월 대한병리학회에 제출한 '출산 전후 허혈성 저산소뇌병증에서 혈관내피 산화질소 합성효소 유전자의 다형성'이라는 제목의 논문 제1저자로 부적절하게 등재된 사실을 2010년도 고려대학교 생명과학대학 입학전형 당시 자기소개서에 올린 내용이 확인되어 합격에 큰 영향을 주었다며 부정 입학 의혹이 제기되었다.

이에 대해 대학입시의 공정성을 해친 업무방해로 보수단체에서 조국 딸을 고발하였다. 당시 지도교수는 "(조국 딸이) 미국 유학을 갈 것이라고 해서 도움이 되게 선의로 해줬다"고 해명했다. 즉 미국 유학에 사용하라고 허위 스펙을 만들어준 것이었다.

이에 대해 대한병리학회는 윤리위원회에 회부하여, 해당 논문에 대해 "당시 규정에는 없었으나 2012년 교육과학기술부 훈령으로 부당한 논문저자 표시를 또 하나의 연구 부정행위로 정하고 있다"며 "연구윤리위원회 승인을 받았다고 했으나 승인받지 않은 것으로 확인돼 연구 부정행위로 인정된다"고 밝혀 논문을 직권 취소하면서, 조국 딸의 소속이 단국대학교 의과대학 의학연구소로 기재한 것도 잘못이라고 밝혔다.

또한 조국 딸이 고등학교 3학년이던 2007년 5월 1일부터 15일까지 "서울대 법대 공익인권법센터에서 인턴 활동을 하고 증명서를 받았다"는 주장에 대해 인권법 센터가 "2006년부터 발급한 인턴 현황 명단에 조씨가 없는 데다가 인턴 활동 기간이 유학생 필수 스펙인 AP시험 기간과도 겹친다"고 하면서 인턴 확인서가 허위라는 의혹을 제기했다. 그리고 서울대 측은 "고등학생 인턴은 없다"고 발표했으며, 조국 딸의 단국대 지도교수 아들의 서울대 인턴 증명서는 품앗이라는 성격으로 당시 서울대 법대 교수이자 인권법센터 교수이던 조국의 도움으로 허위로 발급된 것으로 의혹이 제기되고 있다. 그러나 조국 교수와 그의 딸 조민은 "인턴을 하지 않고 허위로 증명서를 발급받은 건 하나도 없다"라고 뻔뻔스럽게 주장했다.

조국 아들 또한 허위 인턴증명서를 제출해 고려대학교와 연세대 대학원에 동시에 합격한 사실이 밝혀졌다. 조국 장관과 배우자 정경심 동양대 교수는 아들과 공모해 최강욱 청와대 비서관이 발급한 허위 인턴활동확인서, 서울대 공익인권법센터 허위 인턴활동증명서, 미국 조지워싱턴대 허위 장학증명서 등을 2017년 10~11월 아들의 고려대와 연세대 대학원 진학 시 제출해 대학의 입시사정 업무를 방해한 혐의를 받아왔다.

조국 전 법무부 장관 공소장에 "법무법인 청맥에서 문서정리 및 영문번역 등 업무를 보조한 사실이 없음에도 불구하고…… 허위로 발급받았다"고 적시한 최강욱 청와대 공직기강 비서관에 대해 검찰은 "2017년 10월에 정경심 씨가 '그녀의 아들이 2017년 1월 10일부터 같은 해 10월 11일까지 매주 2회 총 16시간 변호사 업무 등에 관해 배우고 이해하는 시간을 갖고, 문서정리 및 영문번역 등 업무를 보조하는 인턴으로서의 역할과 책무를 훌륭하게 수행했음을 확인한다. 2017년 10월 17일 법무법인 청맥 지도 변호사 최강욱'이라고 적힌 이메일을 보내면서 인턴증명서 발급을 부탁하자, 최강욱이 도장을 찍어 조국 부부에게 줬다"고 하면서 "조국 부부가 이렇게 받은 인턴증명서를 고려대 대학원, 충남대 법학전문대학원 입시에 활용했다"고 밝혔다. 그러나 당사자인 최강욱은 "조국 전 장관의 아들이 대학원 진학을 준비하던 2017년 1월 10일부터 2018년 2월 28일까지 사건기록 열람과 재판 방청, 면담 등 인턴 활동을 했다. 확인서는 실제 활동에 기초해 2017년 10월 11일 자와 2018년 8월 7일 자 두 차례 모두 내가 직접 날인했다"고 반박했다.

조국 일가 비리를 수사해온 서울중앙지검 반부패수사2부(부장

고형곤)가 "최강욱 비서관을 업무방해 혐의로 기소해야 한다"는 의견을, 이성윤 신임 서울중앙지검장이 취임한 2020년 1월 14일부터 계속 요청했으나 이성윤 지검장이 반대하여 윤석열 검찰총장이 나서서 1월 22일부터 3차례에 걸쳐 지시하였음에도 받아들이지 않자 송경호 서울중앙지검 3차장이 재판에 회부했다.

결국 2021년 1월 28일 최강욱 의원(열린민주당 대표)은 조국 전 법무부 장관 아들에게 허위로 인턴확인서를 발급해줘 공정해야 할 입시 업무를 방해한 업무방해죄로 1심에서 징역 8월에 집행유예 2년을 선고받았다. 이는 국회의원직이 상실되는 형이다. 그렇지만 최강욱 의원은 항소할 것으로 알려졌다.

그리고 조국 전 장관의 부인 정경심 동양대 교수는 각종 사문서를 위조한 혐의로 검찰에 의해 기소되었다. 정경심 교수의 사문서에 대해 동양대학교 총장이 직접 나서서 "표창장을 준 적이 없다", "봉사활동 하는 것을 본 적도 없다", "일련번호와 박사학위 표기 형식이 다르다"는 등의 발언으로 딸이 부산대학교 의학전문대학원에 제출한 동양대학교 총장 표창장이 "위조된 것이 아니냐?"는 의혹이 제기된 것이다. 그리하여 조국 법무부 장관 인사청문회를 마친 직후에 검찰이 전격적으로 정경심 교수 자택을 압수 수색하여, 흑백으로 된 표창장 복사본과 함께 컴퓨터에서 직인 파일을 찾아내 사문서 위조 혐의로 그녀를 기소하였다.

또한 검찰은 정경심 교수의 연구실 컴퓨터 하드디스크 등을 분석해 "2013년 아들 이름으로 발행된 동양대 총장 명의 상장을 스캔한 뒤 그 안의 내용을 지우고 '영어프로그램 튜더로 참여하여 자료준비 및 에세이 첨삭지도 등 학생지도에 성실히 임하였기에 그 공로를 표창함'이라는 표창 내용을 워드 프로그램으로 별도로 작성해 그 파일 위에 입히고 여기에 따로 보관하고 있던 총장 직인을 옮기고 프린터로 출력하여, 2013년 서울대학교 의학전문대학원과 부산대학교 의학전문대학원 지원 때 제출했다"고 밝혔다. 앞서 사문서위조로 불구속 기소된 정경심 교수에 대한 재판이 진행 중일 때 구속영장이 청구되면서 사문서위조 행사죄를 추가하였다.

그리고 딸이 고려대학교 2학년 여름방학 기간이던 2011년 7월 정경심 동양대 교수의 초등학교 동기동창인 이광렬의 도움을 받아 KIST와 한 달간의 학생연구원 근무 계약을 한 뒤, 정모 박사의 연구실에 2일만 출근하고 무단결근했으나, 정경심 교수는 딸이 부산대 의학전문대학원을 준비하던 고려대 4학년 당시인 2013년에 3주짜리 학생연구원 근무 경력 확인을 허위로 적은 이메일을 받아 내용을 다시 가공해, 이름과 주민등록번호·소속기관명 등의 양식을 갖춘 근무기록 확인 증명서를 만들었다.

이와 관련하여 정경심 교수의 딸은 김어준의 '뉴스공장'과의 인터뷰에서 "허위 인턴증명서는 하나도 없다"고 밝혔으나 정모 박사는 "내가 증명서를 발급해 주거나 서명을 한 기억이 없다"고 말하였으며, KIST는 "해당 인턴경력서가 공식적으로 발급된 사실이 없음을 확인했다"고 했다. 그러면서 가짜 인턴증명서 발행과 관련하여 "가짜 인턴증명서 발급으로 KIST의 명예에 손상을 입힌 책임을 통감하고 자리에서 내려오겠다"고 밝힌 이광렬 KIST기술정책연구소장은 그 후 보직해임 되었다.

또한 동양대학교 어학원장으로 있던 정경심 교수는 딸이 연구 보조원으로 참여한 것처럼 하여 매월 40만 원씩 총 160만 원의 인건비를 지급하기도 했다. 그리고 자신의 아들이 2012년 1월부터 동양대 어학교육원에서 경북 영주지역 중고교생 대상으로 진행하는 청소년 인문학 프로그램에 수강한 사실이 없음에도 1~4기 수료증(3기는 관련 강좌 개설되지 않고 4기는 도중에 폐강)과 동양대 총장 명의 최우수상, 봉사활동 확인서를 아들에게 허위로 발급했다. 수료증 옆에 총장 명의 직인이 날인된 것처럼 보이기 위해 정경심 교수가 가지고 있던 동양대 어학교육원장 직인을 고의로 흐릿하게 날인했다. 그리고 정경심 교수는 아들과 공모하여 2013년 3월 아들이 다니던 한영외고 2학년 담임교사가 "교육행정정보시스템(NEIS) 학교생활기록부에 '성실히 수고했다'는 내용과 함께 26시간 봉사활동 내용과 1~4기 수료증, 최우수상, 봉사활동 확인서 등 활동사항을 기재하도록 했다"고 했다.

또한 조국은 아들이 SAT(미국 대학수능시험) 준비 등 해외 대학 진학을 위해 학교 수업을 빠져야 하는 상황에서 무단결석 처리를 막기 위해 학교 제출용으로, 인턴 활동 의사나 계획이 없다는 사실을 잘 알면서도, 2013년 7월 공익인권법센터장인 한인섭 교수에게 아들의 인턴활동 예정증명서 발급을 부탁해 2013년 7월 15일부터 8월 15일까지 '학교폭력 피해자의 인권 관련 자료 조사 및 논문 작성 등 활동을 할 예정임을 증명한다'는 취지의 허위 내용이 기재된 황당한 예정증명서를 발급받았다.

정경심 교수는 아들의 한영외고 3학년 담임에게 "아들이 내일부터 서울대에서 인턴십을 하게 됐다"는 취지의 문자메시지와 허위로 발급받은 인턴십 활동예정증명서를 제출해, 아들이 2013년 7월 15일부터 19일까지 5일간 출석한 것으로 처리하도록 했다.

조국 일가의 비리와 부패를 척결한 윤석열

결국 2019년 10월 3일, 광화문광장에서 수백만 명의 군중이 시위를 하면서 거짓과 위선을 일삼은 조국 법무부 장관의 파면을 촉구하는 가운데 그의 부인 정경심 교수는 1차 소환 조사를 받게 되었다. 이렇듯 조국 일가에 대한 국민들의 분노가 폭발하여 문재인 정권이 위기를 맞이하자 조국 장관은 10월 14일 사의를 표명하게 되고, 문재인 대통령은 사표를 수리했다.

그리고 10월 21일 검찰은 정경심 교수에 대한 구속영장을 청구하고, 10월 23일 법원 영장 실질심사를 거쳐 10월 24일 정경심을 구속했다.

지금 조국은 12가지 범죄 혐의로 기소되어 재판이 진행 중이고, 그의 부인 정경심은 14가지 범죄 혐의로 기소되어 재판 중이며, 조국과 그의 부인 정경심이 공동 혐의로 기소되어 재판이 진행 중인 것은 7가지이다.

최근 정경심은 1심 재판에서 자녀의 스펙 7가지 ①동양대 표창장 ②서울대 공익인권법센터 인턴십 확인서 ③단국대 의과학연구소의 체험 활동확인서 ④공주대 생명공학연구소의 체험 활동확인서 ⑤KIST 분자인식연구센터의 인턴십 확인서 ⑥동양대 어학교

육원장 명의의 연구활동 확인서 ⑦아쿠아펠리스 호텔의 실습수료
증 및 인턴십 확인서 등이 모두 허위로 밝혀져 자녀의 입시비리가
유죄로 인정되었고, 또한 사모펀드 범죄 의혹 등이 유죄로 추가되
어 2020년 12월 23일 법원은 정경심에게 징역 4년, 벌금 5억 원 선
고, 추징금 1억 3,800만 원을 명령했다.

즉 자녀의 입시비리와 관련하여 동양대 표창장 위조, 동양대
표창장 등을 활용해 서울대 의전원 입학사정 업무 방해, 동양대 표
창장 등 허위 경력 제출해 부산대 의전원 입학사정 업무 방해, 서
울대 공익인권법센터 및 공주대 생명공학연구소 등 허위 경력 서
류 제출, 허위 인건비 명목 교육부 보조금 320만 원 편취 등이 유죄
로, 그리고 사모펀드 비리와 관련하여 ①조국의 5촌 조카로부터 미
공개 정보를 전달받고 WFM 주식을 사들여 시세 차익을 보았으며,
②미공개 정보를 이용한 거래 수익 2억 7,400만 원을 취득한 사실
을 은닉한 혐의 등에서 일부 유죄로, 증거조작 비리와 관련하여 ①
압수 수색에 대비해 코링크 PE 직원들에게 사무실 내 관련자료를
인멸하라고 지시했다는 혐의 등에서 유죄로 선고받았다.

그리고 2021년 1월 29일, 사모펀드 의혹의 핵심인물인 조국
5촌 조카 조범동에 대해 2심 재판부인 서울고등법원 형사11부(구자
헌 부장판사)는 가중처벌법상 횡령, 자본시장법 등을 위반했다고 하
면서, "피고인은 허위계약과 위법업무, 허위공시 등 온갖 불법 수
단을 동원하는 등 각종 범행을 저질렀다"며 "다수의 사람을 상대로
조직적 범행을 저지르고 약 72억 원의 피해를 입게 했다. WFM 인
수에 실질적으로 일반 주주들에게 피해를 주고, 피해 대부분이 회

복되지 않았다. 유가 주가 시장의 공정성을 훼손했다"고 판시했다.

이어 "조국 전 법무부 장관의 청문회 과정에서 사모펀드 의혹이 제기되자 관련 정보 의혹을 폐기하기도 했다. 국가 형벌권의 적절한 행사를 방해했다"고 했다. 또한 재판부는 "피고인과 정경심이 공모한 것으로 공소사실에 기재하고 있는데, 제출한 정보만으로는 정 교수가 공모한 것으로 보기는 어렵다. 증거를 바탕으로 살펴보더라도 원심 판단은 모두 정당하다"고 했다. 다만 조씨가 일부 범행을 인정하고 반성하는 점, 형사처벌을 받은 적이 없는 점, 익성의 신규 사업을 추진하기 위해서 WFM을 인수, 운용하는 과정에서 이뤄진 점 등을 유리한 정상으로 참작했다.

조범동의 여러 범죄에 대해 검찰은 2021년 1월 15일 열린 결심공판에서 징역 6년과 벌금 5천만 원을 구형했으나, 2심 재판부는 몇 가지를 정상 참작하여 1월 29일 징역 4년에 벌금 5천만 원을 선고했다.

또한 조국 일가의 한 사람으로서 조국 전 법무부 장관(56세)의 친동생 조권(53세) 씨에 대해 언론의 취재와 검찰수사가 이어져 그 역시 각종 비리와 범죄 및 상습 세금 체납 등이 밝혀졌다. 조국 법무부 장관이 2019년 10월 14일 사의를 표명하고 물러나자 이때부터 조국 교수와 그 일가들이 연루된 각종 비리 의혹과 범죄 혐의들이 밝혀지기 시작했다. 치밀한 검찰수사 결과 조국 교수는 뇌물수수, 위계공무집행방해, 업무방해, 위조공문서행사, 허위작성공문서행사, 사문서위조, 부정청탁금지법·공직자윤리법 위반 등 12가지 범죄 혐의로 불구속 기소되었다.

이렇게 2019년 '조국 사태'가 발생하자 조국 교수의 친동생 조권 씨의 각종 비리 의혹과 범죄 혐의들이 조금씩 세상에 드러나기 시작했다. 특히 2019년 9월 9일자 〈주간조선〉 기사를 통해 조권 씨의 회사 '더코바'가 10년간 지방세 4억과 국세 12억 원 등을 체납하고 있던 사실이 보도되었다.

이어 검찰이 수사에 착수해 조권 씨가, 조국 교수 일가가 지배하고 있는 사학재단 웅동학원 산하 웅동중학교의 교사채용 과정에서 1억 8천 만 원의 뒷돈을 받고 답안지를 빼돌리는 등 업무방해와 배임수재, 특정경제범죄 가중처벌법상 배임, 강제집행면탈, 증거인멸 교사, 범인 도피 등 각종 범죄로 기소되었다. 이 혐의 외에도 허위공시를 근거로 공사대금 채권을 확보한 후 2006년과 2017년 웅동학원을 상대로 위장 소송을 벌여 학교법인에 115억 5천만여 원의 손해를 입힌 혐의, 웅동학원 관련 서류 파쇄를 지시했다는 혐의, 채용 브로커의 도피 지시 혐의 등으로 추가 기소되었다.

이에 대해 2020년 9월 18일, 1심 재판부인 서울중앙지방법원 형사합의 21부가 추징금 1억 4,700만 원을 선고해 조씨를 법정구속 시켰다. 그런데 '징역 1년, 추징금 1억 4,700만 원'이라는 유죄판결과 법정구속에도 불구하고, 조권 씨의 1심 판결에 대해 '이해하기 힘든 솜방망이 처분', '봐주기 재판과 판결 아니냐'는 사회적 비판이 거세게 일고 있는 실정이다. 실제로 자신의 권력과 배경을 앞세워 1억 8,000만 원에 이르는 뒷돈을 받고 교사채용 답안지를 몰래 넘겨주는 행위를 재판부가 '업무방해'로만 유죄로 선고했기 때문이다. 조권 씨에게 뒷돈을 전달한 공범(채용 브로커)들조차 징역 1년

6개월과 징역 1년의 실형을 선고받은 사실이 언론을 통해 알려지며, 1심 판결에 대한 사회적 비판이 확산된 것이다. 사실상 1심 재판부는 '업무방해'보다 더 심각한 범죄로 인식돼온 조권 씨의 다른 주요 범죄 혐의들에 대해서는 어찌된 일인지 대부분 무죄 의견을 내놓아, '솜방망이 처분'과 '특정인 봐주기'라는 거센 사회적 비판과 국민적 분노를 불러일으켰다.

따라서 검찰 또한 이런 미지근한 판결에 반발하여 즉시 항고했고, 2020년 11월 24일 서울 고등법원 형사3부에서 열린 2심(항소심) 첫 공판에서 검찰은 특히 "피고인(조권 씨)에 대한 과도한 동정심을 보이는 등 선입견을 보였다"는 주장과 함께 "(조씨의 각종 범죄 혐의에 대해) 합리적 의심이 아닌 막연한 의심을 근거로 무죄를 선고했다"는 비판적 견해를 내놓기도 했다. 그러나 앞으로 2심(항소심), 3심(상고심)에서 공정하게 재판이 진행되어 정의로운 결과가 나올지 두고 볼 일이다.

또한 조국 전 법무부 장관의 친동생으로서 조국 일가의 주요 구성원인 조권 씨의 회사 (주)더코바는 현재까지 장기간 체납된 세금 13억여 원을 내지 않고 있어 사회적 비난이 일고 있다. 조권 씨의 회사 (주)더코바는 부동산 개발과 임대, 매매업 등을 하는 회사이다. 더코바는 원래 2007년 7월 '씨티업'이라는 이름으로 만들어졌다. 더코바에 조권 씨가 본격적으로 등장한 건 이 회사가 만들어지고 1년 뒤인 2008년 8월이다. 2008년 8월 1일, 씨티업은 회사 이름을 갑자기 (주)더코바로 바꿨다. 회사 이름이 바뀐 이날, 그동안 이 회사를 운영하던 대표이사, 이사, 감사 등 기존 경영진 전체가 일괄 사임했다.

　그런 후 새로 더코바 경영자로 등장한 인물이 바로 조권 씨와 그의 전처 조모 씨다. 더코바에 먼저 모습을 드러낸 것은 '조국 사태'가 불거진 직후부터 '조권 씨와 위장이혼한 것이 아니냐'는 의혹을 받고 있는 전처 조모 씨였다. 그녀는 2008년 8월 1일, (주)더코바의 핵심 경영진인 '(등기)이사'로 이름을 올렸다. 이때부터 조권 씨가 '등기이사'이자 '대표이사'로 더코바 경영권을 거머쥔 것이다. 그리고 이날 (등기)이사이던 전처 조모 씨가 직함을 감사로 바꾸었다. 이것은 조권 씨 부부가 (주)더코바의 운영과 경영권에 직접 관여한 시점이 2008년 8월 1일부터라는 것을 확인해 주고 있다.

　조권 씨 부부가 더코바의 경영권을 장악한 직후부터 세금을 내지 않기 시작했다. 더코바는 2009년 9월 30일이 납부기한이던 지방세인 재산세를 내지 않으면서 체납을 시작했다. 이후 조권 씨 회사 더코바는 매년 부과돼온 지방세를 내지 않았다. 이처럼 11년 전부터 현재까지 조권 씨가 내지 않은 채 버티고 있는 상습 체납 재산세가 총 45건 8,200만 원이나 될 정도이다. 또한 조권 씨가 장기적으로 체납한 것은 지방세뿐만이 아니라 국세청이 부과한 엄청난 규모의 국세가 그것이다. 조권 씨가 현재까지 국세를 상습적으로 체납하면서 납부하지 않고 있다. 조권 씨는 2012년부터 현재까지 8년이 넘도록 국세청에 납부하지 않고 있는 부가가치세 등 국세 규모가 총 3건, 확인된 것만 11억 9,900만 원에 이르고 있다. 조권 씨는 2009년부터 지방세 8,200만 원과 2012년부터 지금까지 국세 11억 9,900만 원까지 총 12억 8,100만 원에 이르는 거액의 세금을 내지 않고 있다.

현재 조권 씨는 부산 해운대구에서도 부유층 집중 거주지로 유명한 대형 평수의 한 고급 빌라에 거주하고 있으며, 그와 위장이 혼한 것으로 추정되는 그의 전처 조모 씨 또한 부산 해운대구에 위치한 대형 평수의 아파트에 거주하고 있는 것으로 알려지고 있다. 또한 조권 씨는 그의 집안이 운영하는 사학재단 웅동학원에서 상당한 권력을 가진 자리를 꿰차고 있는 점으로 보아 현재까지 무척 부유한 삶을 누려온 것으로 추측되고 있다.

국세청은 현재 회사 더코바를 '고액·상습 체납자(법인)'로 규정해 관리하고 있다. 국세청은 또 고액·상습 체납 법인인 더코바의 대표자가 조권 씨임을 분명히 밝혔다. 그리고 국세청만이 아니고 부산 수영구청 역시 현재 더코바와 대표이사 조권 씨를 '고액·상습 체납자'로 규정하고 있다.

어느 정권보다도 도덕성과 공정성을 중시한 문재인 정권이 국가의 존립을 뒷받침하는 납세 문제를 올바르게 처리해야 국민적 지지를 얻을 수 있다. 우리 국민들은 가난하든 부유하든, 또 아무리 쪼들리고 힘들어도 없는 살림을 쪼개고 쪼개서라도 세금만은 꼬박꼬박 성실하게 납부하고 있다. 문재인 정권 들어 여러 형태로 국민들의 세금 부담이 가중되고 있다는 목소리가 커지고 있는 게 사실이다.

따라서 문재인 대통령의 최측근으로 권력의 핵심인 청와대 민정수석, 공정한 법질서 수호 의무를 지닌 법무부 장관을 지낸 조국 교수의 친동생인 조권 씨가 10여 년 동안이나 13억 원에 달하는 세금을 장기 체납하고 있다는 사실은 공정한 납세 의무를 저버리는 부도덕한 일로 국민적 지탄을 받아야 마땅한 일이다.

결국 '조국 사태'가 발생해 조국 일가의 수많은 비리와 부패가 탄로되면서, 이른바 '촛불혁명'으로 출범한 문재인 정권은 '공정'과 '정의'의 가치가 실종되어 몰락의 길로 들어서게 되었다.

우리 역사상 '성공한 대통령'이 단 한 번도 없는 현실에서 우리 국민들은 앞으로 꼭 '성공한 대통령'을 보고 싶으나, 요즈음의 실망스런 우리 지도자들의 행태를 보면 점점 그럴 가능성이 희박해지고 있는 실정이다. '촛불혁명'으로 탄생한 문재인 정권은 '조국 사태'를 겪으면서 그들의 절대적인 지지기반인 2030세대로부터도 배척당하고 있다. 따지고 보면 2030세대는 '정의', '공정', '정치적 올바름' 등을 추구하며 정의롭지 못한 '박근혜·최순실 사태'에 실망하고 '촛불혁명'으로 '정의'와 '공정'의 소중한 가치를 내세운 문재인 대통령을 열광적으로 지지했었다. 게다가 그들은 '촛불혁명'에 적극적으로 가담했으며 문재인이 대통령으로 선출되자 문재인 정권의 견고한 지지층이 되었고, 문재인 대통령과 집권당인 더불어민주당을 '정의'와 '공정'을 추구하는 선(善)한 존재로 믿고 무조건적인 지지자가 되었다.

문재인 정권 초기에 2030세대는 김대중 전 대통령과 노무현 전 대통령을 기억해 내고 그들의 정신을 계승한 정부가 바로 문재인 정부라고 규정했다. 그들은 문재인 정부가 노무현 정부의 정신을 이어받은 정부라고 생각했으며 노무현 전 대통령이 표방했던 정의, 서민, 상식, 분배 등의 어젠다를 계속 이어가고 있다고 생각했다. 그들은 유튜브에서 '노무현 일대기'를 보면서 운 세대이고, 노무현 같은 대통령을 우리가 갖고 있었는데 지키지 못한 것을 너무 아쉬워했으며, 문재인 정부가 그 색채를 이어받았고, 더불어민주당이 그 정신을 지키려고 하니까 절대적으로 지지를 표명해 왔던 것이다.

그러나 '조국 사태'를 통하여 문재인 대통령의 최측근 조국의 위선과 거짓, 내로남불과 권력형 비리 등이 적나라하게 폭로되면서 국민들의 분노가 폭발하였고, 이의 영향으로 문재인 대통령도 정치적 위기에 몰리게 되었다.

3장

유시민의 거짓 선동과 윤석열의 법치주의 수호

유시민이 걸어온 길

강직한 공직자 윤석열 검찰총장이 문재인 정권의 최측근이자 '살아 있는 권력'인 조국 법무부 장관의 권력형 비리 등에 대해 압수수색을 펼치자 노무현재단 이사장으로서 진보세력을 대표할 만한 진보 지성인인 유시민 작가가 위선과 거짓 그리고 비리로 점철된 권력자 조국을 옹위하고 나섰다. 그리고 그가 언론 등을 통하여 공개적으로 윤석열에게 가한 공격과 비난은 무책임한 거짓 선동으로 소가 웃을 정도로 황당한 것이었다. 이렇듯 그는 거짓 선동을 일삼고 악의적 가짜 뉴스를 유포하여 지극히 정상적이고 상식적인 국민들을 우롱하며 혹세무민을 일삼았다.

유시민은 마치 편협한 좌파 사상에 물든 중국 문화혁명의 홍위병처럼 진보 좌파 지성인들의 선두에 서서 거짓 선동으로 국민을 분열시켜 자유 대한민국을 어지럽힌, 교활한 좌파 기회주의 선동가라고 할 수 있다. 조국이 진보 좌파 지식인을 대표하여 시대에 뒤떨어진 친일파 논리를 동원해 민족 간 갈등과 분열을 조장한 것처럼, 유시민 또한 자유민주주의와 법치주의의 수호자인 강직한 공직자 윤석열 검찰총장을 거짓 선동으로 공격하여 우리 민족 간 분열을 획책한 좌파 기회주의 선동가였던 것이다. 역사 속에서 살펴보면 편협한 좌파 사상에 빠진 유시민, 조국 같은 정치 선동가가 정권을 옹위하는 과격한 홍위병을 만들어내어 결국 민족 간 분열을 조장해 큰 민족적·정치적 비극을 초래하는 것을 알 수 있다. 따라서 편협한 좌파 지성인들의 정치적 선동을 단호하게 막아내야만 우리 자유 대한민국이 비로소 정치 선진국으로 나아갈 수 있는 것이다.

자유민주주의 통일을 추구하는 것이 역사적 대세인 자유 대한민국에서 진보 좌파 지성인의 상징으로 부상해 막대한 정치적 영향력을 행사하고 거짓 선동을 일삼으며 민족 간 갈등을 조장하는 유시민, 그는 과연 누구인가?

유시민(柳時敏)은 1959년생으로 경북 월성군 내남면에서 출생했다. 풍산 유씨인 그는 대구 심인고등학교를 1978년에 졸업했고, 1991년에 서울대학교 경제학과를 졸업했으며, 1997년 마인츠대학교 대학원 경제학 석사를 마쳤다.

유시민은 1980년 서울대학교 총학생회 대의원회 의장이 되었다. 1년 전인 1979년 10월 26일 박정희 대통령이 김재규 중앙정보부장에게 피살되는 초유의 10·26사태가 발생했다. 이때 보안사 사령관으로서 합동수사본부장인 전두환이 권력을 장악하고 당시 육군참모총장이자 계엄사령관인 정승화와 첨예하게 맞섰다. 결국 전두환은 정승화에게 '박정희 암살 공모' 누명을 씌워 체포하기로 하고, 1979년 12월 12일 밤 7시 보안사 수사관 8명과 합동수사본부 헌병 1개 중대 60여 명을 동원해 총격전을 벌인 끝에 정승화 육군참모총장을 전격적으로 체포했다. 박정희 대통령 피살 당시 정승화 참모총장이 피살 장소인 궁정동 안가의 본관 식당에 있었다는 것이 그 이유였다. 이것이 12·12사태였다.

그리고 전두환은 1980년 4월 중앙정보부장 서리에 임명되어 보안사령관과 중앙정보부를 모두 거머쥐어 무소불위의 권력자가 되었다. 그런 후 1980년 5월 17일 전두환은 전군 주요 지휘관 회의를 열고 계엄을 확대했다.

한편 1979년 10·26사태로 비상계엄이 선포되고 전두환에 의해 12·12사태가 발생하는 등 불안정한 정국에 불안을 느끼면서도 국민들은 오랜 유신 체제에서 벗어나 새로운 민주 사회에 대한 꿈을 키워 나갔다. 서울을 중심으로 전국 각처에서 민주화의 물결은 봇물 터지듯이 솟구쳤다. 이른바 '서울의 봄'이라는 민주화 운동이 거세게 일어난 것이다. 이는 1968년 체코슬로바키아의 '프라하의 봄'에 비유한 것이다.

'프라하의 봄'은 제2차 세계대전 이후 소련이 간섭하던 체코슬로바키아에서 일어난 민주화 시기를 일컫는다. 이 시기는 1968년 1월 5일에 체코슬로바키아의 개혁과 알렉산드르 둡체크가 집권하면서 시작되었으며, 8월 21일 소련과 바르샤바 조약 회원국이 체코슬로바키아를 침공하여 개혁을 중단시키면서 막을 내렸다.

1980년 봄부터 서울지역 대학생들은 전두환을 중심으로 한 신군부의 정권 장악에 맞서 대규모 시위를 벌이기 시작했다. 이 민주화 운동은 5월 15일 서울역 시위에서 절정에 이르렀다. 이 날 서울역 광장에 모인 수만 명의 대학생들은 계엄 해제와 신군부 퇴진을 요구하며 시위를 벌였는데, 18개 대학 총학생회장단은 시위를 계속할 것인가 아니면 일단 철수할 것인가를 놓고 격론을 벌였다. 이윽고 서울대학교 학생처장 이수성의 설득으로 대학 총학생회장단은 철수를 결정했으며, 당시 심재철 서울대학교 총학생회장은 대학 총학생회장단 대표 자격으로 교육부 장관과 담판을 통해 학생들의 안전귀가를 약속받았고, 서울역 철수를 학생들에게 알렸다. 이 사건을 '위화도 회군'에 빗대어 소위 '서울역 회군'이라고 불렀다. 이후, 신군부는 5·17 비상계엄 전국확대 조치를 내렸다. 이때 18개 대학 총학생회장 중 신계륜 고려대학교 총학생회장 등은 철수를 반대했고, 유시민도 '서울역 회군' 반대파에 섰다.

1980년대에 그는 서울대 총학생회 복학생협의회 간부로 활동하며, 교내로 들어온 민간인을 프락치로 몰아 감금하고 고문(물고문, 각목고문, 폭행 등)했던, 1985년 벌어졌던 '서울대 학원 프락치 사건'의 주모자로 '폭력행위 등 처벌에 관한 법률'을 위반한 혐의로 1심에서 징역형을 선고받았다. 이에 대해 그는 항소심 재판부인 서울형사지방법원 항소 제5부에 직접 '항소이유서'를 제출했고, 이 '항소이유서'를 계기로 세상에 이름을 널리 알리게 되었다.

'서울대 학원 프락치 사건'은 '서울대 민간인 감금 폭행 사건'이라고도 불리며, 1984년 9월 17일부터 27일까지 주모자 유시민 등 서울대학교 학생들이 학교 내의 타학교 학생과 민간인 등 4명을 정보기관의 프락치로 의심하여 감금, 폭행한 사건으로 피해자들은 각각 22시간에서 6일에 걸쳐 서울대 학생들에게 물고문과 각목고문 그리고 폭행 등을 당했다. 당시 사건을 조사한 경찰과 법원은 이들이 프락치가 아니라고 밝혔다. 이 폭행에 가담한 서울대 총학생회 간부들인 이정우, 윤호중, 조현수, 백태웅 등은 도피하여 수배되었고, 복학생협의회 집행위원장이었던 유시민은 사건을 수습하던 중 구속되어 1심에서 징역 1년 6개월, 2심에서 징역 1년형을 선고받았다.

이때 유시민의 유명한 '항소이유서'는 이 사건의 1심 유죄 판결에 불복하여 그가 직접 작성한 것이다. 유시민은 이후 이 사건의 전모 및 재판 과정을 그의 저서 《아침으로 가는 길》(1986년)에 공개했다. 그런데 유시민은 2004년 4월 17대 총선 선거 홍보물에서 '사건 관련자들이 민주화운동 유공자로 이미 명예회복을 하였다'는 내용을 기재했고, 피해자들은 유시민을 '허위사실 공표 혐의'로 고소했다. 이에 대해 1심에선 벌금 50만 원을 선고했지만, 대법원은 무죄를 선고했다. 무죄를 선고하면서 대법원은 "민주화 유공자로 명예회복을 했다는 것은 허위사실이지만, 기재 당시 허위일 가능성을 인식하지 못한 것으로 보인다"는 해괴한 논리를 전개했다. 그렇지만 유시민이 주도한 이 사건을 보면 그가 신중하지 못한 데다가 과격한 기질을 지녔다고 추측할 수 있다.

그리고 유시민은 '6·29 선언'으로 전두환 정권이 노태우 정권으로 넘어가던 당시, 수배 중의 몸으로 뽀글이 파마로 위장하고 방송사를 출입했다. '6·29 선언'이란 1987년 6월 29일 노태우 민정당 대표위원 겸 대통령 후보가 발표한 시국 수습 특별선언으로 그 내용은 ①대통령 직선제 개헌, ②1988년 평화적 정부 이양, ③언론기본법 폐지, 지방 주재 기자제 부활 등 언론자유 보장, ④지방자치제 및 교육자율화 실시, ⑤정당 활동 보장, ⑥사회정화 조치 실시, ⑦유언비어 추방, ⑧지역감정 해소 등을 통한 신뢰성 있는 공동체 형성 등 8개 항으로 이루어져 있었다. 그 선언은 대한민국 역사상 최초로 집권세력이 민주화를 실시하겠다고 한 점에서 나름의 역사적인 의미를 지녔다고 할 수 있다.

그 즈음 유시민은 방송사를 출입하면서 '유지수'라는 가명으로 1988년 3월 7일부터 4월 11일까지 방송된 MBC 월화 미니시리즈 8부작 〈그것은 우리도 모른다〉란 멜로 드라마의 각본을 썼다. 또한 1989년 3월 26일에 방송된 〈신 용비어천가〉란 단막극의 각본도 썼다. 이때는 MBC에서 본명으로 그의 작품이 방송됐으며, 그 작품은 5공 신군부의 언론통제, 기자에 대한 협박, 회유 등을 다룬 것으로 영화배우 문성근의 TV드라마 데뷔작이기도 했다. 이런 사실들을 참고해 보면 유시민은 나름대로 문학적 능력이 탁월했다고 볼 수 있다.

진보 개혁 정치가의 상징으로 부상한 유시민

1988년 유시민은 이해찬 국회의원의 보좌관을 하면서 서로 끈끈한 정치적 인연을 맺었으며, 1995년에는 한겨레 독일통신원으로 언론 활동에 종사하기도 했다. 1998년에는 한국학술진흥재단 기획 실장을 지냈으며, 1999년부터 2001년까지는 성공회대학교 교양학부 겸임교수로 활동하기도 했다.

그동안 여러 다양한 활동을 하던 그는 2002년 8월 갑자기 절필 선언을 하고 정치에 뛰어들어, 제16대 대선을 앞두고 신당 창당을 추진하고 나섰다. 그리고 그는 2002년 10월, 개혁국민정당(약칭 개혁당)의 대표집행위원으로 창당을 주도했다. 당시 세 가지 시나리오가 있었다. 노무현 후보가 민주당 다수파와 함께 개혁신당에 합류하는 방법, 민주당과 개혁신당이 별개로 노무현 후보를 지지하는 방법, 노무현 후보 혼자 개혁신당에 합류하는 방법을 구상했다. 이런 방법들을 논의하면서 뜻이 맞는 40여 명이 각자 500만 원씩 내놓아 2억 원으로 신당을 만들었다.

그리고 유시민은 2003년 4월 24일 경기도 고양시 덕양구 갑 선거구 보궐선거에서 당선돼 16대 국회의원으로 진출했다. 같은 해 4월 29일 국회의원 선서 때 캐주얼 콤비에 라운드 티를 입고 등원하여 파란을 일으켰다가 논란이 거세게 일자, 이튿날 싱글 정장에 넥타이를 매고 선서했다. 그는 기본적인 예의를 지켜야 하는 것을 낡은 구습으로 간주해 이를 무시하려 했던 것 같다. 그러나 그 행위는 진보적이고 개혁적인 자세와는 상관없이 예의에 관한 문제여서 많은 비판을 받고 말았다.

게다가 그는 평소의 자유주의적 소신을 바탕으로, 국기에 대한 경례는 국가주의적 이데올로기의 강제적 주입이기에 이를 굳이 강제할 필요가 있겠느냐는 회의적 입장을 표명하여 논란을 일으키기도 했다. 그러나 자유 대한민국의 국민들이 우리나라의 상징인 태극기 앞에서 엄숙한 국민의례를 거행하며 애국심을 마음에 새기는 행위를 '국가주의적 이데올로기의 강제적 주입'이라고 비판한 것으로 미루어 볼 때, 어쩌면 그는 자유주의자라기보다 아나키스트(무정부주의자) 같은 성향일 것이라고 추측할 수도 있다.

2003년 11월 '열린우리당'이 출범할 때 개혁당은 상당수 개혁당원들의 반대도 있었지만 결국 진성당원 투표를 통해 '열린우리당'으로 통합되었다. 2003년 당시의 이슈는 '이라크 파병 동의안' 문제였다. 당시 유시민은 파병 동의안에 반대표를 행사했다. 2004년 연장 동의안에 대해서도 반대표를 행사했다. 그렇지만 2005년 2차 연장 동의안 표결이 다가왔을 때 그는 자신의 반대표 행사가 비겁했다고 후회했다.

2004년 총선에서 열린우리당의 압승이 확실해지자 유시민은 진보정당의 원내 진출을 원하는 유권자의 표가 민주노동당으로 옮겨가고 있다고 비난하면서, 민주노동당 의원을 찍는 행위는 지역구 2곳을 제외하면 사표(死票)가 될 것이므로 정당 표는 민노당에 주더라도 후보 표는 열린우리당에 주어야 한다고 주장했다. 이는 결국 민주노동당과의 갈등을 일으켰다.

그리고 당시 유시민은 독설로도 유명했다. "나는 한나라당 박멸의 역사적 사명을 띠고 태어났다"고 독설을 퍼부었고, 17대 국회를 "폭력국회", "박근혜 국회"라고 비난했다. 이런 비난을 서슴없이 일삼은 것을 보면, 그가 독단적이고 파괴적인 정치 선동가 기질을 지녔다고 볼 수 있다.

또한 그는 늘 노무현의 정책을 지지했고, "일단 사령관이 '돌격 앞으로' 하면 이 산이 아니더라도 가 봐야 하는 것 아닌가"라고 자신을 변호했다. 그리하여 노무현 대통령이 한나라당과의 대연정(大聯政)을 제안했을 때에도 적극 옹호하고 나섰다. 그는 한나라당에 비판적이었음에도, 선거구제 개편을 위해서는 대연정이 불가피하다는 것이었다. 그리고 그는 지역주의 극복을 위해서는 의석을 정당 총득표율에 따라 할당하는 '독일식 정당명부 비례대표제'가 바람직하다고 주장했다. 그러나 결국 한나라당과의 대연정에서 좌절을 맛보았다.

2006년 2월 그는 보건복지부 장관에 임명되었으나 많은 논란을 일으켰다. 그가 임명되기 전 보건복지부 장관 인사청문회를 앞두고 당시 야당 의원들이 유시민에 대한 국민연금 보험료 미납 의혹을 제기했다. 1999년 7월부터 2000년 8월까지 13개월 동안 보험료를 내지 않았다는 것이다. 그는 또한 소득을 축소 신고함으로써 건강보험료 수백만 원을 덜 냈다는 의혹도 받았다. 이에 대해 "국민연금 보험료를 일시적으로 미납하게 되었음을 대단히 송구스럽게 생각한다"고 해명했으나, 국민들의 복지를 담당하는 장관으로서 기본자세가 갖추어져 있지 않다는 비판을 받았다.

2007년 5월 보건복지부 장관직을 사임한 이후, 열린우리당 소속 국회의원으로서 할 일을 하되 향후 저술 활동도 하고 싶다는 의지를 피력했다. 7월 11일에는 대선후보 경선을 앞두고 《대한민국 개조론》을 출간했고, 8월 20일 '열린우리당 임시전당대회' 직후 제17대 대선에 출마했으나 지지율이 낮은 탓에 단일화 움직임에 따라 당내 경선에서 사퇴하고, 이해찬 후보를 지지한다고 선언하고 나섰다.

2007년 8월 18일 많은 열린우리당원들의 반대에도 불구하고 열린우리당은 대통합민주신당에 통합되었다. 이때 유시민은 합당에 찬성하면서, "우리당의 꿈을 접어 가슴속에 담고 가지만 그 꿈을 포기하지 않겠다"며 "의석수가 143개나 될 거대한 민주신당은 아직 아무것도 그려지지 않은 커다란 종이와 같다. 우리가 뜻을 모아 우리당 꿈을 함께 그리면 되지 않겠느냐"고 말했다.

그리고 2007년 11월 25일 유시민은 문국현, 정동영의 단일화 문제와 관련해 "문 후보가 '정동영 후보의 사퇴에 관해 토론하자'고 했는데, 정동영 후보는 공당의 경선을 통해 선출된 후보"라며 "후보 사퇴 주장은 경쟁자 사이에 예의도 아니고 공당 후보에게 할 말도 아니다. 정말 공당 경쟁에서 있을 수 없는 오만한 반응"이라고 공격하면서, "문 후보는 깨끗하고 훌륭한 기업인이나 정치적으로 검증이 안 된 분"이라며 비판했다. 또 유시민은 "문 후보의 참여정부 실정 비판은 정치적 진실에서 이탈했다. 정당한 평가를 해야지 정치적 선동이 되면 안 된다"고 비판하면서, "참여정부 평가의 관점에서 본다면 참여정부 지지자들이 문 후보를 지지하는 것은 자기부정이 될 수 있다"고 주장했다. 유시민은 정동영 후보에게 반감을 가진 일부 친노 세력이 문국현 후보의 지지층으로 옮겨갈 수 없도록 문국현 후보를 적극 비판했다.

2008년에는 대구 수성구 을 지역구에 유시민은 무소속으로 출마하여 대통령 당선인 이명박의 대변인인 한나라당 주호영과 격돌했으나, 낙선의 고배를 마셨다. 그런 후 그는 "유연한 진보정당을 만들겠다"고 밝히고 민주당을 탈당했다. 그리고 그는 민주당은 당 내에서 노선경쟁을 할 수 있는 정상적인 의사결정 구조가 존재하지 않으며, 전당대회를 열어 노선경쟁을 하게 되면 당은 필연적으로 파멸한다고 했다. 이러한 구조는 변화가 불가능하며 그러므로 신당을 만들어야 한다고 주장하고 나섰다.

2009년 4월 21일, 유시민은 노무현 전 대통령에 대한 검찰 수사를 '이명박 정권의 전임 대통령 모욕주기 공작'으로 규정하면서, "전쟁포로라 할지라도 적장에 대해서까지 이토록 졸렬한 방법으로 모욕을 줘선 안 된다"라고 주장했다. 그리고 4월 30일 오전 노무현 전 대통령의 검찰 출두에 앞서, 김해 봉하마을 사저를 방문해 기자들과 만나 "졸렬한 정치보복"이라고 주장했다. 이때부터 그는 정치적 선동으로 검사들의 권력 부정 수사를 공격하고 나섰다. 그 후 2010년 6월 2일 제5회 지방선거에서 경기도지사 야권 단일 후보로 출마하여 김문수 당시 경기도지사와 승부를 펼쳤지만, 4%의 근소한 차이로 낙선했다.

그 후 2009년 11월 10일 유시민은 국민참여당 창당에 참여해 2011년 3월에서 12월까지 국민참여당 대표를 지냈고, 2011년 12월에서 2012년 5월까지 통합진보당 공동상임대표를 지냈다. 그리고 2012년 10월 진보정의당 창당에 참여했으나, 2013년 2월 19일 정계 은퇴를 선언했다.

정계 은퇴 이후 여러 TV프로그램에 출연하였는데, 2016년부터 JTBC 〈썰전〉에 진보 진영을 대표하는 역할로 출연하였다. 2018년

9월 26일에는 '노무현재단' 이사장에 내정되었다. 4년 6개월간 이사장을 맡았던 이해찬 더불어민주당 대표가 사퇴하고 유시민을 차기 이사장으로 추천한 것이다.

그리하여 그는 2018년 10월 15일 제5대 노무현재단 이사장으로 취임했다.

2019년 1월에는 팟캐스트 채널 〈유시민의 알릴레오〉를 열고 방송을 시작하였다. 그리고 해당 방송은 유튜브 채널 '사람사는세상노무현재단'에 업로드되고 있으며, 방송 하루 만에 '사람사는세상노무현재단'의 구독자 수가 10만에서 43만으로 급등했다. 2020년 4월 17일까지 팟캐스트 및 유튜브를 통해 〈유시민의 알릴레오〉 방송을 진행했다. 그리고 그는 잠시 쉬었다가 2020년 10월에 다시 〈유시민의 알릴레오〉 방송에 복귀했다.

유시민의 거짓 선동과 검찰의 법치주의 수호

위에서 살펴본 바와 같이 유시민은 정치인, 장관, 방송인, 작가 등 다양한 활동을 하면서 진보 좌파 지성인의 상징으로 많은 국민들에게 큰 영향을 미쳐왔다. 그렇지만 공정과 진실 그리고 상식에 반하는 거짓 선동을 일삼아 우리 국민들에게 많은 해악을 끼치고 있는 실정이다.

최근 연평도 해역 공무원 피격 사망 사건과 관련한 그의 발언에 각계 인사들의 많은 비난이 쏟아졌다. 북한의 독재자 김정은이 연평도 해역 공무원 피격 사망 사건에 형식적인 사과 성명을 발표하자, 유시민은 공산주의 독재자 김정은을 '계몽군주'라고 표현하여 큰 논란을 일으켰다. 이에 대해 김근식 경남대학교 교수는 "계몽주의 사상가들이 땅을 칠 발언"이라고 비판했고, 주호영 '국민의힘' 원내대표는 "문재인 대통령이 침묵하는 사이에 대통령의 분신들이 요설을 퍼뜨리고 다닌다"고 비판하고 나섰다. 또한 중도 보수주의자인 안철수 '국민의당' 대표는 "정신나간 여권 떨거지"라고 원색적인 비난을 가했다.

잔인한 공산당 독재자 김정은에 대한 그의 우호적인 평가는 친북 노선을 지향하는 그의 사상을 은연중에 드러낸 것으로 시대에 뒤떨어진 좌파 논리라고 비판받아야 할 일이다. 그리고 또한 유시민은 2019년 9월 24일 '알릴레오' 방송을 통해 조국과 조국의 부인 정경심을 옹호하며 "(PC 반출은) 증거 인멸이 아니라 증거를 지키기 위한 것"이라는 해괴한 논리를 폈다. 그는 "검찰이 압수 수색해서 장난칠 경우를 대비하기 위해 동양대 컴퓨터, 집 컴퓨터를 복제하려고 반출한 것"이라며 "그래야 나중에 검찰이 엉뚱한 짓을 하면 증명할 수 있다. 당연히 복제를 해줘야 하는 것"이라고 하면서 상식에 반하는 논리를 전개했다. 윤석열 검찰총장이 지휘하는 압수 수색에 대해 정경심 교수의 증거 은폐 시도를 유시민은 거짓 논리로써 옹호하고 나선 것으로 국민적 지탄을 받았다.

또한 2019년 12월 24일 유시민은 유튜브 방송 '알릴레오'에서 검찰이 노무현재단의 금융거래 정보를 열람하였을 것이라고 단정적으로 말했고, 특히 약 1년 반에 걸쳐 한동훈 검사장을 거명하며 그가 불법적으로 계좌를 들여다본 것이 사실이라고 공개적으로 밝히면서, 이런 검찰의 불법적인 행위를 규탄해야 하며 이러한 검찰을 개혁해야 한다고 선동했다. 그렇지만 그런 사실이 없는 것으로 판명되자 그는 2021년 1월 22일 검찰이 자신을 사찰했을 것이라는 의혹에 대해 검찰의 모든 관계자들에게 정중히 사과하면서, 어떤 형태의 책임도 지겠다고 밝혔다. 이에 대해 한동훈 검사장은 2021년 3월 "약 1년 반에 걸쳐 악의적 가짜뉴스 유포, 장기간 속은 국민들도 피해자, 재발 방지 위해 법적 조치는 불가피"……"공적 권한 불법 사용한 공직자로 부당하게 낙인… 혼자 창작한 건지 누군가 거짓 정보 제공한 건지 등 밝혀야"라며 유시민에게 '명예훼손 혐의'로 기소하고, 또 '5억 원 손해배상청구 소송'을 제기하고 나섰다. 또한 '유시민 처벌 원한다'는 진술서를 제출했다.

따라서 진보 좌파 지성인의 상징으로서 거짓 선동을 일삼으며 윤석열 검찰총장을 공격하고 국민들을 현혹하는 그는 도도한 역사의 심판을 받을 것이다.

추미애 장관의
권력남용과
윤석열의 반격

추미애 장관의 권력남용과 윤석열의 반격 4장

추미애는 어떤 인물인가

2020년 1월 2일 문재인 정부의 세 번째 법무부 장관으로 임명된 추미애는 검찰개혁을 명분으로 무리하게 월권을 행사하다가 여러 논란을 일으키며 윤석열 검찰총장과 사사건건 대립했다. 나아가 같은 해 11월 24일 '재판부 사찰 의혹' 등 6가지 혐의로 윤석열 검찰총장에 대해 무리하게 징계를 청구하고 윤 총장의 직무를 정지하겠다고 전격적으로 발표하여 파란을 일으켰다. 이 사건은 곧 문재인 대통령의 급속한 지지율 하락으로 이어져, 문 정권의 존립을 위태롭게 할 정도였다.

이런 문 정권의 위기 상황에서도 추미애 법무부 장관과 그 일파는 윤석열 검찰총장을 그 자리에서 몰아내기 위하여 동분서주한 끝에 법무부 징계위원회가 무리하게 윤석열 검찰총장에게 '정직 2개월'의 징계 처분을 결정했으며, 12월 16일 문재인 대통령의 재가를 얻어냈다. 하지만 윤석열 검찰총장이 제기한 징계처분 소송 제기 및 집행정지 신청이 서울행정법원에 의해 받아들여져, 12월 25일 윤석열 검찰총장은 정상적으로 업무에 복귀하게 되었다.

이렇듯 추미애 법무부 장관은 무리하게 법을 위반하면서까지 윤석열 검찰총장을 징계하려다가 실패하고 문 정권을 위기로 몰아넣은 끝에 굴욕적으로 2021년 1월 27일 물러났다. 추미애 법무부 장관의 이런 무리한 월권행위는 국가를 위기로 몰아넣은 사건으로서 '추미애 사태'라고 불릴 정도였다.

2020년 12월 5일~7일 한길리서치가 조사한 여론조사에 의하면 추미애 장관의 윤석열 총장 징계에 찬성한다는 의견은 37.6%이고, 반대한다는 의견은 54%로 대다수의 국민들도 추미애 장관의 무리한 행위를 질타하고 있는 입장이었다. 따라서 대부분의 국민들은 강직하고 의로운 윤석열 검찰총장의 대척점에 서 있는 추미애 법무부 장관의 편협한 월권행위를 비난하고 나섰다.

그렇다면 추미애 법무부 장관은 어떤 인물인가? 추미애(秋美愛)는 1958년 10월생으로 대구에서 세탁소를 운영하는 부모 밑에서 2남 2녀 중 셋째(차녀)로 태어났다. 1974년 구남여자중학교를 졸업하고, 1977년 경북여자고등학교를 졸업했다. 그리고 1981년 한양대 법과대학을 졸업했다. 1982년에는 사법고시(제24회)에 합격한 후, 1983년에는 한양대 대학원 법학 석사과정을 수료했다. 학창시절 대학 동기인 서성환 변호사와는 캠퍼스 커플이었으며, 결혼 전까지 7년간 연애하였다. 그녀의 남편 서성환은 전라북도 정읍 출신이며, 다리에 장애가 있었다.

추미애의 집안에선 서성환과의 결혼에 반대하였으나, 추미애는 집안의 반대를 무릅쓰고 1985년 서성환과 결혼하였다. 이로 인해 훗날 추미애를 정계에 입문시킨 김대중은 추미애에게 "호남 사람인 제가 대구 출신 며느리를 얻었습니다. 고맙습니다"라고 말한 바가 있다. 이런 이유 때문에 언론에선 추미애를 '대구의 딸이자 호남의 며느리'로 불렀다.

1985년 춘천지방법원 판사를 시작으로 1989년에는 인천지방법원 판사, 1993년 전주지방법원 판사, 1995년 광주고등법원 판사를 거쳤다. 그리고 1995년 광주고등법원 판사로 재직하던 중 김대중 새정치국민회의 총재의 정계 입문 권유를 받고, 같은 해 8월 27일 새정치국민회의에 입당하고, 당 부대변인으로 정당생활을 시작하며 정계에 입문하였다. 그러다가 이듬해인 1996년 제15대 총선에서 광진구 을 지역구에 출마해 당선되어 헌정 사상 최초의 여성 판사 출신 국회의원, 판사 출신 야당 국회의원, 소선거구제 도입 이후 서울 지역 최초의 여성 국회의원이 되어 화제로 떠올랐다.

그리고 1997년 제15대 대통령 선거에서 초선의원 자격으로 김대중 대통령 후보의 유세단장이 되어 그녀의 고향인 대구에서 선거운동을 했다. 그 당시 대구 지역은 지역감정이 몹시 심하여, 14대 대선 때 평민당 운동원들이 유세하다가 돌을 맞기도 하는 지역이었다. 그런데 제15대 대선에서 지역감정을 극복하겠다고 하면서 추미애는 '잔다르크 유세단'을 이끌고 대구에서 지역감정과 맞서 저돌적으로 선거운동을 전개했다. 이때 언론에서 추미애가 선전하는 인상적인 모습을 보고서 그녀를 '추다르크'라고 부르기 시작했다.

2002년 그녀는 제16대 대선을 앞두고 펼쳐진 새천년민주당 당내 경선에서는 지지율이 낮았던 노무현 후보를 처음부터 지지하고 나섰다. 그런데 노무현이 민주당 당내 경선에서 가까스로 승리하고 대선후보로 결정되었으나, 노무현 후보의 지지율이 낮다는 이유로 민주당 내에서 대선후보 교체를 위한 움직임(이른바 후단협 사태)이 일어났다. '후단협(후보단일화추진협의회) 사태'란 2002년 10월 민주당 대선후보 노무현의 지지율이 15%대로 주저앉자 당내 반노(반노무현)·비노(비노무현) 의원들을 중심으로 '다크호스'로 떠오른 정몽준 의원과의 단일화를 주장하며 후단협을 결성해 집단탈당 하는 등 당을 엄청난 혼란으로 이끈 사건이다.

이 당시 추미애는 후보교체란 있을 수 없는 일이라며 계속 노무현을 지지하였다. 또한 대통령 선거에 임해서는 노무현 후보 캠프의 국민참여운동본부 공동본부장으로 활동하며, 노무현의 대통령 당선에 큰 역할을 하였다. 당시 선풍적인 인기를 끌었던 '희망돼지' 저금통 사업을 이끌며 선거운동을 위한 국민성금을 모아 '돼지엄마'라는 별명을 얻기도 하였다. 그리고 2003년 노무현이 대통령으로 당선되자 대통령 당선자의 특사 자격으로 미국과 일본을 방문했다.

그러나 이후 여당이던 새천년민주당 분당사태 때 열린우리당에 합류하지 않고 민주당에 잔류하며, 노무현과 정치적으로 결별하였다. 2004년 3월 새천년민주당 조순형 대표가 노무현 대통령에 대한 탄핵을 추진하였으나, 같은 당 의원이었던 추미애는 "①탄핵 대신 개혁으로 지지층의 동요를 막아야 한다. ②탄핵 찬성은 한

나라당 지지층이 주도하고 있으니 현혹되면 안 된다. ③그래도 탄핵을 강행하면 역풍을 맞아 총선에 참패할 것이다."라는 '3불가론'을 내세우며 탄핵에 반대하였는데, 당시 민주당 의원총회에서 탄핵에 반대한 2인 중 한 명이었다. 그러나 민주당 지도부는 탄핵에 반대하는 추미애에게 "당내 2인자가 당론에 찬물을 끼얹고 있다", "너 혼자 잘났냐" 등 비난을 하였고, 결국 민주당의 당론은 탄핵 찬성으로 결정되었다.

탄핵을 주도한 민주당 지도부는 당시 구치소에 수감되어 있던 소속 의원 2명의 서명까지 받아 탄핵을 추진하려 하였다. 그러자 추미애는 "감옥 간 분들 표까지 긁어모아 탄핵을 한다면 말이 안 된다. 숯댕이(범죄 혐의로 수감된 의원)가 검댕이(노무현 대통령)를 나무랄 순 없다. 민주당의 명예를 지키기 위해 내가 기꺼이 표를 드리겠다."며 결국 당론에 따라 탄핵 찬성으로 입장을 바꿨다. 이후 국회에선 탄핵소추안이 가결되어 헌법재판소의 탄핵심판이 개시되었으나, 후에 탄핵심판은 부결되고 말았다.

그리고 곧이어 실시된 17대 총선에서 민주당은 선거대책위원장직을 추미애에게 맡겼는데, 추미애는 탄핵 반대의 압도적 여론을 체감하고선 민주당이 탄핵에 동참한 것에 대해 당의 선대위원장으로서 당을 대표하여 사과하였다. 그리고 사과의 의미에서 '3보 1배'를 하였다. 그녀는 민주당을 부활시켜 달라고 국민들에게 호소하면서, 2004년 4월 광주 금남로에서 망월동 5·18묘역까지 15킬로미터 구간을 2박 3일 동안 '3보 1배'를 하면서 종주했다.

그러나 탄핵 반대 여론의 역풍이 무척 거세서 민주당은 겨우

9석의 의석을 얻는 데 그쳤다. 그리고 이때 추미애 본인도 낙선의 고배를 마셨다. 훗날 추미애는 이때를 회고하면서 "탄핵에 찬성한 것이 내 정치인생 중 가장 큰 실수이자 과오"라고 했다. 이런 그녀의 정치역정을 살펴보면 독특한 그녀만의 독선적인 판단과 결정이 유연하기보다는 고집스럽다는 것을 알 수 있다.

그 후 2007년 제17대 대선에서는 정동영 후보 공동선대위원장으로 활동하였고, 다음 해 실시된 18대 총선에서 당선되어 다시 국회의원으로 복귀하였다. 2012년에는 민주통합당 최고위원으로 당선되었고, 같은 해 실시된 제18대 대선에서는 문재인 후보 국민통합위원장으로 활동하였다. 그리고 2015년에는 문재인 당시 새정치민주연합 대표에 의해 지명직 최고위원으로 임명되었다. 한편 같은 해 말에 벌어진 새정치민주연합의 분당사태 때는 탈당파를 강력히 비판하며 당에 잔류하였다.

그리고 2016년 4월에 실시된 제20대 총선에서 당선됨으로써, 대한민국 헌정 사상 최초의 지역구 5선 여성 국회의원이라는 기록을 세웠다. 또한 같은 해 8월 27일 '더불어민주당 전당대회'에서 당대표로 선출되어, 민주당 역사상 최초의 대구·경북 출신 당대표가 되었다.

민주당 당대표가 된 그녀는 2017년 5월 실시된 제19대 대선에서 문재인 대통령 후보 선거대책위원회 상임선대위원장을 맡아 정권교체를 이루는 데 큰 역할을 하였다. 또한 2018년 제7회 지방선거에서도 당대표로서 선거를 진두지휘해 당의 압도적 승리를 이루어냈다. 그런 후 같은 해 8월 당대표의 임기가 만료되어, 역대 민주당계 정당 대표 중 최초로 임기를 채운 대표라는 영예를 안으며 퇴임하였다.

추미애 법무부 장관의 수십 번 거짓말 논란

당대표 퇴임 후 2020년 1월 2일 문재인 정부의 세 번째 법무부 장관으로 임명되었다. 그녀는 법무부 장관으로 취임하여 검찰개혁을 강력하게 추진하고 나섰으나, 그녀 특유의 무리한 행보 때문에 여러 반발에 직면하게 되었다. 그동안 탄탄대로였던 그녀의 인생에 또다시 먹구름이 드리워지기 시작한 것이다.

먼저 그녀는 내로남불식 표현의 자유를 주장해 여러 반발에 직면했다. 그녀는 "익명의 그늘에 숨어 대통령을 '재앙'이라고 부르고 (문 대통령)지지자를 농락하는 것은 명백한 범죄행위"라며 "대표적인 포털 네이버의 댓글이 인신공격, 비하와 혐오, 욕설의 난장판이 됐다"고 지적했다. "말도 안 되는 가짜뉴스가 생산, 유포되고 있다", "준비된 듯한 댓글 조작단이 이를 확대·재생산하는 악의적 프로세스도 진행된다"면서 "네이버는 이런 행위가 범람하고 있지만 아무 조치도 취하지 않고 있는데 묵인과 방조도 공범"이라며 포털의 책임을 지적했다.

그러나 공인을 향한 "명예훼손"의 경우 표현의 자유가 비교적 폭넓게 보장받아야 한다는 게 학계의 보편적 견해이자 과거 민주당의 입장이었기 때문에, 추미애의 그런 비판은 내로남불식 비판이라고 할 수 있다. 이를테면 홍준표 자유한국당 대표는 추미애의 그런 비판에 반박을 하면서 "이명박 대통령 때 쥐박이라 하고, 박근혜 대통령 때 닭근혜라 했지만 우리는 표현의 자유를 존중해 아무런 조치도 취하지 않았다"고 응수했다. 또한 "과거 한나라당 시절 이회창 총재에 대해서도 이회충을 비롯한 온갖 인신공격성 댓글이 오갔다. 10년간 그런 댓글을 방치해 놓고 이제 와 최고 존엄을 모독한다고 고소·고발 한다는 걸 보고 이 나라가 자유 대한민국인지 북한을 따라가는지 분간하기 어렵다"고 주장했다. 이처럼 홍준표는 추미애의 유아독존적 견해를 신랄하게 비판하고 나선 것이다.

또한 그녀는 1년 동안 국회 상임위원회(추 대표의 소속위원회는 외교통일위원회)에 단 한 번도 출석하지 않아 불성실하다는 논란을 일으켰다. 시민단체 법률소비자연맹이 발표한 국회 상임위원회 전체회의 전수조사 결과, 역대 여야 당대표들의 출석률은 다 저조하지만, 추 대표처럼 0%인 경우는 단 한 번도 없는 것으로 밝혀졌다. 물론 당대표들은 일정도 많고, 특히 추 대표처럼 지난 1년 동안 대선, 지방선거 등을 준비하는 것을 감안하더라도, 정의당 이정미 대표의 상임위 출석률인 66%와 비교된다고 JTBC 정치부 회의가 지적하기도 했다.

그리고 추미애는 2020년 2월 6일 문재인 정부의 선거개입 의혹 사건에 대한 공소장을 공개하지 않아 논란을 일으켰다. 추미애는 그 이유에 대해 "그동안 사실상 간과되어 왔던 헌법상 무죄추정의 원칙, 형사피고인의 공정한 재판을 받을 권리, 공판중심주의 등이 실질적으로 지켜질 수 있도록 그동안 잘못된 관행을 바로잡기 위한 첫걸음"이라고 하면서 "미국도 재판 시작 전에는 공소장을 공개하지 않는다"며 "재판이 시작되면 공개될 것"이라고 해명을 했지만, "미국은 기소하면 특별한 이유가 없는 한 이틀 내에 공소장을 공개했다."는 반론이 제기되었다. 따라서 그녀의 견해는 맞다고 할 수 없는 독단적 견해라고 할 수 있다.

그리고 2020년 2월 3일 청와대 국민청원에 "추미애 법무부 장관 해임"과 "3대 수사팀 해체 반대"를 요구하는 청원이 올라와, 1개월 동안 34만 명 정도가 서명에 동의하여 큰 논란을 일으켰다. 이에 청와대 디지털소통센터장 강정수가 "공정성에 문제 없다"는 궁색한 답변을 내놓았다.

또한 추미애 장관의 아들이 카투사로 근무하던 중에 불법으로 휴가연장을 하여 탈영했다는 의혹이 제기되어 큰 논란을 일으켰다. 2016~2018년 주한 미8군 한국지원단 미2사단지역대 소속 카투사로 군 복무했던 추미애 장관의 아들이 "아프다"면서 휴가 10일을 받고 군에 귀대하지 않은 채 전화로 다시 10일을 추가 신청했으나 불허되었음에도 지정된 날짜에 복귀하지 않아 탈영 논란으로 검찰에 고발되었다. 이후 아들의 동료 병사가 SNS에 "우리 엄마가 추미애 장관이었으면 좋겠다"는 내용을 적어 다시 논란이 생기자 추미애 장관은 국회에서 "더 이상 아들을 건드리지 말아주셨으면 좋겠다"고 말한 것이 다시 논란을 불러일으켰다. 그러자 당시 발언 영상을 공개하며 "아들 사건을 빨리 수사를 해서 무엇이 진실인지 밝혀야"라고 말한 부분을 강조하며 언론의 앞뒤 자르기식 왜곡보도를 비판하면서, "아들이 다리 수술을 해서 재검하면 면제받을 수 있는데 엄마가 공인이라서 재검하지 않고 군복무 중"이라고 주장했다.

당시 휴가 20일째 되던 날 당직사병은 검찰에서 "이를 상부에 보고하기도 전에 먼저 상급부대에서 '휴가 연장' 지시가 내려왔다"며 "내가 복무하는 기간에 휴가 미복귀하고 연장되는 사병은 서씨가 처음"이라고 말해 로비 의혹을 제기했다. 국회와 언론에서 계속하여 특혜 휴가, 청탁, 황제 복무 의혹이 제기되자 아들은 변호인을 통해 수술을 목적으로 하는 적법한 병가였다고 주장하고 나섰다.

당시 당직사병이었던 현동환, 한국군 지원단장이었던 대령이 과거 참모로 있을 때 지휘관을 했던 신원식 미래통합당 의원에게 제보를 하면서 논란이 확대되었으나 국방부가 "적법했다"는 입장을 밝히고, 육군 인사사령부가 '국민의힘' 한기호 의원에게 제출한 '부대 미복귀 휴가 연장 현황'에서도 "2017~2020년 카투사에서 총 36명이 '전화 휴가 연장'을 했다."는 내용이 있었다. 그런데 이와 관련하여 〈조선일보〉가 총 36명 가운데 집에 있으면서 연장한 경우는 추미애 장관의 아들이 유일하다는 점을 들어 신문지면 1면과 포털 등에서 '병가 미복귀, 전화로 휴가 연장, 4년간 추미애 아들이 유일'이라는 제목으로 적시하는 등으로 논란이 확대되었다.

이에 추미애는 "아들은 입대 전 왼쪽 무릎 수술을 받았다. 그런데도 엄마가 정치적 구설에 오를까 걱정해 기피하지 않고 입대했다"며 "군 생활 중 오른쪽 무릎도 또 한 번 수술을 받아야 했다. 그래서 왼쪽 무릎을 수술했던 병원에서 오른쪽 무릎을 수술받기 위해 병가를 냈다"고 주장했다.

추미애 장관은 국회 대정부 질문에 앞서 자신의 페이스북에

"검찰수사에 영향을 미칠 것 같아 말하지 않았다"고 하면서, "아들이 입대 전 수술을 받고 입대 후에 같은 병원에서 수술을 받아야 했다"며 "병원에서 수술 후 3개월 이상 안정이 필요하다고 진단했지만, 아들은 한 달을 채우지 못하고 부대로 들어갔고 남은 군 복무를 모두 마쳤다"며 "군대에서 일부러 아프고 싶은 사람은 없을 것이다. 군은 아픈 병사를 잘 보살필 준비가 되어 있었고, 규정에도 최대한의 치료를 권하고 있어 딱히 절차를 어길 이유가 전혀 없었다"고 주장했다.

그러나 추미애 장관의 일관된 주장에 대하여 당시 당직사병 등이 명백한 탈영이라고 휴대폰 통화기록 등을 제시하고 있고, 또한 고발에 의해 탈영 논란에 대한 수사가 이루어지고 있어 곧 사실이 드러날 것으로 예측된다. 또한 이와 관련해 추미애 장관은 국회 등에서 행한 발언에서 수십 번의 거짓말을 하고 있어, 탈영 논란도 어떻게 밝혀질지 두고 볼 일이다.

추미애 법무부 장관의 무리한 '수사지휘권' 발동

그리고 추미애 법무부 장관은 ①검언 유착 의혹 사건 ②라임 사건과 윤 총장 가족·측근 고발 사건에 대해 두 차례나 수사지휘권을 무리하게 발동했다. 추 장관은 라임 사건을 지휘하는 서울남부지방검찰청과 윤석열 검찰총장 처가 의혹을 수사하는 서울중앙지검 수사팀에게 '상급자의 지휘를 받지 말고 수사 결과만 검찰총장에게 보고하라'고 지시했다.

추미애 장관의 수사지휘권 발동은 사실상 윤석열 검찰총장에 대한 사퇴 요구라 할 수 있다. 검사장 출신의 한 변호사는 "추 장관이 수사지휘권을 발동한 것은 지휘권을 행사하겠다는 것이고, 이는 결국 윤 총장이 스스로 물러나도록 하는 것"이라고 주장했다. 실제로 법무부 장관이 검찰총장에게 명시적으로 수사지휘권을 발동한 사례는 천정배 전 법무부 장관이 김종빈 전 검찰총장에게 행사한 경우가 유일하다.

법무부 장관의 수사지휘권이 검찰청법에 명시된 권한이긴 하지만 검찰 안팎으로 민감한 문제라는 점에서 역대 장관들도 쉽게 꺼내지 않았다. 2005년 당시 천정배 법무부 장관은 김종빈 검찰총장에게 국가보안법 위반 혐의를 받던 강정구 동국대 교수를 구속 수사 하지 않도록 수사지휘권을 발동했다.

이에 당시 김종빈 검찰총장은 천정배 법무부 장관의 수사지휘권 발동을 수용하면서도, "검찰의 정치적 중립성이 훼손됐다"면서 임기 시작 6개월 만에 스스로 자리에서 물러났다. 검찰은 천정배 전 법무부 장관의 지휘대로 강정구 교수를 불구속 기소했지만, 수사지휘권 발동 여파는 많은 논란을 일으켰다.

추미애 법무부 장관은 첫 번째로 2020년 7월 2일 '검언 유착' 의혹과 관련해 수사지휘권을 발동했다. 이는 윤 총장에 대한 사실상의 사퇴 요구였다. 이 검언유착 의혹은 윤 총장 밑에서 대검찰청 반부패부장을 지낸 윤 총장의 최측근인 한동훈과 채널A 이동재 전 기자가 공모하여 이철 VIK 전 대표에게 강압적 취재를 시도했다는 의혹 사건이었다. 이에 추미애 장관은 '윤 총장과 가까운 검사가 수사 대상이 된 만큼 검찰총장은 수사지휘에서 빠져야 한다'는 취지의 지시를 내렸다. 따라서 해당 사건은 서울중앙지검이 검찰총장의 지휘를 받지 않고 이성윤 지검장의 책임 아래 모든 수사를 진행했으나, 한동훈 법무연수원 연구위원은 무혐의로 결론이 났다.

그리고 추미애 장관은 2020년 10월 20일 두 번째로 라임자산운용 사건과 윤 총장의 가족·측근 고발 사건에 대한 지휘권을 박탈하는 수사지휘권을 발동했다. 추 장관은 라임 사건 로비 의혹이 제기됨에 따라 이와 관련된 검사와 수사관을 수사·공판팀에서 배제해 새롭게 재편하고, 서울중앙지검의 수사팀을 강화할 것을 주문하면서 윤 총장을 이 사건에서 차단하기 위한 수사지휘권을 발동한 것이다.

이때 추 장관이 제기한 의혹들은 ①검찰총장이 수사팀 검사 선정에 직접 관여해 야권 정치인에 대한 구체적 비위 사실을 보고받고도 제대로 수사를 지휘하지 않았다는 것 ②검찰 출신 변호사가 윤 총장에게 힘을 싣기 위해 구속 피고인을 회유해 짜맞추기 수사를 진행했다는 것 ③현직 검사들에 대한 금품 로비 제보를 받고도 보고나 수사를 누락했다는 것 등이다.

'라임 사건'은 '라임 사태', '라임자산운용 사건'이라고도 하는데 2005년에 300억 원으로 출발한 라임자산운용이라는 투자관리회사가 4년 만에 6조 원을 굴리는 업계 1위의 위치까지 올랐으나 부실 투자로 인하여 2019년 10월부터 환매가 중단되면서, 모펀드 4개와 자펀드 173개 등의 투자금 1조 6천억 원을 막지 못해 터진 사건이다.

1인당 평균 펀드 가입액은 2억 5천만 원이어서 주로 강남 부자들이 많이 투자했고, 어려운 형편에 돈을 모아 전 재산을 투자한 피해자들도 많았다. 10%대의 고수익을 유혹하며 많은 돈을 투자받아서 현금화가 어려운 자산 등에 부실 투자하여 손실이 발생하자 투자금을 돌려줄 수 없었던 것으로 피해자가 4천여 명으로 알려지고 있다.

라임 사태의 주범은 이종필 라임 부사장과 김봉현 스타모빌리티 회장으로 지목되고 있으며, 이들은 2020년 4월 모두 체포되어 조사를 받고 재판이 진행 중이다. 이 사건의 몸통은 이종필로 드러나고 있으며, 김봉현 또한 라임 자금이 들어간 수원여객을 통해 161억 원을 횡령하여 주범으로 알려지고 있다. 김봉현은 고향 후배인 전 청와대 행정관 김모 씨를 이종필에게 연결해 주기도 했다. 그리고 그들은 김 전 행정관에게 뇌물을 주고 금감원의 정보를 받아 회사 운영에 이용했다.

금융감독원은 라임 사태가 터지기 전, 이미 8월에 조사를 착수했으나 시간만 지연되며 아무런 제재를 못 한 것으로 밝혀졌다. 금감원은 자율적인 처리 유도를 하려고 했다지만, 그나마 투자자들이 환매 가능한 여지마저 사라지게 만들었다는 비판을 받는 중이라고 알려지고 있다. 그리고 김봉현은 코스닥 스타모빌리티를 통해 516억 원을 횡령한 것으로 드러났으며, 실소유자로서 재향군인상조회도 인수했던 것으로 알려지고 있다.

이 라임 사태 수사를 지휘한 윤석열 검찰총장은 "수사팀은 검찰의 책무를 엄중히 인식하고, 대규모 펀드 사기를 저지른 세력과 이를 비호하는 세력 모두를 철저히 단죄함으로써 피해자들의 눈물을 닦아주고 국민의 기대에 부응하기 바란다"라고 밝혔다.

한편 추미애 장관은 윤석열 총장과 그 가족의 수사에도 수사지휘권을 발동했다. 추 장관은 "윤 총장 본인 및 가족과 측근이 연루된 사건들은 검사 윤리강령 및 검찰공무원 행동강령에 따라 회피해야 할 사건"이라며 "수사팀에게 철저하고 독립적인 수사의 진행을 일임하는 것이 마땅하다"고 강조했다. 그러면서 ①윤 총장이 서울중앙지검장으로 재직할 당시 배우자가 운영하는 '코바나컨텐츠'를 통해 거액의 협찬금을 수수했다는 의혹 ②도이치모터스 관련 주가조작 등에 배우자가 관여했다는 의혹 ③윤 총장이 장모의 요양병원 관련 불법 의료기관 개설 등 사건을 무마했다는 의혹 등을 제기했다.

이렇게 추 장관은 윤석열 검찰총장에게 두 번이나 수사지휘권을 발동해 윤 총장을 고립화하여 무력화시킨 다음, 스스로 물러나도록 압력을 행사했던 것이다. 이후 윤석열 검찰총장은 2020년 10월 23일 청문회에서 추미애 장관의 '수사지휘권 발동은 위법'이라고 주장했다.

또한 검찰·법원 등을 담당하는 법조 출입기자들도 추미애 법무부 장관의 수사지휘권 발동은 부적절했다고 평가했다. 사단법인 법조언론인클럽이 30개 언론사의 법조 취재기자 99명을 대상으로 조사한 결과를 보면, 전체 응답자의 94%가 추 장관의 수사지휘권 발동을 부정적으로 평가했다. 특히 자신의 정치성향을 진보적이라고 분류한 기자들도 추 장관의 수사지휘권 발동에 대해 93.9%가 부정적이라는 평가를 내렸다.

또한 추 장관의 검찰인사와 관련해서도 83.8%가 부정적이라고 답했다. 자신의 정치성향을 진보적이라고 분류한 기자들도 검찰인사에 대해서도 90.9%가 부정적이라는 평가를 내놓았다. 추 장관이 물러나기 전 '검찰개혁'의 핵심으로 꼽았던 '공수처(고위공직자범죄수사처) 설치'에 대해서는 응답자의 61.6%가 부정적으로 바라봤으며, 진보성향 기자들도 48.5%가 부정적이라고 답했다.

한편 기자들은 이른바 '검언 유착'인 채널A 강요미수 사건과 관련해 이동재 전 기자의 검찰수사에 대해서도 82.8%가 부적절하다고 평가했다. 그렇지만 이동재 전 기자의 취재방식에 대해서는 84.8%가 잘못됐다고 답변했다.

추 장관의 무리한 징계청구와 윤 총장의 반격

그런데 '수사지휘권 발동 사태'의 소용돌이가 끝나기도 전에 갑작스럽게 추 장관은 2020년 11월 24일, '재판부 사찰 의혹' 등 6가지 혐의를 들어 윤석열 검찰총장에 대한 징계를 청구하고, 윤 총장 직무를 정지하겠다는 초유의 발표를 했다. 헌정사상 유례없는, 법무부 장관과 검찰총장 간의 대결이 한 치의 양보도 없이 펼쳐진 것이다. 그동안 추미애 법무부 장관이 윤석열 검찰총장을 조선시대의 상하관계처럼 부하로 하대하면서 온갖 압력을 행사했지만, 윤 총장은 같은 장관급이라고 주장하면서 의연하게 맞서왔다. 윤석열 검찰총장은 2천여 검사들을 지휘하는 검찰의 수장으로서 임기를 보장받으며 정치인 출신 추미애 법무부 장관을 상대하며 '검찰의 독립', '검찰의 정치적 중립' 등 검찰의 소중한 가치를 지켜왔던 것이다.

그러나 추미애 법무부 장관과 그 일파는 '검찰개혁'이라는 미명하에 윤석열 검찰총장 '찍어내기'에 혈안이 되어, 급기야 윤 총장에 대한 징계를 무리하게 청구하고 나선 것이다. 이에 모든 국민들은 숨죽인 채, '검찰개혁'을 내세운 추미애 법무부 장관과 '법치주의'의 수호자 윤석열 검찰총장의 진검승부를 지켜봐야 했다.

추미애 장관과 그 일파는 전격적으로 행동을 개시했다. 윤 총장에 대해 징계를 청구한 다음 날인 11월 25일, 대검찰청에 대한 압수수색을 벌였고, 11월 26일에는 윤 총장을 대검찰청에 수사의뢰했다. 그리고 12월 1일에는 '감찰위원회', 12월 10일과 12월 15일 두 차례 징계위원회를 열었다. 그들은 속도전을 전개해 빠르고 주도면밀하게 움직임으로써 윤 총장을 질식사시키려 하였다.

그러나 이 과정에서 추미애 장관과 그 일파는 급히 서두르다가 법률과 규정에 기반한 '절차'를 위반했다는 비판에 직면했다. 대대적으로 비판 여론이 고조되면서 전국의 고검장들은 물론 평검사들까지 집단 성명을 내며, 추미애 장관의 무리하고 불법적인 조치에 반발했다. 급할수록 돌아가야 하는데 너무 서둘렀던 것이다.

이런 추 장관의 무리하고 불법적인 행위에 대해 시민들도 윤석열 총장을 대대적으로 응원하고 나섰다. 시민들은 대검찰청 앞에 수백 개의 화환을 보내 윤 총장을 응원하는 뜨거운 마음을 표출했다. 보기 드물게 뜨거운 국민적 성원으로 윤 총장의 마음은 뭉클해졌고, 그는 추 장관과 그 일파의 불법적인 행위에 단호히 맞서기로 했다.

그럼에도 불구하고 각계의 뜨거운 민심을 제대로 파악하지 못한 추미애 장관과 그 일파는 '절차'를 무시하며 더욱 '징계'를 서둘렀다. 처음부터 윤 총장에 대한 그들의 '징계'는 '절차'를 무시하고 속도전으로 빠르게 진행되었다. 이에 윤 총장 또한 법적으로 신속하게 대응하기 위하여 검찰 출신으로서 명망 있는 2명의 변호사를 내세웠다.

법무부 감찰위원회는 내·외부위원 등 총 11명으로 구성되며, 법무부의 중요사항 감찰과 징계 수위를 자문하는 기구다. 감찰위원회가 내린 권고 결정은 법적 구속력은 없지만, 그동안 감찰위원회가 내린 결정은 징계위원회에 상당 부분 반영돼 왔다.

추미애 장관과 그 일파는 윤 총장을 징계하기 위하여 10월 28일 윤 총장에 대한 '민원 4건'이 접수됐을 때부터 '징계'를 준비하기 시작했다. 추 장관은 법무부 감찰관실에 '민원 4건'이 접수됐음을 알리고, 박은정 검사에게 이 4건의 민원에 대한 진상조사를 지시했다. 이 '민원 4건'은 ①라임 사건 검사의 비위 은폐 ②야당 정치인 사건 처리 의혹 ③언론사 사주 면담 ④옵티머스 관련 무혐의 경위 등이 그것이다.

참고적으로 법무부 보도자료에 따르면, 좌파 성향 민주언론시민연합 등은 2020년 8~11월까지 윤석열 총장이 언론사 사주와 만난 것과 관련해 '감찰해 달라'는 취지의 민원을 제기했다고 한다.

법무부 감찰위원회는 2005년 노무현 전 대통령 시절에 설치

됐다. 그리고 후에 감찰위원회 권한을 강화해 준 것은 사실 추미애 장관이었다. 또한 결과적으로 감찰위원회는 추미애 장관과 그 일파에게 치명상을 입혔지만, 아이러니하게도 감찰위원회가 열린 것은 추미애 장관 덕이기도 했다.

2020년 4월 28일 법무부는 대통령령(令)인 '법무부 감찰위원회 규정' 일부 개정령안을 시행한다고 밝혔다. 이 개정령안은 검사를 포함한 소속 직원들의 비위를 다루는 감찰위의 주요 토의 대상을 5급 이상 공무원으로 확대하겠다는 것이었다. 즉 법무부·검찰청 소속 고위 공무원의 비위를 면밀하게 살피기 위해 감찰위원회의 토의 대상이 되는 '중요 감찰·감사 사건' 범위를 확대시킨 것이다. 게다가 2020년 4월 말 추미애 장관은 강동범 감찰위원장(이화여대 법학전문대학원 교수)과 감찰위원들을 새로 위촉하며 위촉장을 주는 자리에서 '감찰위원회가 제 기능을 발휘해 주기 바란다'는 취지의 당부를 했다.

새로 위촉된 강동범 감찰위원장은 이화여대 법대 학장과 법학전문대학원장을 지낸 형법학의 권위자로 평가받는다. 그는 새로 감찰위원회 위원장에 위촉된 뒤 "법과 원칙에 따라 정의가 살아 숨쉴 수 있는 감찰위원회가 되기 위해 최선의 노력을 다하겠다"는 소감을 이화여대 인터넷 홈페이지 '뉴스 코너'에 밝히기도 했다.

한편 2020년 11월 24일 오후 2시 10분경, 윤석열 총장 징계 청구 발표 당일, 법무부에서는 추미애 장관과 그 일파 4명과 류혁 법무부 감찰관이 참석한 회의가 열렸다. 추 장관 일파 4명이란 심재철 검찰국장, 김태훈 검찰과장, 조두현 장관 정책보좌관, 박은정 감찰담당관을 말한다. 이때 감찰 실무 책임자인 류혁 감찰관은 사실상 박은정의 패싱으로 소외되어 있었고, 이 회의에도 뒤늦게 불려간 것으로 알려졌다. 박은정 감찰담당관은 직속상관인 류혁 감찰관에게 제대로 보고하지도 않고 독단적으로 일을 처리한 것으로 밝혀졌다.

추미애 장관과 그 일파가 윤석열 검찰총장을 전격적으로 징계할 기미를 보이자 강동범 감찰위원장은 감찰위원회 임시회의 개최를 적극적으로 검토하기 시작했다. '법무부 감찰위원회 규정' 제6조에 따르면, 위원회의 회의는 '분기마다 각 1회 개최되는 정기회의와 위원장이 필요하다고 인정할 때 또는 법무부 장관이나 위원 3분의 1 이상의 요청이 있을 때 개최되는 임시회의로 구분하여 운영한다'고 명시돼 있었다.

사안의 심각성을 인식한 강동범 위원장은 11월 26일부터 일부 위원들과 의기투합하여 감찰위원회 임시회의 소집을 위한 행동에 본격적으로 나섰다. 즉각 법무부 박진성 검사에게 감찰위원회 임시회의를 소집하겠다는 의사를 전화로 전달하고, '서면'으로도 요청하기로 했다. 그리고 11월 26일 오후 5시 58분경, 강동범 위원장 명의로 작성한 '법무부 감찰위원회 임시회의 소집요청서'가 팩스를 통하여 법무부에 전달됐다. 소집요청서의 내용은 다음과 같다.

법무부 감찰위원회 임시회의 소집요청서

-법무부 장관 귀중(감찰관 참조)

……법무부 감찰위원회 규정 제2조 제1항에 따라 검찰총장 윤석열
에 대한 감찰 사건의 조사 방법, 결과 및 그 조치에 관한 사항에 대
하여 토의하고, 토의 결과에 따른 의견을 법무부 장관에게 제시하
는 등 필요한 조치의 권고를 위하여 위 규정 제6조 제1항에 따라서
감찰위원회 임시회의 소집을 요청합니다.

2020년 11월 26일
법무부 감찰위원회 위원장 강 동 범

감찰위원회 임시회의 소집 가능 정족수는 구성원 11명 중 3분
의 1 이상이었는데, 감찰위원 중 절반이 넘는 6명이 임시회의에 참
석하겠다는 의사를 표명해, 임시회의 개최에는 문제가 없는 상황이
었다.

그런데 강동범 위원장이 법무부에 '감찰위원회 임시회의 소집
요청서'를 보내자 바로 그 후에 추미애 장관 측이 감찰위원회를 건
너뛰고 곧바로 징계위원회로 가려 한다는 보도가 흘러나왔다. '조
선닷컴'은 이날 오후 8시 18분에 게재한 '감찰위 패싱하고 징계위

가려던 추미애… 감찰위가 막아섰다'는 제하의 기사에서 이렇게 전했다.

"윤 총장에 대한 감찰위는 애초 27일 열릴 예정이었다. 하지만 법무부가 '10명 이상이 모이면 코로나19 감염 위험이 있다'는 식의 이유를 들며, 징계위가 열리고 난 이후의 시점으로 감찰위를 연기했다고 한다. 지금껏 법무부는 고위 검사에 대한 징계위를 열기 전에 감찰위를 먼저 열어 자문을 받았다."

강동범 감찰위원회 위원장이 임시회의 개최 소집을 법무부에 요청했지만 법무부 측이 코로나19를 이유로 연기했다는 내용이었다. 그리고 11월 27일 오후 8시경 '감찰위 패싱'과 관련한 구체적인 정황이 흘러나왔다. 추미애 장관의 측근인 박은정 감찰담당관이 강동범 위원장에게 "감찰위 임시회의 소집을 하지 말아달라"고 부탁했고, 또한 위원장이 박은정 검사에게 "소집을 안 한다"는 다짐을 했다는 설이 흘러나온 것이다.

따라서 감찰위원회 개최가 무산될 것 같은 긴박한 상황이 전개되자 한 감찰위원은 11월 27일 밤 11시쯤, 뜻을 같이하는 몇몇 감찰위원에게 '강동범 위원장에게 힘을 실어드리자'는 취지로 장문의 문자메시지를 발송했다. 그는 "위원장님의 용단으로 어제 감찰위원회 소집을 요청했다는 기사가 나간 이후 전임 감찰위원들에게 격려전화가 많이 왔다"며 다음과 같이 썼다.

……(전임 감찰위원들은) 갑자기 규정을 임의규정으로 바꾸고 이렇게 감찰위원회를 건너뛰는 절차상의 문제를 법대 교수님이신 위원장께서 잘 간파하신 것 같다면서 어렵더라도 위원회를 꼭 열어야 할 것이라고 하셨습니다. (중략) 이 문제는 특정 권력이나 정치적 이념을 떠나서 법치의 근간인 정해진 절차를 위배했다는 게 법조계의 의견인 것 같습니다. (중략) 저희 민간 감찰위원들만이라도 법치의 정상화를 위해서 회의만이라도 개최하기를 바라는 마음입니다.

이 감찰위원은 위원들에게 "헌정사의 중요한 사건으로 기록될 이 사안에 훗날 저희 민간 감찰위원회가 용기 있게 의견을 제시했다는 기록이라도 남기고 싶다"고 문자메시지에 덧붙였다.

이에 강동범 감찰위원장은 다음 날인 11월 28일 감찰위원들에게 자신이 직접 참석해 회의를 주재하겠다는 의사를 분명히 밝혔다. 전날 떠돌았던 '불참설'이 사실무근임을 확인해 준 것이다. 그리고 강동범 위원장의 확고한 임시회의 개최 의사가 법무부에 전달되자 류혁 감찰관이 임시회의 개최에 대해 적극적으로 협조하고 나섰다.

11월 28일(토) 오후 법무부 검찰담당관실은 드디어 감찰위원회 임시회의 개최 날짜와 시각을 총 2가지 안으로 만들어 감찰위원들에게 알렸다. 하나는 11월 30일 오후 2시, 또 다른 하나는 12월 1일 오전 10시였다. 그런데 법무부가 연락을 하는 과정에서 내부 감찰위원인 이주형 의정부지검장을 빠뜨렸다는 사실이 11월 29일 확인됐다. 만약 이주형 위원이 참석을 못 하면 감찰위 토의사항 의결 정족수인 '과반수'가 안 되는 상황이었다. 그때까지 임시회의 소집요건인 '3분의 1 이상' 참석(5명) 규정은 충족된 상태였다. 다만 의결 정족수가 문제였다. 감찰위 토의사항 의결에 필요한 정족수는 감찰위원 11명의 과반수인 6명이었다. 5명으로는 임시회의 소집은 할 수 있어도 토의사항 의결은 자칫 불발될 가능성이 있었다.

이주형 위원(의정부지검장)에게 연락이 안 간 사실을 인지한 류혁 감찰관은 담당 직원에게 '이주형 위원에게 연락을 하라'고 지시했다. 그 덕에 이주형 위원의 참석이 확정되었다. 당연직 내부 감찰위원인 이주형 위원에게 왜 연락이 안 갔는지는 현재까지도 미스터리다.

이로써 강동범 위원장을 포함한 감찰위원 6명은 12월 1일 오전 10시에 감찰위원회 임시회의를 개최하기로 최종 합의하고 이를 법무부에 통보했다. 엎치락뒤치락하던 감찰위 임시회의 개최가 확정되는 순간이었다.

드디어 감찰위원회 임시회의가 12월 1일 오전 10시 법무부 과천 청사에서 열렸다. 참으로 이 회의는 '역사적'이라고 평가할 만했다. 국가적으로는 헌정사상 최초로 현직 검찰총장에 대한 징계 청구와 직무정지를 다루기 위해 열렸다는 점에서 그러했다. 법무부로서도 감찰위원회가 설치된 지 15년 만에 처음 열리는 임시회의였다. 그런 이유로 기자들의 눈과 귀가 법무부 감찰위원회 임시회의에 쏠렸다. 이날의 결정이 윤석열 검찰총장의 징계를 결정하기 때문인 데다 법치주의의 근간이 무너지는 위기를 초래할 수도 있기 때문이다.

역사적인 이날의 감찰위원회 임시회의는 강동범 위원장을 비롯해 부위원장인 송동호 연세대 의대 교수, 이우영 서울대 법학전문대학원 교수, 이수정 경기대 범죄심리학과 교수, 유희림 전 법조언론인클럽 회장, 이주형 의정부지검장, 김수정 변호사 등 내·외부 감찰위원 7명이 참석했다. 당초 다른 일정으로 참석이 어렵다고 했던 김수정 변호사가 당일 아침 갑자기 참석을 하면서, 전체 참석위원은 신청 당시 6명에서 7명으로 늘어났다. 참석위원 7명 가운데 감찰위원장을 포함한 4명은 추미애 장관 취임 이후에, 2명은 문재인 정부 초대 법무부 장관인 박상기 장관이 위촉한 위원들이었다.

이날 법무부 측 참석자는 류혁 감찰관과 박은정, 장형수, 박진성 검사 등 4명이었다. 이정화 검사는 회의 시작 후 증인으로 출석했다. 회의 진행은 장형수 검사가 맡았고, "오늘 회의 내용을 녹음하는 데 대해서 위원들께서 의견을 모아주시면 감사하겠다"고 말을 꺼냈다. 이에 감찰위원 상당수가 이날 회의의 중요성을 감안해 '회의 과정 전체를 녹음해야 한다'는 의견을 내놨다. 이런 가운데 류혁 감찰관이 '어제 장관께서 오늘 회의가 중요하니 녹음하는 게 좋지 않겠냐고 말씀하셨다'고 말했다. 추 장관이 '정확성을 기하기 위해 녹음하는 게 어떠냐'는 말을 류 감찰관에게 했다는 것이다. 이에 류 감찰관은 '위원들이 자율적으로 결정할 사안이고 위원들이 반대하면 못 한다고 (추 장관에게) 말씀드렸다'고도 했다.

이와 관련해 한 감찰위원은 "다른 사람들은 모르겠지만 추미애 장관만은 감찰위에서 자신에게 유리한 결정이 나올 걸로 낙관한 것 같다"고 말했다. 이어 그는 "추 장관은 그간 요식행위에 불과했던 감찰위였기에 윤 총장 관련 감찰위도 대수롭지 않게 여긴 듯하다"며 "그러니 '녹음을 해도 된다'는 자신만만한 입장을 보인 것 아니겠냐"고 해석했다. 그러면서 "회의 내용을 녹음하자는 의견을 제시할 정도로 감찰위가 자신들에게 유리할 것으로 봤던 감찰위에 결과적으로 되치기를 당한 셈"이라고 말했다.

이러한 정황은 감찰위원회 임시회의 이후인 12월 10일 열린 법무부 징계위원회에서 확인할 수 있다. 징계위원회에서 윤석열 검찰총장 측 특별변호인들은 '심의과정 전체를 녹음해야 한다'고 요청했다. 그런데 추 장관 일파와 상당 부분 맥을 같이한 징계위원회 측은 이를 받아들이지 않았다. 앞서 열린 감찰위원회 임시회의 내용이 언론에 알려지면서 이미 치명적인 타격을 입었다고 판단해 녹음 요청을 거부한 것으로 추측된다.

본격적으로 시작된 감찰위원회 임시회의에서 제기된 중요 사항을 요약하여 정리해 보았다. 감찰위원 한 명이 박은정 검사에게 "왜 직속상관인 류혁 감찰관에게 보고하지 않고 독단적으로 일을 했냐?"고 물었다. 이에 박은정 검사는 법무부 감찰 규정상 감찰 비위 조사는 감찰담당관(박은정 검사) 위임 전결 사항이라며 "감찰관님(류혁 검사)께 보고드렸다"고 주장했다. 그녀의 이런 주장에 대해 류혁 감찰관은 "(박은정 검사가) '보고를 했다'고 하는데 징계가 청구된 날이 11월 24일이고, 24일 오후 6시에 징계 청구가 발표됐다"며 "24일 오후 2시 10분이 될 때까지는 징계청구 사유의 일부, 전체적인 징계청구서 초안 자체도 본 적이 없다"고 맞받았다.

이에 대해 박은정 감찰담당관은 추미애 장관 이야기를 꺼내며, 다음과 같은 취지의 말을 했다. '장관님께서 이 사안은 중대 사안이고 보안이 필요한 사안이라고 해 감찰 착수에 대해서만 장관님과 감찰관에게 보고했다. (추 장관이) 감찰담당관이 독립적으로 조사를 한 후에 조사 결과에 대해 감찰관의 보고를 받고 결정하겠다고 했다. 위임 전결 규정상 제가 조사를 진행했고, 조사 결과에 대해서는 장관님이 계시는 자리에서 감찰관에게도 보고했다. 징계청구 문서에도 감찰관이 결재했고, 장관께서도 결재하시는 등 적법하게 처리했다.'

박은정 감찰담당관의 이런 주장에 대해 류혁 감찰관은 박은정 검사가 말한 '징계 청구 문서에 감찰관이 결재했다'는 대목을 문제 삼으며, 결재가 담긴 징계청구서 표지 사본을 감찰위원들에게 직접 나눠줬다. 그러면서 그는 이런 취지로 말했다. '제가 징계청구서를 가져왔다. (결재가 담긴 징계청구서 표지 사본을 배부한 뒤) 제가 서명을 했다는 것은 전자결재를 했다는 얘기인데, 저는 장관님께서 서명한 징계청구서를 징계 담당 부서에 송부하는 문서에 결재를 했다. 징계청구서 자체도 초안만 봤고, 장관께서 서명한 징계청구서 실제 문서를 본 적이 없다.'

이에 대해 박은정 검사는 '징계 청구를 장관님께 보고하는 자리에 감찰관도 그 자리에 있었다'며 '장관님도 징계 기록을 안 봤다'고 반박했다. 그러자 류혁 감찰관은 '장관님도 안 보셨다'는 말이 납득이 안 간다며, 박 검사의 이런 주장에 의문을 표했다. 그러자 갑자기 박은정 감찰담당관의 목소리 톤이 높아졌다. 박 감찰담당관은 '(추 장관이) 다 보지는 않았고, 중요한 부분을 보고드렸다'며 '원래 감찰관이나 장관님은 감찰 기록을 다 보지는 않고 중요사항에 대해 보고를 드리면 그 건에 대해 증거자료 등을 참고해 판단하는 것'이라고 했다.

하지만 류혁 감찰관은 '분명히 말씀드리지만 기록을 못 봤다'며, 11월 24일 오후 2시 10분경 류 감찰관이 목격한 추미애 장관과 그 일파가 참석한 '법무부 회의' 장면을 설명했다. 이 회의에 뒤늦게 불려가 참석한 류혁 감찰관은 그 자리에서 검찰총장 감찰결과 보고서, 징계청구서 초안, 보도자료, 장관님 말씀 자료 등 네 개의 자료가 책상 위에 놓여 있었다고 한다. 이 장면을 보고 류혁 감찰관은 '당혹스러웠다'고 말했다. 자신도 모르는 새 이미 윤석열 검찰총장 찍어내기가 상당히 진행돼 있어 놀랐다는 표현이었다. 류혁 감찰관은 이 회의에서 약 1시간 30분에 걸쳐 감찰의 부당성을 설명했다고 한다.

류혁 감찰관은 2020년 7월 추미애 장관이 임명한 인사로서 원래 추미애 장관 측 인사로 분류됐지만, 그는 이정화 검사와 함께 감찰위에서 윤석열 검찰총장 감찰과 징계 청구의 절차상 문제점을 정확히 지적한 인물이다.

어느 감찰위원이 '헌정사상 초유의 장관의 검찰총장 징계 건인데, 이 중대한 사안을 직속상관인 감찰관에게 보고하지 않았나?'라고 묻자 박은정 검사(감찰담당관)는 '감찰관께서 결과만 보고하면 사실관계에 따라 판단할 것이니 진행사항은 보고하지 말라고 했다'

는 요지로 답했다.

이에 대해 류혁 감찰관은 '사실관계가 왜곡될 수 있어 말씀드린다. 저는 11월 4일 이후에는 감찰에 일절 관여한 바가 없다'며 다음과 같이 반박했다. '징계 청구가 된 게 (11월) 24일인데, 24일 날 이미 준비돼 있는 초안을 보기 전까지는 총장에 대한 징계 청구가 된다는 사실도 몰랐다. (11월) 23일에야 감찰번호가 들어갔기 때문에 그 이전까지는 진상조사라는 말만 대외적으로 해와, 저도 총장에 대한 진상조사가 진행된다고 했을 뿐이다. 감찰이라는 생각은 할 수가 없었다. 기록에서 명백히 드러나리라 생각한다. ……(11월) 26일 수사의뢰가 이뤄졌는데, 언론 보도에 난 것처럼 저는 수사의뢰에 동의할 수 없다고 말했다. 기록을 못 봤기 때문에 개인의 권리를 침해하는 수사의뢰에 동의할 수 없는 것 아닌가? 수사의뢰에 동의할 수 없다고 했기 때문에 담당관(박은정 검사)의 전결로 수사의뢰가 진행됐다.'

또한 박은정 감찰담당관은 이정화 검사와도 설전을 벌였다. 이정화 검사는 윤 총장의 혐의 중 이른바 '주요 사건 재판부 분석' 문건 법리검토를 맡았다. 이 문건은 윤석열 총장 징계 청구 혐의 중 가장 큰 쟁점이었다. 윤석열 총장 측이 울산시장 부정선거 의혹 사건과 조국 전 법무부 장관 사건 담당 판사들의 성향 분석 문건을 만들었다는 게 추미애 장관과 그 일파의 주장이었다. 그들은 해당 문건이 '불법 사찰 문건'에 해당한다고 주장했다. 이정화 검사는 감찰위 임시회의에 증인으로 출석해 해당 혐의와 관련, 윤석열 총장에게 '직권남용권리행사방해죄'가 적용될 수 없다는 취지의 보고서를 작성했으나, 박은정 검사의 지시를 받고 그 부분을 삭제했다고 폭로했다.

'직권남용권리행사방해죄'란 공무원이 폭력이나 협박 없이 다른 사람에게 의무적이지 않은 일을 하도록 권한을 남용하거나 타인의 권리행사를 방해하여 저지른 범죄로서, 직권남용권리행사방해 혐의가 인정되면 5년 이하 징역이나 10년 이하의 자격정지 또는 1천만 원 이하의 벌금에 처해진다.

이정화 검사는 감찰위원회가 열리기 며칠 전, 이미 이 내용을 검찰 내부 통신망인 '이프로스'에 공개적으로 써 올린 적이 있는데 언론은 이를 '양심선언'이라고 표현했고, 결국 박은정 검사는 궁지에 몰렸다. 한 감찰위원은 "박은정 검사(감찰담당관)는 이정화 검사가 감찰위 증인으로 출석할지 몰랐던 듯하다"고 말했다. 그는 "장형수 검사가 회의를 시작하면서 '이정화 검사가 자진 출석을 희망해 대기하고 있다'고 감찰위원들에게 공지하자 박은정 검사(감찰담당관)는 당황한 기색을 보였다"고 증언했다.

이날 회의는 2005년 감찰위원회가 출범하고 난 뒤 사상 처음 열리는 임시회의였다. 당연히 사전에 누가 증인으로 출석하는지 등을 전혀 조율하지 못한 채 열렸다. 그래서 이정화 검사의 자진 출석은 감찰위원들도 전혀 예상하지 못한 것으로 알려졌다.

그리고 이정화 검사가 감찰위원회 임시회의에 제출한 '진술서'에서 문제의 '주요 사건 재판부 분석' 문건을 입수한 복잡한 경로가 기록돼 있는데 이 문건은 추 장관 일파의 핵심인 심재철 법무부 검찰국장과 한동수 감찰부장 손을 거쳐 나온 것을 근거로, 법조계 일각에서는 이 문건이 '윤석열 관련 제보로 둔갑한 것'이라고 의심하고 있다.

또한 박진성 검사는 임시회의에서 자신이 법리 검토한 윤 총장의 국정감사 발언('퇴임 후 국민 봉사') 부분에 대해 '죄가 안 된다고 생각한다'는 입장을 보였다. 그는 '그렇게 보고를 했는데 11월 24일 오후 5시 50분에 일방적인 발표가 이뤄졌다'면서, '나는 좀 더 조사해야 한다고 주장했다'고 거듭 강조했다. 박진성 검사는 또 윤 총장의 국정감사 발언이 '정치적 중립 위반이 아니라는 생각에 변함이 없다'라는 취지의 말도 했다.

그리고 장형수 검사는 '10월 초에 박은정 감찰담당관에게 감찰규정 개정을 검토하라는 지시를 받았다'라는 취지의 진술을 했다. 당시 법무부는 윤 총장 관련 민원에 대한 '감찰을 위한 진상조사'를 벌이던 시기였다. 지시를 받은 장형수 검사가 박은정 검사에게 '이 (진상조사) 시기에 감찰규정을 개정하면 (윤 총장을 겨냥한다는) 불필요한 오해를 사지 않겠느냐?'고 묻자, 박 검사는 '그럴 리가 없다. 지나친 확대 해석이다'라고 답했다고 한다. 그러면서 '박은정 담당관은 최대한 검사들의 의견을 존중해서 최종 비위 여부는 그때 가서 결정하겠다고 말했다'고 증언하기도 했다. 하지만 박은정 감찰담당관은 류혁 감찰관 등을 패싱한 채 줄곧 감찰업무를 전단(專斷)했다는 의심을 받았다.

장형수 검사는 윤 총장의 '언론사 사주 만남' 관련 법리 검토를 맡았었다. 장 검사는 감찰위에서 '근거가 부족해 감찰 혐의로 삼기 어렵다는 취지의 의견을 올리자 그 뒤 총장 조사 업무에서 배제되고 일상 감찰 업무만 수행했다'고 전했다. 그러면서 '감찰규정 개정이 결과적으로 윤 총장을 겨냥했다는 의심을 떨쳐버릴 수 없다'고 말했다.

또한 한 감찰위원은 "박은정 감찰담당관이 그녀의 직속상관인 류혁 감찰관을 패싱하고 진상조사를 한 것은 윤석열 총장에 대한 밀실 감찰을 많은 검사들이 반발하니까 비정상적인 방법으로 일을 진행한 것 같다"고 추정했다. '비정상적인 방법' 중 하나로 지목된 게 법무부에 파견된 검사들로 하여금 윤 총장에 대한 진상조사를 진행한 것이다.

법무부 감찰담당관실에 근무한 이력이 있는 한 현직 검사는 "이정화 검사와 윤인식 검사는 모두 법무부 감찰담당관실에 파견 나온 검사"라며 "두 사람은 법무부 공무원이 아니라 검찰청 공무원이므로 법무부가 주관하는 감찰을 수행할 자격이 없다"고 주장했다. '법무부 감찰규정' 제2조 2항에는 "감찰 담당 직원이라 함은 감찰관의 지휘를 받아 감찰 업무를 수행하는 법무부 소속 공무원을 말한다"고 돼 있다. 그럼에도 이 두 검사는 법무부의 지시를 받고 11월 17일, 대검찰청을 방문해 윤석열 검찰총장을 상대로 방문 조사를 벌이려 했다가 대검 측의 반발로 무산된 바 있다.

당시 대검 측은 "무슨 감찰을 하겠다는 건지 설명도 없이 다짜고짜 평검사 2명을 보내 검찰총장을 감찰하겠다는 것은 의도된 '모욕 주기'"라고 반발했다.

참고로 이정화 검사는 대전지검에서, 윤인식 검사는 서울북부지검에서 법무부로 파견 나온 검사였다(이정화 검사는 2021년 1월 현재 대전지검으로 복귀). 이정화 검사가 법무부로 차출된 배경에 박은정 검사의 남편 이종근 대검 형사부장이 있다는 주장도 나왔다. 이정화 검사와 함께 대전지검에서 근무하는 이복현 부장검사(대전지검 형사3부장)는 2020년 10월 29일 검찰 내부 통신망인 '이프로스'에 "어제 저희 청(대전지검) 여성아동범죄조사부 수석검사가 법무부 감찰관실로 파견 간다는 소식을 들었다"고 써 올렸다. 당시 '여성아동범죄조사부 수석검사가 바로 이정화 검사였다.

이복현 부장검사는 소속 검찰청과 상의도 없이 이정화 검사를 데려갔다고 비판하며, 박은정 검사의 남편 이종근 대검 형사부장을 언급했다. 이복현 대전지검 형사3부장은 "이종근 대검 형사부장이 해당 검사에게 하루 전 미리 전화를 걸었다고 한다"며 "대검 형사부장께서 법무부 감찰담당관과 아무리 가까운 사이라 해도 인사를 그런 식으로 다룬다는 것은 마치 '박근혜 정부의 최모 씨 인사농단' 느낌이 든다"고 꼬집었다.

추 장관의 굴욕과 윤 총장의 승리

지금까지 감찰위원회 사상 처음으로 열린 2020년 12월 1일 임시회의 소집과 개최 과정, 그리고 회의에서 밝혀진 관련 검사들의 주요 증언과 주고받은 발언 내용을 살펴봤다. 감찰위원회 임시회의에서 확인된 내용을 정리하면 ①'비위사실'을 특정해 놓고 여기에 맞춰 규정과 절차를 위배하면서까지 무리하게 끼워 맞춘 표적 감찰이란 정황이 드러났으며 ②감찰 진행 과정에서 반대 의견이 있는 직원은 배제하고 ③소수 몇 사람이 은밀히 진행한 밀실감찰의 정황이 드러났다. 따라서 추 장관과 그 일파가 윤석열 총장을 찍어 내기 위해 얼마나 무리를 했는지 엿볼 수 있다.

만약 2020년 12월 1일 감찰위원회 임시회의가 열리지 않았더라면 이러한 정황은 일부 언론보도에서 나온 떠도는 수준으로 알려졌을 뿐, 분명하게 밝혀지지 않았을 것이다. 헌정사상 초유의 검찰총장 징계를 진행하고자 규정까지 개정하면서 법무부 장관 자문기구인 감찰위원회를 패싱하려 하자 감찰위원들이 이에 제동을 건 사실도 평가를 받아야 한다. 또한 한 감찰위원은 "임시회의 소집에 있어 용단을 내린 강동범 감찰위원장과 여러 불이익을 감수하고 '아닌 것은 아니다'라고 직속상관 앞에서 용기를 내 증언한 검사들에게 박수를 보낸다"고 말했다.

결국 감찰위원회는 윤석열 총장에 대한 추미애 장관의 징계청구·직무배제·수사의뢰 처분 모두 '절차의 중대한 흠결이 있다'는 이유로, 참석한 감찰위원 7명 전원이 '부적정' 결론을 내렸다. 감찰위원회가 내린 결정은 법적 구속력은 없지만, 그간 법무부 징계위원회에선 감찰위원회 결정이 상당 부분 반영돼 왔다. 따라서 정부부처의 공식 기구가 처음으로 추미애 장관 측에 제동을 걸었다는 것은 중요한 의미를 가진다.

감찰위원회 결정이 내려진 직후, 서울행정법원 행정4부 조미연 판사는 윤석열 총장 직무 배제 효력 정지 일부 인용 결정을 내렸다. 이에 이튿날인 12월 2일 〈조선일보〉 김창균 논설위원은 칼럼에서 "2020년 12월 1일은 대한민국 정치 교과서의 한 페이지에 기록

될 것이다"라며 다음과 같이 썼다.

> 법과 규정, 상식과 원칙을 깔아뭉개며 돌진하던 추미애 탱크가 법
> 무부 감찰위원, 행정법원 판사, 법무부 차관 같은 소총수들의 저격
> 을 받고 멈춰 서는 것을 보면서 국민은 카타르시스를 느꼈다. 포악
> 한 맹수처럼 날뛰던 절대 권력도 순리를 거스르자 생쥐처럼 무기력
> 해지는 광경을 생생하게 지켜봤다.

감찰위원회에서 규정과 절차 등을 위반하면서 적나라하게 노출된 이들의 무리수는 12월 10일과 12월 15일 열린 두 차례의 징계위원회에서도 이어졌다. 추 장관과 그 일파가 주도한 법무부 징계위원회는 12월 16일 오전 기어코 윤석열 총장에 대한 '정직 2개월' 징계안을 의결했다. 이에 대해 윤석열 총장은 법무부 징계위원회의 '정직 2개월' 결정에 대해 불법·부당한 조치라며 법적 대응 방침을 밝혔다. 윤석열 총장은 징계위원회의 '정직' 결정을 겨냥해, "임기제 검찰총장을 내쫓기 위해 위법한 절차와 실체 없는 사유를 내세운 불법 부당한 조치"라고 비판했다. 이어 "검찰의 정치적 중립성, 독립성과 법치주의가 심각하게 훼손됐다"면서 "헌법과 법률에 정해진 절차에 따라 잘못을 바로잡을 것"이라고 말했다.

그리고 전직 검찰총장들도 12월 16일 법무부 징계위원회가 윤석열 검찰총장에게 정직 2개월의 징계 조치를 내린 것과 관련 "윤

석열 총장에게 정직 2개월의 징계 조치가 이뤄진 상황 전반은 법치주의에 대한 큰 오점이 될 것"이라면서, "이번 징계 절차는 국민이 애써 쌓아올린 민주주의와 법치주의에 대한 위협의 시작이 될 우려가 너무 크므로 중단돼야 한다"고 밝혔다.

전직 검찰총장 9명은 이날 발표한 성명에서 "이번 징계 조치로 검찰총장의 임기가 사실상 강제 중단된다."면서 "이는 검찰총장이 소신 있게 어떤 결정을 내리기 어렵게 만드는 선례가 될 것"이라고 우려했다. 그러면서 "징계 절차에 대한 의문은 차치하고라도 징계 절차로 검찰총장을 무력화하고 책임을 묻는 것이 사법 절차의 정상적인 작동을 방해하는 요인이 되는 것 아닌지 우려하지 않을 수 없다"고 비판했다.

또한 이들은 "1988년 국회에서 여야 합의로 도입된 검찰총장 임기제는 검찰 중립과 수사 독립을 보장하기 위한 최후의 장치"라고 강조했다. 검찰 구성원에게는 "과거 몇몇 중요 사건에서 국민의 기대에 미치지 못했던 역사적 경험을 성찰해 형사사법 절차가 정의롭고 공정하게 진행될 수 있도록 노력해 달라"고 당부했다. 이날 성명에는 김각영·송광수·김종빈·정상명·임채진·김준규·김진태·김수남·문무일 전 검찰총장이 동참했다. 32대 검찰총장인 김각영 전 총장 이후 검찰총장을 지낸 10명 중 8명이 이름을 올렸다. 한상대(38대)·채동욱(39대) 전 총장은 빠졌다. 1명은 부동의했고, 1명은 연락이 되지 않은 것으로 전해졌다.

한편 정직 처분은 검사징계법상 법무부 장관이 제청하고 대통령이 재가해야만 효력이 생긴다. 결국 12월 16일 오후, 추미애 법무부 장관이 제청한 법무부 징계위원회의 윤석열 검찰총장 징계(정직 2개월) 의결안을 문재인 대통령은 재가했다. 그런 후 추미애 장관은 문재인 대통령에게 윤 총장 의결 결과를 보고하며 사의를 표명했다.

이날 문재인 대통령은 "검찰총장 징계라는 초유의 사태에 이르게 된 데 대해 임명권자로서 무겁게 받아들인다. 국민들께 매우 송구하다"면서 "검찰이 바로 서는 계기가 되길 바란다. 검찰총장 징계를 둘러싼 혼란을 일단락 짓고, 법무부와 검찰의 새로운 출발을 기대한다"고 말하면서, "추미애 장관의 추진력과 결단이 아니었다면 공수처와 수사권 개혁을 비롯한 권력기관 개혁은 불가능했을 것"이라며 "시대가 부여한 임무를 충실히 완수해준 것에 대해 특별히 감사하다"고 추 장관을 추켜세웠다.

그러나 윤석열 검찰총장은 추 장관과 그 일파의 불법적인 조치에 단호하게 맞서기로 하고 '정직' 결정 4시간 만에 법적 대응 방침을 포함한 입장문을 발표하고 징계위 처분을 두고 집행정지 신청, 처분 취소 소송 등에 나섰다. 그리고 결국 12월 24일, 서울행정법원은 윤 총장 '정직' 처분의 징계와 관련해 징계 효력 정지 결정을 내렸다. 이에 따라 윤석열 검찰총장이 '정직' 처분을 받은 지 8일 만에 업무에 복귀하면서, '추미애와 윤석열의 대결'은 윤 총장의 완승으로 끝이 나고 말았다. 이는 추 장관이 윤 총장에 대한 징계 청구와 직무 정지 처분을 내린 지 정확히 한 달 만에 거둔 승리였고, 추 장관이 윤 총장에 대해 절차와 규칙을 무시한 위와 같은 행위는 추미애의 법무부 장관 사퇴라는 '굴욕'을 안겨줬다.

게다가 추미애 장관은 '문 정권을 벼랑 끝으로 내몰았다'는 여권 내부의 비판과 함께, 장관 재임 중 윤 총장 징계 건을 포함한 20건에 가까운 고소·고발을 당했다. 또한 추미애 장관의 이런 무리한 불법행위 때문에 오랜 기간 지지율이 견고했던 문재인 정권도 레임덕이라 불릴 정도로 지지율이 급속도로 떨어졌고, 반면에 강직하고 뚝심 있는 윤석열 검찰총장은 차기 대권주자로 급부상하게 되었다.

박범계 법무부 장관의 만용과 윤석열 검찰총장의 사퇴

박범계 법무부 장관의 만용과 윤석열 검찰총장의 사퇴

박범계의 그릇된 야망

2020년에 국정감사 하는 공개석상에서 박범계 의원이 윤석열 검찰총장을 향해 수사를 편협하게 하고 있다고 날선 비판을 제기하면서 윤석열의 정의를 '선택적 정의'라고 일갈하자, 이에 대해 윤석열 총장은 박범계 의원에게 그 또한 '선택적 의심'이 아니냐며 강하게 반격하고 나섰다. 과거에 박범계 의원이 야당 때에는 과감하게 공정한 수사를 진행하는 사법연수원 동기인 윤석열 검사를 의로운 검사라고 응원했었는데, 막상 자신이 집권당의 의원이 되자 태도를 돌변하여, 윤석열 검찰총장이 문재인 정권에 불리한 수사를 지휘하자 그는 강직하고 의로운 윤 총장을 배신자 취급하면서 무자비한 비판을 하고 나선 것이다. 자유민주주의와 헌법정신을 수호하려고 무척 애를 쓰는 강직한 윤석열 검찰총장에게 그와 같은 그릇된 용어를 구사하며 공개석상에서 그를 비난한 것은 국회의원 박범계의 '만용'이라 아니 할 수 없다.

추미애 법무부 장관 후임으로 야당 동의 없이 2021년 1월 27일 법무부 장관으로 임명된 박범계 국회의원은 장관 임명에 앞서서 "문재인 대통령께서 법무부와 검찰은 안정적 협조관계가 돼야 하고 그것을 통해 검찰개혁을 이루라고 말씀하셨다. 그것이 저에게 준 지침으로 알고 있다"고 말했다.

그러나 그는 법무부 장관으로 임명되자마자 문재인 대통령의 당부를 무시하고 윤석열 검찰총장과 제대로 인사문제를 협의하지 않고, 또한 인사문제에 대해 신현수 민정수석을 패싱하고 독단적으로 일요일에 기습인사를 단행해 파란을 일으켰고, 어느 국회의원으로부터 그의 인사 행태가 '추미애 버전2'라는 비난을 받았다. 게다가 그의 독단적인 인사는 '신현수 민정수석 사퇴 파동'을 일으켜 문재인 정부의 국가 기강을 쑥대밭, 콩가루로 몰아넣기에 충분했다. 그는 임명되자마자 검찰개혁을 완성하겠다고 과욕을 부렸지만, 하나를 보면 열을 안다고 어쩌면 '만용'으로 검찰을 망칠 수 있다는 위기감마저 불러일으켰다.

또한 대전시 국회의원이기도 한 그는 몇 해 전 민주당 당대표와 대권에 도전하겠다는 야망을 드러내며, 시의원에 출마한 김소연 여성 변호사에게 그의 측근 둘이 접근해 반복하여 1억 원의 불법 선거자금을 요구하다가, 김소연 변호사가 시의원에 당선된 후 2018년 9월 이 불법적인 행위를 폭로하여 그의 측근 둘은 공직선거법 위반 혐의로 실형을 선고받았다. 폭로 후 김소연 시의원은 민주당에서 제명되었다.

그러나 박범계 의원은 선거법 위반 방조 혐의로 조사를 받았지만 무혐의 처분을 받았다. 박 의원은 '이 과정에서 본인의 명예가 훼손됐다'면서 2018년 12월 김소연 시의원(변호사)에게 1억 원의 명예훼손 청구 소송을 제기했다. 하지만 1심에서 법원은 김소연 변호사의 손을 들어줬고, 박 의원은 지금 이에 항소한 상태다.

김소연 변호사가 불법 정치자금 요구 사실을 폭로하기 전, 박범계 의원 측 '고문'으로 불리는 분은 김 변호사를 회유하기 위해 '내가 어제 (이)해찬이를 만나고 왔는데, (박)범계를 안희정을 이을 충청 대권주자로 낙점했다더라. 그래서 (내가) 김소연 변호사를 무주군수 시켜주라고 다 얘기해 놨다'는 말을 듣고 김 변호사는 박범계 의원의 그릇된 야망과 오만을 파악하게 되었다.

박범계의 특이한 성장과정

박범계는 밀양 박씨로 1963년 4월 27일 충북 영동군 심천면 약목리에서 출생했다. 그는 다섯 형제 중 셋째로 태어났다. 그의 부모는 농사를 지었는데, 둘 다 장애를 가지고 있었다. 그런데 1급 소아마비 장애를 가진 그의 아버지는 박범계가 어릴 때 집을 나가 행방불명이 되었다. 따라서 그의 위로 누나가 두 명 있었지만, 장남인 그는 어머니를 도와서 어렵게 생계를 이어갔다. 그의 가족들이 일찍 상경해 박범계는 어릴 때부터 서울에서 생활했으며, 1975년 서울은천초등학교를 졸업했다. 그리고 영등포중학교에 진학해서는 중학교 2학년 때 불량학생들로부터 폭행당한 뒤 골칫거리이자 반항아로 지내다가 1978년 졸업했다.

그리고 남강고등학교에 진학하고 나서는 술과 담배를 했고 '갈매기 조나단'이라는 음성 폭력 서클에 가입해 활동했는데, 2학년 때인 1980년 2월 집단 패싸움에 연루되어 징계를 받고 고등학교를 중퇴했다. 그는 이 사건을 계기로 사회에 분노를 느끼게 되었다. 그렇지만 중퇴 이후 2달 만에 검정고시를 통과해 고졸 학력을 취득했다.

그런 후 군대를 보충역(공익근무요원)으로 근무했는데, 보충역으로 근무하던 시절 그에게 버팀목이었던 할아버지께서 회유와 협박과 애원을 하며 "니 그렇게 살면 안 된다"라는 말을 듣게 되고, 그래서 그는 뒤늦게 철이 들어 군 복무와 공부를 같이 하게 되었다. 그는 이 기간에 수능 공부를 열심히 해 1984년 학력고사를 보고, 늦은 나이인 22살에 연세대 법대에 합격했다. 그리고 뒤늦게 입학한 연세대학교에서 데모와 집회에 일상적으로 참여하여 운동권이 되었고, 민주화 운동의 선봉장 역할을 할 정도로 학생운동에 빠져들기도 했다. 또한 그 시절 같은 대학교 선후배 관계였던 부인을 만났으며, 그때 그의 부인 주미영은 운동권에는 관심이 없는 학생이었다.

그는 1989년 연세대 법학과를 졸업하고 1990년 사법고시에 합격하였다. 그는 사법연수원(23기) 시절 신문편집장으로서 노무현을 직접 인터뷰하기도 했다. 그는 평소 노무현 전 대통령을 존경하고 있었던 것이다. 사법연수원 시절 그의 동기 중 훗날 유명해진 인사는 윤석열, 주광덕, 조윤선, 강용석 등이 있다.

박범계는 사법연수원 수료 후 서울지방법원 남부지원에서 본격적으로 판사 생활을 시작했고 이후 전주지방법원, 대전지방법원에서 판사로 근무했다. 판사 시절에는 다소 굳어 있는 법원 질서와는 다른 행보를 보이기도 했다. 게시판에 소신 있는 발언을 하여 뒤집어지게 할 정도였다. 그는 또한 나라슈퍼 강도치사 사건의 삼례 3인조가 억울한 누명을 쓰고 옥살이를 했던 그 사건의 배석 판사이기도 했다. 훗날 옥살이를 한 삼례 3인조가 최종 무죄 판결이 났을 때, 직접 그들을 찾아가 사과한 것으로 알려졌다.

2002년 박범계 판사는 당시 노무현 대통령 후보 지지를 선언하며, 법원을 떠나 정계에 입문했다. 그리고 노무현 대통령 후보가 대통령으로 당선되자 같은 해에 정권을 인수하기 위해 노무현 정부의 대통령직 인수위원회 정무분과 인수위원을 맡았고, 2003년에는 청와대 대통령 비서실 민정2비서관과 법무비서관으로 활동했다. 그리고 같은 해에 대법원 사법개혁 추진위원회 간사로 활동했고, 이후 '박범계 법률사무소'를 개업하여 변호사로 활동했다.

그리고 2008년에 이르러 민주통합당에 입당하면서 본격적으로 정치에 입문하였고, 이후 2013년 19대 국회의원 선거(대전 서구 을)에서 민주통합당 후보로 출마해 당선되어 국회의원이 되었다. 또한 그는 2016년 다시 같은 지역구(대전 서구 을)에서 20대 국회의원 선거에 도전해 당선되었다. 그 후에 그는 박근혜 정부의 최순실 등 민간인에 의한 국정농단 의혹 사건 진상규명을 위한 국정조사특별위원회 간사로 활동했고, 2017년에는 더불어민주당 최고위원과 적폐청산위원회 위원장을 맡아 활약했다. 그리고 2018년에는 제20대 국회 사법개혁 특별위원회 위원으로 활동했다. 그런 후 2020년 5월 치러진 국회의원 선거에 더불어민주당 후보로 출마하여 같은 지역구(대전 서구 을)에서 당선되어 3선 중진 의원으로 도약했다.

그는 3선 의원으로 활약하던 중 추미애 법무부 장관이 사의를 표명하자 문재인 대통령의 집권 4년차에 법무부 장관으로 낙점됐다. 그는 2020년 12월 30일 법무부 장관 후보자로 지명된 뒤 문재인 정부를 마무리할 법무부 장관으로서 검찰개혁을 완수하겠다는 각오로 장관직을 수락한 것이다. 그는 법무부 장관직을 수락하면서, "이 엄중한 상황에 부족한 사람이 법무부 장관 후보자로 지명돼서 어깨가 참 무겁다. 국민의 목소리를 경청해 검찰개혁을 완수하겠다"는 당찬 소감을 밝혔다.

자질이 의심스러운 정치가 박범계

그렇지만 그는 인사청문회에서 그의 자질을 의심케 하는 여러 의혹이 제기되었다. 2021년 1월 그는 법무부 장관 인사청문회를 앞두고 그가 2018년 3월 영입한 김소연 전 더불어민주당 대전시의원(현 변호사)에게 그의 측근들이 나서서 몇 번이나 불법 정치자금 1억 원을 내도록 강요했고, 또한 그의 측근들이 그녀에게 성희롱, 갑질 등을 일삼았다는 의혹이 제기되었다. 또한 본인 지역구에서 활동하는 지방의원들의 선거 공보물을 그가 나서서 특정 업체에 몰아줬다는 의혹(일감 몰아주기 의혹)이 제기되어 법무부 장관으로서의 자질을 의심받았다.

김소연 변호사는 박범계 의원이 지방선거를 앞둔 2018년 3월 영입한 인물이다. 2017년 가을경, 지역 내 사업가 한 분이 그녀의 활동을 눈여겨보고 있다가 "자기가 노무현 이래 처음으로 지지하고 싶은 정치인(박범계)이 생겼는데, 옥천에 있는 별장으로 와줄 수 있느냐?"는 초청을 했으나 거절을 받았다. 당시 그녀가 변호사로 활동하면서 페이스북에 여러 현안에 대한 문제를 제기했고 가끔 노무현 대통령 얘기를 언급하자 박범계 지지자나 비서관이 계속 몇 차례 연락해, 박범계 지지모임에 참석할 것을 권유했던 것이다.

그러나 그녀는 계속 참석을 거부했으나, 결국 2017년 12월 17일 그 사업가가 '박범계와 대전법원 앞 일식집에 와 있다'며 꼭 나오라고 해서 나간 게 그릇된 만남의 시작이었다. 그리고 2018년 2월, 박주민·박범계 의원이 그녀의 사무실 근처에서 헌법 콘서트를 한 적이 있는데 그녀는 공법(公法)에 관심이 많아 박사과정도 밟고 있어서 강연을 들으러 갔고, 그 후기를 페이스북에 올렸다. 이때 박범계 의원이 그 후기를 보고 그걸 공유하더니 '아주 유쾌하고 발칙할 정도로 솔직하게 썼다'며 '페친'들에게 일독을 권해줬다. 또한 그 글 공유 며칠 후, 전화를 걸어 "본인은 (대권 출마 기회가) 차기, 차차기밖에 없다"면서 "변호사에게 시의원 하라고 해서 미안하다. 딱 한 번만 도와달라"고 하는 것이었다.

그런데 김소연 변호사의 가족, 친지, 친구들 전부는 이러한 박범계의 시의원 출마 요구를 반대하고 나섰다. 그렇지만 그녀는 '이 정도면 나라를 위해 어떠한 결단이 있는 사람이겠구나' 싶어서 끝내 박범계의 제안을 받아들이고 말았다. 그 시절 김소연 변호사가 본 박범계는 권력의지가 어마어마하게 큰 사람으로 느껴졌고 무서 우리만큼 권위적인 인물이었다. 박범계 위원장이 말할 때는 그의 조직에 소속된 사람들은 차렷 하고 얘기를 들어야 했고 '네, 위원장 님, 맞는 말씀이지요' 하는 분위기가 지배했다. 민주적인 분위기와 는 동떨어진 분위기였던 것이다.

따라서 김소연 변호사가 밝힌 바에 의하면 그는 노무현처럼 민주적으로 대화하고 소통을 중시하는 인물이라기보다는 강압적 이고 권위적인 인물이었던 것이다. 이러한 문제점이 있음에도 불구 하고 2018년 3월 지방선거를 앞두고 김소연 변호사는 박범계 의원 에게 영입되었다. 이때만 해도 박범계 의원은 김소연 변호사를 '정 치적으로' 각별히 여겼다. 당시 대전 지역 언론 보도에 따르면, 박 범계 의원은 김소연 변호사를 영입하면서 "아주 유쾌하고 발칙할 정도로 솔직하다"고 평가했다. 그 정도로 박범계 의원은 '정치 신 인' 김소연 변호사를 적극 밀었다. 박범계 의원은 당시 대전시당위 원장으로서 김소연 변호사를 서구6지역에 시의원 후보로 전격 공 천했다. 그 바람에 박범계 의원은 시의원 출마를 준비하고 있던 기 존 후보들의 원성을 사기도 했다. 어쨌든 공천은 이뤄졌고, 김소연 변호사는 박범계 의원의 후원에 힘입어 무난히 시의원에 당선됐다.

그러나 그들의 인연은 1년도 채 안 돼 틀어지고 말았다. 2018년 9월 26일 김소연 시의원이 '박범계 의원 측으로부터 지방선 거 때 불법자금 1억 원을 강요받았다'는 취지의 폭로를 한 것이다. 또한 김소연 시의원은 이러한 금품 요구뿐 아니라 박범계 의원 측의 성희롱, 갑질 의혹도 추가 폭로했다.

이에 더불어민주당 중앙당 윤리심판원(이하 심판원)은 '박범계-김소연' 갈등이 첨예화하자, 사실 관계를 규명하기 위해 직권조사를 실시했다. 심판원이 2018년 10월 12일 내놓은 '직권조사명령 수행결과' 대외비 보고서는 김소연 변호사의 시의원 출마 경위를 다음과 같이 적고 있다.

박범계 의원은 37세의 젊은 여성 변호사이자 '흙수저 출신'으로…… 화려한 커리어 스펙을 가진 김소연의 경쟁력에 주목하여 여러 차례 김소연을 직접 만나 설득하고…….

결국 박범계 의원은 2018년 11월 20일, 김소연 시의원이 폭로한 불법자금 요구 의혹에 대해 공식 사과했다. 이는 김소연 시의원이 '1차 폭로'를 한 지 두 달 만에 나온 입장 표명이었다. 당시 박범계 의원은 그간 입장을 표명하지 않은 이유에 대해 "(국회)법사위 간사를 지냈고, 사개특위(사법개혁특별위원회) 위원으로서 검찰이 수사하는 중에 제가 말하는 것은 적절한 태도가 아니라고 생각했고, 김소연과의 진실게임에 빠지고 싶지 않았기 때문"이란 요지의 설명을 했다. 그렇지만 김소연 변호사에게 불법자금 1억 원을 요구한 박 의원 측근 2명은 실형을 받고 구속되고 말았다.

그러나 박범계 의원은 혐의에서 벗어났고 2018년 12월, 김소연 시의원을 상대로 1억 원의 손해배상 청구소송을 제기했다. 그렇지만 대전지방법원 민사11단독(재판장 문보경 부장판사)은 박범계 의원의 청구를 기각하며 원고 패소 판결을 했다. '박범계-김소연' 갈등은 대전 지역뿐 아니라 중앙 정가(政街)까지 뒤흔들며, 여당의 이미지를 손상시켰다는 지적을 받았다. 이 폭로 사건으로 당시 김소연 시의원은 더불어민주당으로부터 제명 조치되었다.

한편 김소연 변호사는 시의원 시절 여성가족부의 지원을 받아온 대전 성폭력상담소의 운영 비리를 파헤쳤다. 보조금을 부정 사용하거나 상담 실적을 부풀리고 의료비·사업비 등을 자잘하게 빼먹는 걸 모조리 적발했다. 이에 국민권익위원회가 조사에 들어가자 해당 성폭력상담소는 자진 폐쇄했다. 전국에서 처음 있는 일이었다. 이 때문에 김소연 시의원은 지역 여성단체의 표적이 되고 핍박을 받기 시작했다.

그녀가 최근 출간한 《페미니즘은 어떻게 괴물이 되었나》(오세라비, 김소연, 나연준 공저)에서 그녀는 여성단체의 문제점을 신랄하게 까발렸다. 그런데 이런 내용도 있다.

한 여성단체 대표는 나를 몇 차례 불러내, 박범계가 김소연을 시의원 후보로 지목한 것에 대해 '시민사회에서 말이 나온다'고 했다. (중략) '말 나온다'고 경고했음에도 길들여지지 않아서였을까. 그 페미는 더 강한 표현을 썼다. '여성계에서 도대체 김소연이 누구냐, 박범계 세컨드라도 되느냐는 말이 나온다'고 했다. (중략) '세컨드

냐'라는 발언이, 성범죄 피해자를 '꽃뱀'으로 몰아가는 폭력적 발언
만큼이나 성적 수치심을 준다는 사실을 아직도 그 여성운동가는 깨
닫지 못하고 있다.

실제 김소연 시의원은 빈번하게 박범계 의원 측근으로 분류되
는 모(某) 대전시의원으로부터 '성희롱'을 당했다. 그 시의원은 김소
연 시의원을 몇 번이나 박범계 의원의 '세컨드', '애인'이라는 식으로
표현하였던 것이다. 결국 이 발언을 한 시의원은 명예훼손 혐의로
벌금 500만 원을 선고받은 데 이어 민사소송에서도 패소했다. 이처
럼 박범계 의원 측근은 김소연 시의원(변호사)에게 이른바 '성희롱'
을 가했던 것이다.

그리고 박범계 법무부 장관 후보자는 청문회를 앞두고 의원
시절 자신의 캠프 출신 측근이 운영하는 인쇄 및 홍보물 업체에 본
인 지역구에서 활동하는 지방의원들의 선거 공보물 제작 일감을
몰아줬다는 의혹을 받았다. 〈국민일보〉(2021년 1월 10일자)는 "박
후보자 캠프 출신 김모(여, 54세) 씨가 대표인 유성구의 A업체는
2018년 지방선거와 2020년 재보궐선거 당시 더불어민주당 소속 대
전 기초·광역의원 후보 9명의 선거 공보물을 제작한 것으로 확인
됐다"며 단독 보도했다.

그리고 〈국민일보〉는 'A업체가 선거 공보물을 제작했던 9명은
각각 대전 서구 을(乙) 광역의원 2명과 서구 을 기초의원 5명, 광역
의원 2명'이라고 했다. 대전 서구 을은 박범계 후보자의 지역구다.

〈국민일보〉는 A업체와 계약했던 서구 을 전직 지방의원들의 말을 빌려 "지방의원들이 당시 A업체와 계약한 것은 민주당 대전시당위 원장이었던 박 후보자의 영향력과 무관치 않다"고 전했다.

신문은 또 "A업체는 박 후보자의 20·21대 총선 선거 공보물을 모두 제작했다"며 "A업체는 박 후보자가 20대 의원일 때 의정보고서 발간을 명목으로 두 차례 각각 1,300만 원짜리 용역을 맡았고, 박 후보자의 책도 출판했다"고 전했다. 따라서 그의 '일감 몰아주기'는 많은 의혹을 받고 있는 실정이다.

박 장관의 오만한 행동과 윤 총장의 전격 사퇴

하여튼 인사청문회에서 야당 동의 없이 법무부 장관으로 임명된 박범계는 일요일에 독단적인 기습인사를 단행해, 윤석열 검찰총장과 신현수 민정수석과 격돌했다. 박범계 장관은 윤석열 검찰총장이 제시한 인사안을 대부분 무시하여 윤 총장에게 분노와 허탈감을 안겨줬으며, 신현수 민정수석이 문재인 대통령에게 건의하여 약속받은 인사를 무시하고 독단적인 인사를 강행한 것이다.

결국 박범계 장관은 윤석열 검찰총장의 의견과는 거꾸로 이성윤 서울중앙지검장을 유임시켰고, 심재철 법무부 검찰국장을 서울남부지검장으로 임명했으며, 이정수 서울남부지검장을 법무부 검찰국장으로 임명한 것이다. 이는 추미애 전 법무부 장관의 인사를 그대로 답습한 것으로서 독단적이고 편협한 인사를 고집해 추 장관의 그릇된 인사처럼 많은 반발을 불러일으켰다.

윤석열 검찰총장은 그의 인사 행태에 대해 참으로 어이없어했으며, 강직한 성격의 소유자로 알려진 신현수 민정수석은 자신을 패싱한 박 장관의 독단적인 인사에 분개하여 문 대통령에게 사의를 표명하고 나섰다. 신현수 민정수석은 박 장관의 그릇된 인사 때문에 법무부와 검찰의 안정적 협력관계가 깨졌다고 하면서 그는 이제 동력을 상실했다고 분노했다. 그러면서 박범계 장관과는 평생 만나지 않을 것이라는 말을 흘릴 정도였다.

이런 가운데 조남관 대검찰청 차장검사는 "신현수 수석 사의 파문의 원인은 (이성윤) 중앙지검장과 (이종근) 대검 부장 교체 의견이 받아들여지지 않아 법무부와 검찰의 안정적인 협력 관계가 깨졌기 때문"이라고 설명했다. '이종근 교체'는 신 수석의 건의로 문 대통령이 허락한 사안인데, 박범계 장관이 막판에 상의 없이 이종근 부장 유임을 밀어붙였던 것이다.

즉 신현수 민정수석이 반대한 박범계 인사안을 문 대통령이 재가해 '민정수석 항명 사표 파동'이라는 '신현수 사태'가 벌어진 것이다. 따라서 '신현수 사태'는 국가 기강이 무너진 문재인 정권의 말기적 증상이라고 볼 수 있다. 게다가 청와대 유영민 비서실장이 국회에서 '국민의힘' 주호영 원내대표가 "검찰 인사안을 누가 보고했나?"라는 물음에 그는 "내가 보고하지 않았다. 보고자는 공개할 수 없다"라고 답하여 신현수 민정수석이 문 대통령에게 건의하여 약속받은 인사안을 박범계 장관이 무시하고 관철시켰다는 국가 기강 문란 의혹이 불거졌던 것이다.

그리고 청와대 유영민 비서실장은 문재인 대통령이 박범계 법무부 장관을 임명하는 자리에서 수사·기소 분리 속도조절(검찰개혁 속도조절)을 당부했다고 발언했다. 그런데 문 대통령의 검찰개혁 '숨고르기' 당부에도 민주당 강경파 의원들은 "지금 아니면 안 된다"고 밀어붙였고, 박범계 장관 또한 '속도조절'이란 말은 들은 적이 없다고 하면서 민주당 강경파 의원들의 주장에 동조하고 나섰다. 그리고 조국 전 법무부 장관, 추미애 전 법무부 장관 등도 이들의 의견을 적극 지지하고 나섰다. 여권 초선 강경파 의원들은 황운하, 김용민, 김남국, 최강욱 의원 등 16명이었다.

그렇지만 사실 문 대통령은 이들의 의견과는 달리 "수사권 개혁의 안착"을 강조하면서 '중수청(중대범죄수사청) 속도 조절'을 당부했던 것이다. 2021년 1월부터 시행하기로 한 검찰청법 개정안을 보면 6대 중대 범죄(부패범죄·경제범죄·공직자범죄·선거범죄·방위사업범죄·대형참사)로 검찰 수사권이 축소되었다. 그런데 이 개정안을 시행하기도 전에 여권 초선 강경파들은 문 대통령의 속도조절론을 완전히 무시하고 이른바 '검수완박'(검찰 수사권 완전 박탈)을 추진하고 나섰다.

사실상 문재인 대통령의 의사를 집권여당의 강경파 초선 의원들이 정면으로 무시하는 '레임덕 징후'가 나타나기 시작한 것이다. 게다가 국무위원으로서 정치적 중립을 지켜야 하는 박범계 법무부 장관이 공개적으로 이들 여당 초선 강경파 의원들의 그런 주장을 옹호하면서, 장관이기에 앞서 먼저 집권여당의 국회의원으로서 당의 의견을 따르겠다고 천명하고 나섰다. 이는 공무원인 장관으로서 지켜야 하는 정치적 중립을 명백히 위반하는 처사였다.

박범계 법무부 장관마저도 정치적 중립을 위반하며 집권여당 초선 강경파 의원들의 그릇된 주장인 '검수완박'에 적극적으로 동조하고 나서자 윤석열 검찰총장과 2천여 검사들의 분노는 하늘을 찌를 듯했다. 박범계 법무부 장관의 처신이 금도를 벗어나자 윤석열 검찰총장은 어떤 용기 있는 행동으로써 '검수완박'을 저지할 필요성을 느꼈다. 전 법무부 장관 추미애처럼 정의와 공정 그리고 상식을 벗어난 현 법무부 장관 박범계의 '만용'에 검찰총장 윤석열은 또다시 실망하고, '실질적인 검찰 해체 음모'에 분연히 맞서기로 결단하고 행동에 나섰다.

곧 윤석열 검찰총장은 2021년 3월 1일 작심한 듯 〈국민일보〉와의 인터뷰에서 이른바 '검수완박'을 정면 반박하고 나섰다. 그러면서 그는 "직을 걸고 막을 수 있다면 100번이라도 걸겠다. 그런다고 될 일이 아니다. 국민들께서 관심을 가져주셔야"라고 하면서, "검찰이 밉고 총장이 미워서 추진되는 일을 무슨 재주로 대응하겠나?" "형사사법 제도는 한번 잘못 디자인되면 국가 자체가 흔들리고 국민 전체가 고통받게 된다"라고 주장하며 국민들에게 직접 호소하고 나섰다.

이는 항상 '국민의 검찰'이라고 주장했던 윤석열 검찰총장으로서는 지극히 당연한 주장이기도 했다. 그는 국민의 권익을 지키려면 수사·기소가 일체화돼야 하고, 이런 검찰의 수사력은 국민 자산이라는 지론을 견지하고 있었다. 윤석열을 '문 정부의 검찰총장'이라고 국한시킨 문재인 대통령의 주장은 윤석열 검찰총장의 지론과는 서로 차이가 있었다.

윤석열 검찰총장은 '중대범죄수사청(중수청)' 설치를 비판하면서 이는 "법치말살, 헌법정신 파괴"라고 주장하며 또한 이는 "검찰이 굽히지 않으니 포크레인을 끌어오는 격"이라고 공격하고 나섰다. 윤 총장은 이러한 '검수완박'의 시도에 분노하며 "이것은 검찰을 흔드는 정도가 아니라 폐지하려는 시도" "갖은 압력에도 검찰이 굽히지 않으니 칼을 빼앗고 쫓아내려 한다" "나는 어떤 일을 맡든 늘 직을 걸고 해왔지 직을 위해 타협한 적은 없다"라고 주장하며 국민들을 향해 호소하고 나섰다.

　　윤석열 총장은 또 〈국민일보〉와의 인터뷰에서 "사법 선진국 어디에도 검찰을 해체해 수사를 못하게 하는 입법례를 찾아볼 수 없다"고 주장했다. 그리고 "검찰 수사권 완전 박탈(검수완박)은 역사의 후퇴이며, 힘 있는 사람 갑질 처벌은 서민 삶과 직결된 문제라는 것을 국민들이 알아야 한다"고 주장했다. 이에 대해 주호영 '국민의힘' 원내대표는 "중대범죄수사청은 헌법상 삼권분립을 파괴하는 완전한 독재국가로 가는 앞잡이 기구"라고 공격하며 윤 총장의 주장을 두둔하고 나섰다.

　　그리고 야권도 "중수청 설치는 법치주의 파괴"라고 주장하며 윤석열 총장을 옹호하고 나섰다. 또한 '국민의힘' 정진석 의원(5선)도 "윤석열 검찰총장 말이 옳다. 헌법 가치를 지키기 위해 우리 당도 모든 것을 걸어야 한다"라고 윤 총장을 응원했으며, '국민의당' 안철수 대표 또한 "검찰 수사권 폐지로 형사사법 체계가 무너지면 부패가 창궐할 거라는 윤석열 총장의 호소에 전적으로 공감한다"라며 윤 총장을 지원하고 나섰다.

이런 격앙된 분위기 속에서도 집권여당 초선 강경파 의원들과 박범계 법무부 장관은 '검찰개혁 시즌 2'로 '검수완박'과 '중수청(중대범죄수사청) 설치'를 가열차게 밀어붙였다(추미애 전 법무부 장관 때 이뤄진 '공수처 설치'와 '검·경 수사권 조정'이 '검찰개혁 시즌 1'이라 함).

이런 가운데 2021년 3월 3일 윤석열 검찰총장은 전격적으로 대구 고검·지검을 방문했다. 그의 방문 소식이 전해지자 대구 고검·지검 앞은 그가 당도하기 직전에 미리 그의 방문을 환영하는 수십 개의 화환이 즐비하게 늘어서 환영 분위기를 고조시켰다. 드디어 윤석열 총장이 대구 고검·지검으로 들어서자 갑자기 권영진 대구시장('국민의힘' 소속)이 윤 총장 차량 행렬을 막아선 다음 차에서 내린 윤 총장을 직접 환영하며, 그를 향해 "국민의 한 사람으로서 응원하고 지지합니다"라고 방문 환영인사를 건넸다. 이런 권영진 대구시장의 돌발적이고 열렬한 방문 환영인사는 마치 미래의 대권주자 윤석열 등장을 전국적으로 알리는 퍼포먼스로 간주되기에 충분한 것이었다.

게다가 윤석열 총장이 대구 고검·지검 현관 앞에 당도하자 그를 뜨겁게 응원하는 군중들이 달려들며 큰 소리로 "윤석열! 윤석열!"을 연호하고 기자들이 앞 다퉈 인터뷰를 요청하자 그곳은 순식간에 분위기가 고조돼, 마치 '대선 출정식'을 방불케 했다. 그는 쇄도하는 기자들의 요청에 작심한 듯 언성을 높였다. "검수완박은 어떤 부패를 완전히 판치게 하는 '부패완판'으로서 헌법 정신에 크게 위배되는 것입니다! 이는 국가와 정부의 헌법상 책무를 저버리는 것입니다!"라며 분노한 듯 큰 목소리로 주장했다.

그는 또 〈동아일보〉와의 인터뷰에서 "국가 사법 시스템을 망가뜨리려 하는데… 내가 관둬야 멈출 것"이라고 토로하여, 여기저기에서 검찰총장 사퇴가 임박했다는 소문이 나돌았다. 곧 그러한 소문은 사실로 확인되었다. 드디어 2021년 3월 4일 윤석열 검찰총장은 전격적으로 사의를 표명했다. 재임 1년 8개월 만이었다. 마지막 출근날인 3월 4일 아침 그는 뜨겁게 응원하는 군중들과 몰려든 기자들 앞에서 "상식과 정의가 무너지는 것을 더 이상 지켜볼 수 없어… 오늘 사의를 표명하는 것입니다! 제가 지금까지 해왔듯이 앞으로도 어떤 위치에 있든 자유민주주의와 국민 보호에 온 힘을 다하겠습니다! 그동안 저를 응원하고 지지해 주셨던 분들, 저를 날선 비판 해주셨던 분들 모두에게 감사드립니다!"라면서 사퇴 의사를 밝혔다.

그는 임기 142일 남겨두고 전격적으로 사퇴를 한 것이다. 그러면서 그는 "27년간 후회 없이 일했다!"고 소감을 밝히기도 했다. 그는 또한 검찰 가족에게 "검찰의 권한을 지키기 위해서가 아니다. 우리 사회의 정의와 상식, 민주주의와 법치주의를 지키기 위해서 물러난다"는 말을 남겼다. 그리고 "검찰의 수사권 폐지와 중대범죄수사청(중수청) 설치는 검찰개혁이 아닙니다! 이는 대한민국 법치주의를 심각히 훼손하는 것입니다!" "저는 이제 우리나라의 민주주의와 법치주의를 지키기 위해 헌법이 부여한 저의 마지막 책무를 이행하려고 합니다!"라고도 했다. 그는 검찰총장을 전격적으로 사퇴하는 자리에서 애국심과 사명감을 드러내며, 국민들을 향하여 어떤 비장한 각오를 밝히는 것 같았다. 대다수의 언론과 주요 정치인들은 이와 같은 윤 총장의 전격적인 사퇴 의사를 실질적인 '대권도 전'이라고 해석했다.

결국 박범계 법무부 장관의 검찰 인사에 대한 '오만'과 '검수완 박'의 무리한 강행은 '권력을 수사한 검찰'을 압박하고 해체하겠다 는 의도로 받아들여져 '신현수 민정수석 사퇴 파동'과 '윤석열 검찰 총장 전격 사퇴'를 초래하고 말았다. 그리고 윤 총장 사퇴 의사 표 명이 있은 후, 다음 날 문 대통령이 신속히 신현수 민정수석과 윤석 열 검찰총장을 동시에 물러나게 하여, 야당은 이 그릇된 인사를 '초 특급 토사구팽'이라고 비난하고 나섰다.

또한 주호영 '국민의힘' 원내대표는 "임명 2달 만에 패싱 당하 며 사의를 표명했던 민정수석, 헌법정신과 법치 시스템의 파괴를 비판하면서 사퇴한 검찰총장, 이 2명의 사퇴가 지금 대한민국의 법 치와 민주주의가 무너진 현실을 똑똑히 보여주고 있습니다!"라고 비난했다. 그리고 안철수 '국민의당' 대표도 "이제는 온 국민이 나 서서 불의와 싸울 때"라고 하면서 "진짜 싸움은 이제부터이니… (중 략) 헌법정신을 지키는 윤 총장님 앞날을 국민과 함께 응원하겠다!" 라고 하면서 윤석열 검찰총장의 사퇴를 응원하고 나섰다.

결과적으로 '촛불혁명'으로 '정의'와 '공정'을 부르짖으며 집권 한 문재인 정권의 일등공신인 윤석열 검찰총장이지만, 아이러니하 게도 추미애와 박범계 그리고 민주당이 한통속이 되어 비열한 방법 으로 그를 사퇴시킨 것이었다.

대통령 문재인과
검찰총장
윤석열의 대립

6장
대통령 문재인과
검찰총장 윤석열의 대립

문재인 대통령의 발자취

이른바 '촛불혁명'으로 2017년 5월 야심찬 문재인 정부가 들어섰다. 박근혜 대통령 탄핵소추가 국회에서 가결된 데 이어 헌법재판소에서 박근혜 대통령의 탄핵을 인용한 후, 2017년 5월 9일에 치러진 대통령 선거에서 문재인이 제19대 대통령으로 당선되면서 다음 날인 5월 10일에 문재인 정부가 출범한 것이다.

문재인 대통령은 취임사에서 "문재인과 더불어민주당 정부에서 기회는 평등할 것입니다! 과정은 공정할 것입니다! 결과는 정의로울 것입니다!"라고 힘차게 선언하여 모든 국민을 설레게 했다. 특히 직장을 구하고 집을 마련하려 하는 청년들과 대학생들에게 새로운 희망을 품게 하기에 충분한 말이었다. 게다가 "저를 지지하지 않았던 국민 한 분 한 분도 저의 국민이고, 우리의 국민으로 섬기겠습니다!"라고 천명하여 모든 국민을 감동시켰다.

그러나 문재인 대통령 임기 1년여를 남긴 2021년 4월 7일 치러진 서울시장·부산시장 등을 뽑는 보궐선거에서 집권여당인 더불어민주당 후보가 엄청난 표 차이로 낙선하여 문재인 대통령과 더불어민주당에게 충격을 주었고, 더불어민주당 지도부는 책임을 통감하고 지도부 전원이 사퇴하였다. '4·7보궐선거'에서 야당인 '국민의힘' 오세훈 서울시장 후보가 57.50%, 집권여당인 '더불어민주당' 박영선 서울시장 후보가 39.18%를 득표하여 18.32%라는 엄청난 차이로 오세훈이 서울시장으로 선출됐다. 또한 부산에서도 야당인 '국민의힘' 박형준 부산시장 후보가 62.67%, 집권여당인 '더불어민주당' 김영춘 부산시장 후보가 34.4%를 득표하여 28.25%라는 엄청난 차이로 박형준이 부산시장으로 선출됐다. 특히 서울시 25개 구 전부에서 야당인 '국민의힘' 오세훈 후보가 승리하여, 문재인 대통령과 집권여당인 '더불어민주당'에게 충격을 안겨줬다.

선거기간 동안 집권여당과 여당 후보자들은 야당 후보자들을 향해 집요하고 끈질기게 네거티브 공격을 감행했으나, 대다수 국민들은 꿈쩍도 하지 않았다. 현명한 국민들은 오랫동안 문재인 정부의 부동산 정책 실패, 경제와 민생 실패, 코로나19 대처 미흡, 불공정과 내로남불 등을 간파하여 문재인 정부를 무능하고 위선적인 정부로 규정하고 2021년의 '4·7보궐선거'에서 문 정권을 심판하고 나선 것이었다.

그동안 오만한 문재인 정권은 '조국 사태', 집값 폭등, 'LH 사태', 세금 폭탄, 박원순 등 성추행 2차 가해, 김상조 청와대 정책실장, 박주민 국회의원의 임대료 꼼수 인상으로 인한 위선적인 내로남불 등의 거듭된 악재가 누적되어 '4·7보궐선거'에서 참패하고 만 것이다. 이러한 악화된 민심이 반영된 '4·7보궐선거' 후, 한국사회 여론연구소에서 4월 9일~10일 실시된 여론조사에서 대통령 국정 수행 평가를 보면 '긍정'이 33.5%이고,'부정'이 62.4%로 치솟고 있어서 '레임덕 현상'이 가속화될 것으로 예상되어 이제 문재인 정권은 내리막길에 들어선 느낌이다.

반면에 대통령 문재인과 여러 사안이 대립하여 사퇴한 전 검찰총장 윤석열은 반문재인 세력의 상징으로 떠올라 차기 대권주자 반열로 급부상하여, '4·7보궐선거 후 4월 10일~11일 실시된 차기 대선주자 선호도 여론조사(JTBC·리얼미터)에서 1위(36.3%)에 올라 2위(23.5%)인 이재명, 3위(12.3%)인 이낙연 등을 크게 앞섰다.

요즈음에 이르러 대통령 문재인과 전 검찰총장 윤석열이 왜 정치적으로 대립하여 서로 대척점에 섰는지를 알려면 대통령 문재인의 출생과 성장 과정, 그의 정치이념과 정치비전, 그의 인사정책과 정권운영 행태 등을 잘 살펴볼 필요가 있다.

문재인(文在寅)은 본관이 남평(南平)으로 경남 거제군 거제면 명진리에서 1953년 1월 24일 출생하였다. 그는 피난민 가정에서 2남 3녀 중 장남으로 태어났다. 그의 아버지 문용형과 어머니 강한옥은 원래 함경남도 흥남에서 살았으나, 6·25전쟁이 일어나자 1950년 12월 23일 '흥남 철수 작전' 때 고향을 떠나 메러디스 빅토리 호에 가족과 함께 타고 거제 피난민 수용소로 내려왔다.

문재인은 거제 피난살이 시절 태어났으며, 그가 초등학교에 입학하기 직전에 가족은 부산 영도로 옮겼다.

아버지 문용형은 함흥농고 졸업 후 흥남읍사무소에서 농업계장으로 일할 당시 공산당 입당을 강요받으며 괴롭힘을 당했으나 거제에서는 이러한 공무원 경력을 내세워 거제도 포로수용소의 노무자로 일했고, 그의 부인은 계란 행상을 했다. 또한 문재인이 7살 때에는 태풍 '사라' 때문에 판잣집 지붕이 날아가 버리기도 했다.

문재인이 남향국민학교에 다니던 시절, 극심한 가난 때문에 학교 바로 위의 '신선성당'에서 양동이를 들고 줄을 서서 정기적으로 배급을 타먹어야 했다. 후에 문재인은 천주교에 입교하고 세례를 받았다. 그런 가난한 형편에도 문재인은 부산의 명문인 경남중학교에 진학했고, 중학교 때 학업 성적이 뛰어나 1968년 명문고인 경남고등학교에 수석 입학했다.

그렇지만 문재인은 "중·고교 때 내 별명은 '문제아'였다"며 "빈부 격차가 확연한 경남중학교의 분위기 속에서 처음 세상의 불공평함과 위화감을 피부로 느꼈다"고 후에 고백했다.

고등학교 시절 초기에는 학내에서 '문과에 문재인, 이과에 승효상(유명 건축가)'이란 말이 있을 정도로 두각을 나타냈지만, 고교 말기에는 극도로 가난한 자신의 처지에 낙망하여 술·담배에도 손을 대며 방황을 하다가 끝내 대학 입시에 실패하였다. 그렇지만 고등학교를 졸업한 후 1년 재수 후 경희대학교 법학과에 전액장학생으로 입학했다.

입학 후 1975년 전국적으로 유신 반대투쟁이 본격화되자 총학생회 총무부장으로서 예비검속에 걸린 총학생회장을 대신해 집회를 주도하다가 그해 4월 11일 구속되어 서대문구치소에 수감되었고, 그해 6월 '집회 및 시위에 관한 법률' 위반으로 징역 8월에 집행유예 1년을 선고받고 대학에서도 제적당했다.

그리고 석방된 지 얼마 지나지 않아 입영 영장이 나와 강제징집 되었다. 군에서 특전사령부 예하 제1공수 특전여단 제3대대에 배치되어 폭파병으로 훈련을 받고 폭파과정 최우수 표창과 전두환 여단장으로부터 화생방 최우수 표창을 받는 등 특A급 사병으로 복무했다. 유신독재 반대 투쟁을 이끌던 '총학생회장 대행'이 강제징집 되어 훗날 '광주사태'의 주범 전두환 밑에서 모범사병으로 최우수 표창을 받으며 군 복무를 했다는 것은 역사적 아이러니가 아닐 수 없다. 또한 학생운동 하다가 강제징집 된 특수부대에서 모범적으로 근무했다는 것은 주어진 상황 하에서는 철저히 복종하는, 좀 일관성이 결여된 행위라고 할 수 있으며 기회주의적인 성격의 일면을 엿볼 수 있다.

1978년 제대했으나 학교에서는 제적된 상태였다. 게다가 제대 직후 아버지가 59세의 나이로 돌아가셨다. 문재인은 돌아가신 아버지에 대한 책임감에 49재를 치르자마자 전남 해남의 대흥사로 들어가 사법고시 공부를 시작했다. 1979년 초 사법고시 1차에 합격했으나, 10월 26일 박정희 대통령이 피격당한 후 '서울의 봄'이 오자 1980년 3월 학교에 복학했다.

그리고 문재인은 복학생 대표로서 학원민주화 투쟁에 나섰다. 투쟁 중 2차 시험을 봤고, 신군부가 비상계엄을 발표한 5월 17일 계엄포고령 위반으로 체포된 상태에서 유치장에서 합격 통보를 받았다. 이후 수사가 유야무야되며 석방됐다.

그리고 사법연수원에 들어간 문재인은 동기였던 박원순, 고승덕, 조영래 사이에서 1등을 했으나 학생운동 전력 때문에 성적이 차석으로 밀렸다는 이야기가 있다. 그러나 이는 확인할 수 없다. 또한 사법연수원에서 최고상인 법무부 장관상도 수상했다고 알려졌으나, 운동권·시위 경력 때문에 판사 임용은 이루어지지 않았다. 그리고 문재인은 사법연수원에 있을 때 대학시절부터 연인이었던 김정숙 씨와 결혼했다.

이후 문재인은 몇몇 로펌의 영입 제의를 거절하고 고향인 부산으로 내려갔다. 그곳에서 1982년 문재인은 사법연수원 동기 박정규의 소개로 당시 변호사 노무현을 만나 함께 '변호사 노무현·문재인 합동법률사무소'를 설립하고, 서로 의기투합하며 인권변호사 생활을 시작했다. 변호사 노무현은 이미 부림 사건과 부산 미문화원 방화 사건 변론을 맡은 바 있었고, 문재인이 합류한 이후 이들은 부산은 물론 울산·창원·거제 지역의 대표적인 노동·인권변호사가 됐다. 또한 노무현과 문재인은 시국사건 변론을 맡으면서 부산민주시민협의회 설립에 발기인으로 참여하는 등 재야 민주화 운동에 적극 참여했다.

1987년에는 '6월 항쟁'의 주역이 된 부산민주헌법쟁취 국민운동본부를 만들어 노무현은 상임집행위원장을, 문재인은 상임집행위원을 맡기도 했다. 후에 문재인은 자신의 저서 《운명》에서 "6월 항쟁은 전국적으로 전개된 민주화 운동이었지만 그 운동의 중심을 서울이 아닌 부산으로 평가해야 마땅하다고 생각한다"며 자긍심을 드러내기도 했다. 그러나 '6월 항쟁'은 서울의 대학생들과 이른바 '넥타이 부대'라고 하는 화이트칼라 직장인들이 그 중심에 있었던 민주항쟁이었기에 문재인의 그런 주장은 지나친 아집이라 할 수 있다. 여기에서 문재인이 객관적인 역사의 흐름을 주관적으로 해석하고 있다는 점에서 그의 편협한 성격과 역사의식의 단면을 엿볼 수 있다.

1988년에는 당시 정계의 거목 김영삼으로부터 노무현, 김광일과 함께 국회의원 영입 제안을 받았지만 문재인은 3명 중 유일하게 정계 입문을 거절했으며, 이때 정계 입문을 결심한 노무현과 김광일은 1988년 실시된 제13대 총선에서 국회의원에 당선되었다.

그리하여 홀로 된 문재인은 혼자 변호사 사무실을 운영하다가, 1995년 여러 변호사들과 함께 '법무법인 부산'을 설립했다. 이때 문재인은 직접 '노동자를 위한 연대' 대표를 맡고 부산노동문제연구소를 설립하는 등 노동문제를 상담하고 노조설립 활동을 지원하는 데 집중했다.

2002년 노무현이 대통령 선거에 출마했을 때 문재인은 부산 선대본부장을 맡았다. 노무현이 대통령으로 당선된 이후 문재인은 청와대 민정수석비서관으로 기용됐다. 문재인의 저서《운명》에 따르면 그가 청와대 민정수석비서관을 제안받았을 때 미지근한 반응을 보이자 노무현은 "당신들이 나를 정치로 나가게 했고 대통령을 만들었으니 책임져야 할 것 아니냐?"라고 했고, 문재인은 '민정수석으로 끝내고 더 이상 정치하라고 하지 말라'는 두 가지 조건을 걸고 허락했다고 한다.

그런데 당시 '열린우리당'에서 총선 때 국회의원으로 출마하라는 압력이 거세지자 녹내장과 고혈압 등 건강문제를 내세워 1년 만에 청와대를 떠나 네팔로 여행을 떠났다. 당분간 연락을 끊고 지내던 중 네팔 카트만두의 한 호텔에서 영자신문을 통해 노무현 대통령의 탄핵 소식을 알게 되어 즉시 귀국했다. 이때 그는 탄핵심판 과정에서 대통령 변호인단의 간사를 맡아 실무적 역할과 언론 대응을 진행했다.

노무현 대통령이 대통령직에 복귀한 직후 문재인은 청와대 시민사회수석비서관으로 임명됐다. 이후 다시 민정수석비서관·정무특보를 거쳐 '참여정부'의 마지막 대통령 비서실장으로 노무현 대통령의 임기가 끝날 때까지 청와대에서 일했다. '왕수석'이라는 비판을 받았으나 엄격한 자기 절제로 임무에 임했다.

그는 청와대의 모든 직원에게 존댓말을 쓰는 것으로 유명했고, 자신의 주장을 내세우기보다 다양한 의견을 듣고 상황을 명확하게 정리해 내는 업무 스타일을 보였다고 전해진다. 또한 '참여정부' 들어 검사장으로 승진한 17명 중 문재인과 이호철 비서관의 경남고등학교 동문은 한 명도 없었는데, 두 사람은 동창회에 얼굴을 내비치지도 않았고, 고등학교 동창인 고위공직자가 문재인의 방에 들렀다가 얼굴도 못 본 채 나온 바가 있으며, 청와대 출입기자단과 식사나 환담 자리도 갖지 않았다고 한다. 그런데 그런 처신이 엄격한 자기 절제인지는 모르겠으나, 높은 위치에서 중요한 국가 일을 하면서도 광범위한 소통을 하지 않은 것은 자칫 무사안일에 빠져 제대로 큰일을 추진하지 못할 수가 있다. (최근 문 대통령의 임기가 얼마 안 남았는데도 청와대에서 혼밥을 한다는 사실은 소심함과 무사안일을 추구하는 그의 지나친 결벽증에서 기인하는 것 같다.) 이후 문재인은 그러한 처신으로 특별한 문제 없이 청와대 생활을 마쳤고, 2008년 경남 양산으로 내려가 칩거했다.

그런데 갑작스럽게 2009년 5월 23일 노무현 전 대통령이 그의 고향인 경남 김해시 봉하 마을에서 서거하는 일이 발생해 국민들을 충격에 빠지게 했다. 이에 앞서 4월 30일, 노무현 전 대통령은 가족과 측근 비리 의혹으로 검찰에 소환돼 조사를 받았었다. 스스로 집 근처에 있는 부엉이 바위에서 뛰어내려 목숨을 끊은 노무현 전 대통령의 충격적인 죽음은 문재인을 시대의 격랑 속으로 불러들였다. 다시 노무현의 부름을 받은 문재인은 이제는 노무현 전 대통령의 상주 노릇을 해야 했다. 이렇듯이 둘은 기구한 운명적 관계였다. 문재인은 노무현 전 대통령의 서거 소식을 국민에게 직접 발표하는 역할을 맡았으며, 국장을 이끄는 상주로서 노무현 전 대통령 국민장의위원회 상임집행위원장을 맡아 장례 실무를 도맡았다. 특히 당시 장례식장을 찾은 이명박 대통령에게 '사죄하라!'고 항의하며 한 의원이 난동을 부리자 상주인 문재인은 정중하게 고개를 숙여 사과하는 태도를 보였다.

2010년에 문재인은 재단법인 '사람사는 세상 노무현 재단'의 첫 번째 이사장을 맡으며 정치권과 거리를 뒀으나, 정치권에서는 줄곧 '역할론'이 제기됐다. 문재인은 "당신은 이제 운명에서 해방됐지만, 나는 당신이 남긴 숙제에서 꼼짝하지 못하게 됐다"고 표현하며, 마치 주어진 운명처럼 정치 전면에 나서게 되었다.

문재인은 2011년 말, 민주통합당 창당에 참여하고, 2012년

4·11총선에서 부산 사상구에 민주통합당 후보로 출마해 55%의 득표율을 얻어 새누리당의 손수조 후보(43.76% 득표)를 제치고 당선됐다. 보수 정당이 항상 강세를 보여왔던 사상구에서 당선된 첫 번째 민주당 후보였다.

그리고 2012년 6월 17일 문재인은 18대 대선 출마를 공식화했다. 문재인은 '민주통합당' 대선 국민경선에서 손학규·정세균·김두관 후보를 이기고 13번 경선 모두에서 1등을 차지하며 민주통합당 대선 후보로 나섰다. 이후 통합진보당 이정희, 진보정의당 심상정이 후보직을 사퇴하고 무소속 후보 안철수와도 힘들게 후보 단일화를 이뤄 야권 단일후보로 18대 대선에 출마했다.

그러나 선거 결과 문재인 후보는 득표율 48.02%(득표수 1,469만 표)로 역대 야권 대선후보 최고의 득표율이자 득표수를 얻었지만 51.6%(득표수 1,577만 3,128표)를 확보한 박근혜에게 밀려 패배했다. 그렇지만 문재인은 2013년 《1219 끝이 시작이다》라는 책을 펴내면서 정치활동을 재개했다.

그 후 2015년 2월 8일 문재인은 새정치민주연합 전당대회에 당대표 후보로 출마하여, 비록 초선이었지만 당대표로 선출됐다. 그러나 두 달 만에 치러진 재보궐선거에서 참패한 직후 당내에서 리더십 실패에 대한 책임문제가 불거졌다. 그런 와중에 문재인 당대표가 통과시킨 '공천혁신안'에 반대한 안철수 등이 12월 이듬해 4·13총선을 앞두고 대거 탈당하는 사태가 벌어졌다.

그렇지만 문재인 당대표는 2012년 대선 때 박근혜 대통령후보 중앙선대위에서 국민행복추진위원장을 지낸 김종인을 비상대책위원장으로 세우고 표창원, 박주민, 양향자 등 색깔이 뚜렷한 외부인 사를 영입하는 승부수를 던졌다. 총선 결과 수도권은 물론 부산·경남에서 11명의 국회의원을 당선시키는 등 좋은 성적을 거두며 총선을 승리로 이끌었다.

그리고 2016년 12월 9일 국회에서 박근혜 대통령의 탄핵안이 가결되고, 2017년 3월 10일 헌법재판소의 판결을 통해 대통령직에서 최종 파면되자, 2017년 5월 대통령 선거를 실시하기로 결정되었다. 이때 대통령 후보를 뽑는 더불어민주당 경선에 문재인은 충남도지사 안희정, 성남시장 이재명, 고양시장 최성 등과 함께 출마했다. 이 대선 후보 경선에서 전체 투표수 164만 2,640표 중 누적 득표율 57%(93만 6,419표)를 얻어 1위를 차지했다. 누적 득표율 50%를 넘어 결선 투표로 가지 않고 본선으로 직행했다. 2위는 누적 득표율 21.5%(35만 3,631표)를 얻은 안희정, 3위는 누적 득표율 21.2%를 얻은 이재명, 4위는 누적 득표율 0.3%(4,943표)를 얻은 최성이 차지했다.

문재인은 더불어민주당 대통령 후보 수락 연설에서 "저는 모든 국민의 대통령이 되겠다. 지역통합, 세대통합, 보수와 진보를 뛰어넘는 국민통합 대통령이 되겠다!"면서 "경제와 안보 무너진 두 기둥을 바로 세우겠다! 불공정, 부정부패, 불평등을 확실히 청산하겠다! 연대와 협력으로 통합의 새로운 질서를 세우겠다!"고 공약했다. (그런데 임기가 거의 끝날 무렵인 지금까지 그의 공약은 전혀 지켜지지 않았다.)

이어 문재인은 제19대 대통령 선거 더불어민주당 후보로 출마하면서 주요 공약을 발표했다. 중앙선거관리위원회에 제출한 10대 공약 중 첫 번째 공약으로 일자리 공약을 내세웠다. 문재인 대통령 후보는 ①공공부문을 중심으로 일자리 81만 개 창출 ②대통령 직속 '제4차 산업혁명위원회'를 설치하고 민·관 협업체계 구축 등으로 4차 산업혁명 선도 ③실노동시간 단축을 통한 일자리 나누기 ④ 2020년까지 최저임금을 1만 원까지 인상 등을 이행방안으로 제시했다.

두 번째 공약은 정치개혁으로 대통령 특권을 국민에게 반납하기 위해 ①대통령 집무실을 광화문 정부청사로 이전 ②저도(猪島 : 대통령 별장) 반환 ③대통령의 24시간 일정 공개 ④'인사추천 실명제' 등 대통령 인사시스템 투명화 ⑤대통령 직속 경호실 폐지, 경찰청 산하 '대통령 경호국'으로 위상 조정 등을 약속했다. 또 '고위공직자비리수사처(공수처)' 신설 및 검·경 수사권 조정 등을 통한 검찰 개혁과 국가정보원의 국내 정보수집 업무를 전면 폐지하고 '해외정보원'으로 개편하는 국정원 개혁안을 내놨다.

세 번째 공약은 안보 공약으로 ①한미동맹 강화와 일본·중국·러시아 등 주변국과의 협력을 통해 북핵문제를 근본적으로 해결하고 ②방산비리 근절과 한국형 미사일 방어체계 구축 ③첨단 무기체계 도입으로 과학군·기술군 중심의 강한 군대 육성 등을 공약했다. 또 장병 급여를 최저임금의 30%, 40%, 50% 식으로 연차적으로 인상하고 모든 상해 장병에게 부상의 경중과 관계없이 민간 병원 치료비를 전액 보상하겠다고 밝혔다.

네 번째 청년 공약으로는 2020년까지 향후 3년간 한시적으로 청년고용의무할당제를 적용해 공공 부문을 현행 3%에서 5%로 확대하고, 의무 고용제 성실 이행 기관·기업에 인센티브를, 불이행 기업에 고용분담금을 부과하겠다고 공약했다. 또 ①청년임대주택 30만 호 공급 ②부당 업무지시 제한 근거 마련, 정신적 학대 금지 등을 명시한 알바 존중법 도입 등도 약속했다.

다섯 번째 여성 공약으로는 ①여성가족부 기능 강화, 대통령 직속 성평등위원회 설치 ②출산휴가 등 비정규직 여성 차별 금지, 블라인드 채용제 도입 등 여성 일자리 차별 해소 ③공기업과 준정부기관의 여성 관리자 비율 확대 ④'여성폭력기본법(가칭)' 제정 추진 등 젠더 폭력 방지 등을 약속했다.

여섯 번째 노인 공약으로는 현재 월 10~20만 원 차등 지급되는 기초연금을 차등 없이 30만 원 균등 지급하겠다고 약속했다. 또 노인 일자리 수를 현재의 2배 수준인 80만 개로 확대하고, 월별 일자리 임금을 2020년까지 현 22만 원에서 40만 원으로 인상하겠다고 밝혔다. 그 외에도 ①국민연금·퇴직연금을 통한 노후소득 보장 강화 ②노년 건강 증진사업 확대 등을 약속했다.

일곱 번째 육아 공약으로 '교육·육아 국가책임제'를 내놓았다. OECD 평균 수준의 교육재정을 투자하고, 유아에서 고등학교까지 공교육 비용을 국가가 책임 부담하겠다고 약속했다. ①초등학교 전 학년 돌봄 교실 확대 ②맞벌이부모의 만 12세 이하 자녀 대상을 찾아가는 '아이돌봄 서비스' 확대 및 내실화 ③국·공립 어린이집을 이용하는 아동 비율을 전체 대비 40% 수준까지 확대 ④배우자 공동 출산휴가 기간을 유급 10일, 무급 4일로 확대 ⑤육아휴직 급여 인상 등을 약속했다.

여덟 번째 경제 공약으로는 중소·벤처 기업을 지원하기 위해 ①중소기업청을 '중소벤처기업부'로 확대 신설하고 ②창업투자회사 설립을 위한 납입 자본금을 완화 ③연대보증제 폐지 ④상가 건물 임대차 보호법의 권리금 보호 대상 확대 ⑤젠트리피케이션(gentrification : 빈민가의 고급 주택지화) 방지제도 도입 ⑥퇴거 보상제 도입 등 임대차보호법을 개정하겠다고 밝혔다.

아홉 번째 환경 공약에서는 ①청와대 중심의 컨트롤 타워를 구축하고 국가 위기관리 매뉴얼을 복구 및 보완 하고 ②지방자치단체, 경찰, 해양경찰을 유기적으로 연계하여 국가 재난관리 능력을 강화하며 ③소방방재청과 해양경찰청을 독립시키고 ④재난대응의 지휘·보고 체계를 단일화하겠다고 밝혔다. 또 노후 원전 폐쇄, 신규 원전 전면 중단 등 40년 후 '원전 제로 국가'가 되기 위한 로드맵 마련을 약속했다. 30년 이상 노후된 석탄 화력발전소 가동 중단 또는 친환경 연료로 전환해 임기 내 국내 미세먼지 배출량의 30%를 감축하겠다고 밝혔다.

열 번째 공약으로 문재인은 '준조세 금지법'을 만들어, 기업을 중앙정부 권력의 횡포에서 벗어나게 하겠다고 밝혔다. 그리고 '페미니스트 대통령'을 선언하며 '남녀 동수 내각'을 공약했다.

또한 '개성공단 확장'을 추가적으로 공약했고 아울러 댓글 공작, 정치 개입 등으로 논란이 된 국가정보원을 개혁하겠다고 말했다. 이 외에도 '광화문 대통령 시대'를 천명했고, '6자 회담'을 비롯한 다양한 양자·다자 회담을 적극 활용해 한반도 비핵화·평화체제를 구축하겠다고 공약했으며, 북핵에 관해서는 이에 대응할 우리 군의 핵심전력을 조기에 전력화하겠다고 약속했다.

최순실의 국정농단 사건으로 박근혜 정권은 몰락의 길을 걸었고, 200만여 명이 참여한 '광화문 촛불집회'로 인하여 정치인 문재인은 유력한 대선주자로 급부상했다. 이른바 '촛불혁명'으로 보수 정권인 박근혜 정권은 끝이 나고 말았다. 이처럼 권력은 순간이고 허망한 것이었다.

'촛불혁명'의 기운이 하늘을 찌르는 분위기 속에서 갑자기 대통령 선거가 다가왔다. 2017년 5월 9일 대통령 선거가 급박하게 치러졌다. 이 19대 대통령 선거에서 더불어민주당의 문재인 후보가 대통령으로 당선됐다. 이 대통령 선거에서 더불어민주당 문재인 후보는 유효 투표의 41.1%인 1,342만 3,800표를 얻어, 24%인 785만 2,849표를 얻은 자유한국당 홍준표 후보를 크게 앞서며 당선을 확정지었다. 19대 대통령 선거는 박근혜 전 대통령의 탄핵에 따른 보궐선거이기 때문에 대통령 당선자 문재인은 '대통령직 인수위원회' 과정 없이 다음 날 곧바로 취임식을 가졌다.

2017년 5월 10일 문재인 대통령 당선자는 제19대 대통령으로 취임하였다. 이날 취임식에서 제19대 대통령 문재인은 "한 번도 경험하지 못한 나라를 만들겠다'고 말해 국민들의 마음을 설레게 했다. 또한 "문재인과 더불어민주당 정부에서 기회는 평등할 것입니다! 과정은 공정할 것입니다! 결과는 정의로울 것입니다!"라고 천명하여 국민들을 감동시켰다. '촛불혁명'으로 19대 대통령으로 취임한 문재인은 마치 '정의'와 '공정' 그리고 '평등'의 표상처럼 우뚝

솟아 보였고, 부패한 보수 정권과는 다른 깨끗한 진보 정권을 꿈꾸는 것 같았다.

진보 좌파주의자 문재인과 자유민주주의자 윤석열

그렇지만 작금의 현실에서 촛불정신을 강조했던 문재인 대통령의 정치이념은 무엇이고, 문재인 정권의 성격은 어떤 것인지 살펴보고 왜 이것이 차기 대권주자로 급부상한 윤석열과 칼끝을 마주하고 '대립'하고 있는지 고찰할 필요가 있다.

문재인은 대통령이 되기 전 "모든 국민의 대통령이 되겠다. 지역통합, 세대통합, 보수와 진보를 뛰어넘는 국민통합 대통령이 되겠다. 경제와 안보, 무너진 두 기둥을 바로 세우겠다. 불공정, 부정부패, 불평등을 확실히 청산하겠다. 연대와 협력으로 새로운 질서를 세우겠다"고 국민들에게 천명했다. 그리고 "한미동맹 강화와 일본·중국·러시아 등 주변국과의 협력을 통해 북핵문제를 근본적으로 해결하겠다"고 공약했다.

그러나 문재인은 대통령이 된 후 이와는 정반대의 길을 걸었다. 대통령 문재인에게 '위선'이란 낱말이 그의 상징으로 자리 잡게 된 것이다. 또한 문재인 대통령은 국민들에게 약속한 공약을 헌신짝 버리듯 하면서 일찍부터 자유우방이자 혈맹인 동맹국 미국을 멀리하고, 두드러질 정도로 친북·친중 노선의 길을 걸었다. 구시대의 유물 같은 사회주의 체제에 현혹되어 공산당 독재자인 김정은과 시진핑에게 지나치게 경도되어 그의 좌파적 정치이념 성향을 공공연하게 드러냈다. '조국 사태'에서 충분히 파악했듯이, 자유민주주의 국가인 대한민국에서 사회주의자를 자처하는 자들이 도덕과 윤리를 무시하고 그들의 좌파 정치이념과 목적을 위해서는 수단과 방법을 가리지 않는 술수를 자행한다는 것을 우리는 충분히 체험했다.

문재인 대통령은 2017년 12월 15일 베이징(北京)대학 연설에서 중국을 "높은 산봉우리와 같은 나라"라며 "대국(大國)"이라고 하고, 한국은 스스로 "작은 나라"라고 칭했다. 그리고 "마오쩌둥(모택동) 주석이 이끈 대장정(大長征)에도 조선청년이 함께 했다"면서 그처럼 "중국과 함께 하겠다"고 말했다. 자유 대한민국의 대통령이라는 사람이 신(新)중화 체계의 상하질서 아래로 자발적으로 들어가겠다는 투의 말을 거리낌 없이 한 것이다.

자신의 자존(自尊)을 버리고 남의 아래에 복속되기를 자청하는 자는, 단지 자신의 자유를 소홀히 한다는 차원의 문제만 있는 게 아니다. 자존감을 소홀히 하는 자는 결국에 타인(他人)의 자유도 소홀히 여기게 된다. 남 아래 굴종하는 것을 아무렇지도 않게 여기는 자는 또 다른 타인을 자신 아래 두는 것도 아무렇지 않게 여기게 되는 것이다.

자유민주주의 국가인 대한민국의 대통령이 공산주의 독재국가의 수령 앞에서 이처럼 당당하지 못한 것은 부끄러운 역사적 사실로 기록될 것이다. 이렇듯 문재인 정권은 우리 자유민주주의 헌정의 기본 원칙을 유린하는 것을 아무렇지도 않게 자행하여 왔다. '조국 사태'가 보여주듯 '사회주의자', '강남 좌파'를 자처하는 문 정권의 핵심 권력자들은 도덕적·윤리적으로도 타락했으며, 이념적 경향은 물론 행태와 술수 모두 사회주의 국가 중국을 닮아가고 있는 실정이어서 자유민주주의 국가인 대한민국의 체제를 지금 위협하고 있다.

서구 사회에선 전통적으로 거짓말은 사회적 배척의 심각한 사유가 되지만, 중국은 전통적으로 거짓말 문화가 지배하고 있는 나라여서 중국인은 무엇보다도 잔꾀와 권모술수에 능한 민족이다. 중국의 거짓말 정치문화를 파악하려면 중국의 사상가 리쭝우(李宗吾, 1879~1944)의 《후흑학(厚黑學)》을 살펴볼 필요가 있다. 《후흑학》은 신해혁명이 시작된 1911년 봉건적 유교사상을 통렬히 풍자한 책으로 지도자가 외세(外勢)를 물리치기 위해선 뻔뻔함과 음흉함도 갖춰야 한다는 것이었다.

리쭝우(이종호)가 이러한 정치 논리를 주장하고 나선 것은 당시 중국이 난세의 격동기를 이겨내기 위해서는 유교적 가치를 넘어서는 속임과 기만의 방책이 필요하다는 취지에서였다. 외세를 물리치기 위해선 지도자가 유교적 정당성을 내세우기보다는 뻔뻔함과 음흉한 술책을 갖추고 적과 싸워야 한다는 것이었다. 말하자면 적을 이기기 위해서는 수단과 방법을 가리지 말아야 한다는, 중국판 마키아벨리즘인 것이었다.

쓰촨(사천泗川)대학 교수를 역임하고, 쑨원(손문)이 세운 반청 혁명조직인 '동맹회(同盟會)'에 가입해 활동한 바가 있는 리쭝우는 옛날의 영웅호걸들을 연구한 끝에 그들의 성공 비결이 유교적 처신에 있는 것이 아니라 다른 사람보다도 천하의 두꺼운 낯가죽(면후面厚)과 천하의 시커먼 속마음(심흑心黑)에 지나지 않는다는 천고(千古)의 비결을 찾아내게 되었는데, 이것이 그가 내세운 '후흑학'의 골자다.

중국 공산당의 창시자 마오쩌둥(모택동)이 이런 《후흑학》을 보고 익혔다고 하며, 항일전(抗日戰)과 국공내전(國共內戰) 때에도 그랬지만 나중에 문화혁명(文化革命) 당시에도 그런 면모를 여실히 보여주었다. 마오쩌둥은 중국을 장악한 뒤 '대약진운동'의 실패 책임으로 권좌에서 밀려났다. 그러나 그는 권력 회복을 위해 '문화혁명'을 일으켰다. 문화혁명이란 중국공산당 주석 마오쩌둥이 중국 혁명정신의 재건을 위한다는 명분으로 1966년부터 1976년까지 추진한 대소동이다. 중국이 소련식 사회주의 건설노선을 따라가게 될 수도 있다는 두려움과 자신의 위치에 대한 우려 때문에 역사를 거꾸로 후퇴시켜 중국을 혼란 상태로 몰아넣은 정변이다. 홍위병을 동원해 전통적인 가치와 부르주아적인 요소를 공격하게 했으며, 학교를 폐쇄하고 당의 관료들을 공개 비판하여 그들의 혁명성을 점검했다. 이 과정에서 수많은 당 관료들과 지식인들이 무참하게 처형되었다. 이는 마오쩌둥의 큰 역사적 과오로 지적되고 있다.

역사를 거꾸로 돌린 문화혁명 과정에서 마오쩌둥(모택동)이 자신의 앞날에 장애가 되는 인물을 몰아내면서 보여준 행태는 그야말로 '뻔뻔하고 음흉스러움(후흑)' 그 자체였다. 문화혁명이 한창이던 1967년 1월, 마오쩌둥이 자신에게 맞섰던 류사오치(유소기劉少奇)를 상대했을 때다. 당시 류사오치가 홍위병의 공격을 받고 모든 공직에서 물러나 고향으로 내려가겠다며 백기(白旗)를 들었을 때,

마오쩌둥은 음흉한 미소를 머금고 "진지하게 학습하고 몸을 돌보라"고 했다. 그렇지만 류사오치는 2년 후 허난성의 한 감옥에서 비참하게 생을 마감했다.

그런데 지금 자유민주주의 국가인 대한민국에서 공산주의 국가인 중국과 독재자 마오쩌둥 못지않은 거짓말과 후흑(厚黑)의 모습을 발견할 수 있다. 바로 문재인 대통령과 그를 에워싸고 있는 문 정권의 실력자들인 유시민, 조국, 추미애 전 장관 등이다. 그들은 연일 거짓말과 위선 그리고 뻔뻔스러운 내로남불 행태로 국민들을 분노케 하고 있다. 그럼에도 집권여당 더불어민주당은 반성은커녕 그들의 끊임없는 거짓말이 들통 나는데도 철통같이 방어하는 데 여념이 없다.

이런 행태는 단순한 우연이 아니다. 문재인 대통령은 중국을 찬양하는 리영희의 저서를 읽고 감복했다고 한다. 문재인 대통령뿐만 아니라 지금 문 정권의 주력(主力)을 이루고 있는 86세대(80년대 학번, 60년대 출생) 운동권 출신들이 다 그랬다. 이들은 자유우방인 미국과 일본에 대해선 반감을 표하기 일쑤이면서도 사회주의 국가 중국에 대해선 이념적·정서적 호감을 숨기지 않았다.

그리고 중국공산당 독재자 마오쩌둥이 자기의 의견에 반대하는 정적을 제거하기 위하여 문화혁명을 일으켜 그 전위대로 내세운 어린 홍위병들은 문재인 대통령의 주장을 무조건 결사 옹위하고 나서는 '문빠들'과 그 행태가 서로 비슷하다. 시시비비를 가리지 않고 오로지 문재인 대통령을 무오류의 수령처럼 결사 옹위하며 정적을 타도하려는 행태는 자유민주주의 정신에 반하는 행태이다.

이런 전체주의적 정치문화는 86세대 운동권 출신들로부터 잉태되었다. 이들은 낡고 시대에 뒤떨어진 마르크스-레닌주의, 주체사상을 학습하며 처음에는 대학에서 소수파로 대접을 받지 못하다가 1980년대 들어 전두환 신군부에 대항하며 학생운동을 주도하면서부터 민주화에 공이 있는 세력으로 탈바꿈하여 민주 정치세력으로 자리를 잡았다.

그렇지만 86세대 운동권 출신들은 북한의 주체사상을 전체주의가 아니라 민족주의로 잘못 해석하고 받아들여, 급진 좌파적 친북·친중 노선을 전체주의가 아니라 민족주의로 미화했던 것이다. 따라서 '죽창을 들자'며 반일 민족주의를 선동한 조국이 단적인 예로 이들 급진 좌파적 친북·친중 노선의 정치세력들이 문재인 정권의 핵심인 것이다.

이들 문 정권의 주력부대인 86그룹(80년대 학번, 60년대 출생)은 변종 전체주의자들로서 그릇된 정치문화를 만들었던 것이다. 이들은 운동권 내에서 전대협(전국대학생대표자협의회) 의장을 우상숭배하듯이 수령처럼 받들었다. 이러한 '전대협 의장 수령론'은 전체주의에서 답습한 그릇된 정치문화였다.

고려대 법대 시절, 주사파 지하조직 자민통(자주민족통일)의 리더였다가 나중에 전향한 구해우 미래전략연구원장이 〈월간조선〉(2020년 10월호)에 밝힌 바에 의하면, '문재인 정권의 정치 성향은 친북·친중이고 조직의 측면은 운동권 파벌연대이며, 정치 운영 행태는 주사파도 아니고 사회주의자도 아니라 변종 전체주의'라는 것이다.

이 변종 전체주의가 86그룹을 지배했다. 그에 의하면 '전대협' 1~4기 의장이었던 이인영 통일부 장관, 오영식 전 코레일 사장, 임종석 전 청와대 비서실장, 송갑석 더불어민주당 의원을 비롯해 김경수 경남도지사, 우상호 더불어민주당 의원 등이 86그룹에 속한다고 한다.

그는 "잘못된 정치문화의 근본적인 출발점이 '전대협 의장 수령론'입니다. 운동권 내에서 전대협 의장을 우상숭배 하듯이 수령처럼 모셨단 말입니다. 안희정 전 충남지사가 조직부장을 맡고 있던 반미청년회가 주도해서 의장 수령론을 확산시켰습니다. (중략) 정치권에 들어와서도 수령을 중심으로 모이는 패거리 문화를 유지한 거죠."라고 주장했다.

또한 그에 의하면 '전대협 의장은 운동권 내에서는 왕 같은 존재였고, 의장이 마음대로 결정하고 밑에서는 수령처럼 모셨다. '전대협 의장 수령론'에서 나온 패거리 문화가 현 정부·여당의 기본적인 문화가 되었다. 추구하는 가치라는 게 없고 오로지 자기 우상이나 패거리 대장 중심으로 무조건 지지하고, 반대편에 서 있는 사람들을 아무 논리 없이 감정적으로 비난했다. 젊은 정치인들도 특정 패거리에 몸담지 않으면 손해를 보니까 패거리에 줄 서게 된다. 이런 패거리 문화를 86운동권이 훨씬 심화시켰다.'라고 밝히고 있다.

그리고 그는 "86그룹(운동권)을 열성적으로 지지하는 세력이 케이팝 오빠부대였던 3040 여성들이다. 이들이 '맘카페'에서 활동하는 '친문(親文) 아줌마부대'를 형성한 거다. 즉 케이팝 부대의 우상숭배와 전대협 의장 수령론이 접목된 것이다. 그러면서 변종 전체주의가 된 것이다"라고 주장하면서, "1986년부터 1992년까지 형성된 주사파 활동가들이 10만 명 가량 사회로 배출됐다. 주사파 영향권의 학습 서클까지 감안하면 그 시기 배출된 주사파 친화적인 세대는 30만 명쯤이다. 이들에다 케이팝 오빠부대 30만 명이 합쳐져 친문 '문빠'를 형성한 거다. 따라서 이들은 60만 명쯤 된다."라고 밝혔다.

결국 구해우 미래전략연구원장의 주장에 따르면 "전대협 의장 수령론이라는 게 대단히 잘못된 이론이고 사고인데, 이것을 따르는 86운동권이 마치 반독재 투쟁 지도자처럼 민주화 운동이라는 베일 속에서 대충 좋게 포장되어, 86운동권 출신 정치인들의 영향력이 커지자 여기에 케이팝 오빠부대 출신들이 가세하여 60만여 명이라는 '문빠' 주력부대가 형성된 것이다."라는 것이었다. 그러나 이들은 개인의 자유, 인권 등을 잘 이해하여 근대 민주주의로 나아가지 못하고, 1980년대 민주화에 공이 있다는 이유만을 내세우며 앞으로 나아가지 못하고 아직도 반독재 민주화 수준에만 머물고 있다. 이것이 이들의 한계이기도 하다.

결국 86운동권 출신 정치인들은 겉으로는 통일이다 민족주의다 내세우지만, 내면에선 돈과 권력에 지나치게 집착하고 있다. 이러한 사실은 조국 전 장관, 윤미향 더불어민주당 의원, 추미애 전 법무부 장관, 이인영 통일부 장관 등 현 집권세력의 행태에서 찾아볼 수 있다. 이에 대해 구해우 원장은 "이인영 장관도 보세요. 이 장관의 부인이 속한 시민단체가 박원순 서울시에서 7억 원 이상 지원을 받았어요. 이게 말이 됩니까? 이 장관의 아들도 박원순 서울시에서 700만 원짜리 프로젝트 용역을 수주했어요."라며 위의 사실을 뒷받침해 주고 있다.

또한 그는 "그들은 제대로 된 주사파도, 사회주의자도 아니에 요. 보수가 잘못 보고 있는 겁니다. 그들은 타락한 정치적 괴물에 불과한데, 주사파라든가 사회주의자라고 불러주면 오히려 그들의 부패를 덮어주는 꼴이 됩니다. 이념이라는 것엔 일정한 명분이 있 으니까요."라고 주장하고 있다. 즉 그들은 이념이고 뭐고 없는 부 패한 집단에 불과한데, 우파가 사회주의자라고 불러주는 탓에 이 사회에서 떳떳하게 자리를 차지하고 있단 얘기다.

따라서 위에서 상세히 살펴본 바와 같이 문재인 대통령의 정치 성향이나 문 정권 주도세력의 정치이념은 친북·친중을 중시하면서 민족주의를 가장한 전체주의적 변종 사회주의라 할 수 있다. 이는 철저한 자유민주주의와 법치주의, 개인의 자유, 공정, 상식 등의 가 치를 중시하는 보수 성향의 검찰총장 윤석열과 칼끝을 겨누고 '대 립'하고 있는 상황인 것이다.

문재인의 굴종적 친중 자세와 윤석열의 한미동맹 강화론

또한 문재인은 외교·안보 관련 대통령 선거공약에서 '한미동 맹 강화와 일본·중국·러시아 등 주변국과의 협력을 통해 북핵문제 를 근본적으로 해결한다'고 강조했지만, 사실상 이와는 반대로 자 유우방 미국을 멀리하고, 반일본 민족주의를 선동해 자유우방 일 본을 의도적으로 배척하면서 패권적 민족주의를 드러낸 사회주의 국가 중국에 맹종하는 잘못을 범하고 있다. 이 때문에 앞으로 한미동맹이 훼손돼 자유민주주의 국가인 대한민국의 존립마저 위태롭게 하고 있는 실정이다.

역사는 진보하지 못하고 반복되기도 한다. 1950년 북한 공산당 독재자 김일성이 '6·25전쟁'을 일으켰을 때, 공산국가 중국이 김일성의 요청으로 100만여 중국군을 이 전쟁에 투입해 우리 대한민국은 적화통일의 위기를 맞이했다. 이때 영원한 자유우방인 미국을 포함한 16개국의 UN연합군 190만여 명이 자유민주주의 국가인 한국을 공산국가들의 위협으로부터 구하기 위해 달려왔다. 이때 만약 자유우방인 UN연합군이 우리 대한민국을 도와주지 않았더라면, 우리 국민들은 태영호 국회의원의 저서 《3층 서기실의 암호》에서 적나라하게 밝혀진, 공산당 독재자 김정은이 개인의 자유와 인권을 말살하고 있는 노예국가에서 지금 신음하며 짐승처럼 살고 있을 것이다. 상상만 해도 얼마나 끔찍한 일인가? 지금도 북한은 사회주의 강성대국이라고 겉으로는 요란하게 선전하지만, 속으로는 개인의 자유와 인권이 무참하게 탄압받고 있는 노예국가인 것이다.

그런데도 이러한 역사적 사실을 망각하거나 왜곡하고 아직도 구시대의 낡은 유물 같은 사회주의를 찬양하고 미화하며, 심지어 사회주의자를 자처하는 자가 있다는 것은 참으로 통탄할 일이다. 공산주의를 미화하는 말로 쓰이는 '사회주의'는 역사의 실패작이자 시대에 뒤떨어진 낡은 정치이념이며, 북한과 중국을 위시한 단 몇 나라인 사회주의 국가는 앞으로 경제적 어려움이나 내부 분열 등으로 반드시 소멸될 것이다. 즉 미국 레이건 대통령의 강력한 안보와 경제적 번영이 공산국가 소련을 해체시킨 것처럼, 자유민주주의 우방 한·미·일 등의 동맹과 부유한 시장경제 때문에 사회주의 국가인 북한과 중국은 반드시 무너지리라는 것이 역사적 필연이고 대의일 것이다.

또한 앞으로 미중 패권전쟁에서 중국의 사회주의 독재체제는 자유민주주의 중심 국가인 미국을 정치적으로나 경제적으로나 혹은 안보적인 면에서도 절대로 이길 수 없다. 미국을 중심으로 하는 자유민주주의 정치이념이 역사적으로 올바른 방향인 데다 세력에서도 미국이 질 수 없는 구도이다. 미중 패권전쟁은 실질적으론 영어 문화권과 중국 문화권의 경쟁인 것이다.

미국은 기독교 국가로서 미국 한 국가가 아니고 근대국가 문명을 만든 앵글로·색슨족의 후예, 파이브 아이즈(Five Eyes : 미국·영국·캐나다·호주·뉴질랜드 5개국으로 이뤄진 기밀정보 첩보 동맹)가 같이 움직인다. 이스라엘도 같은 기독교 국가로서 이들과 함께 한다. 또한 중국과 적대적 경쟁 관계에 있는 일본과 인도도 미국과 함께 행동한다. 따라서 미국이 여러 가지 면에서 공산국가 중국을 압도하고 있어 절대 중국은 미국을 넘어설 수 없다.

그런데 문재인 대통령과 문 정권의 주축 세력인 86운동권들은 '친중'이 올바른 역사적 방향인 것처럼 중국을 찬양함은 물론, 자존감까지 버리고 서슴없이 사대주의적이고 굴종적인 자세를 취하여 우리 국민들의 민족적 자긍심에 상처를 주고 있다. 이는 자유민주주의 국가인 대한민국이 취할 자세가 아닌 것이다. 최근 윤석열 전 검찰총장은 외교·안보 분야에서 '자유민주주의 가치를 공유하는 한미동맹을 다지는 게 외교의 우선이란 입장'을 밝혔다. 자유민주주의 국가인 우리 대한민국의 안전과 미래를 위해 한미동맹은 더욱 돈독해져야 하는 것이며, 나날이 한미동맹을 굳건히 하고 발전시켜 궁극적으로 자유민주주의 국가로의 통일을 달성해 역사적 진보를 이뤄 나가야 한다.

따라서 문재인 대통령의 굴종적 친중 자세는 윤석열 전 검찰총장의 한미동맹 중시 태도와 칼끝을 겨누고 있어 심각하게 '대립'하고 있는 것이다.

문재인의 진보 경제정책과 윤석열의 보수 경제정책 대립

또한 문재인 대통령은 자유민주주의 국가의 근간을 이루는 '시장경제'를 무시하고 좌파 이념 성향이 강한 장하성(전 청와대 정책실장), 김상조(전 공정거래위원장, 전 청와대 정책실장), 홍장표(전 경제수석비서관) 등을 중용해 시장에 대한 규제를 강화하면서 시장주의를 훼손하는 사회주의 정책을 펼쳐왔다. 이병태 카이스트 교수에 의하면 "문재인 정부를 보면 생산수단을 국유화하자는 얘기만 없지, 하는 걸 보면 사회주의예요. 모든 걸 공론화해서 한다고, 대중의 힘 내지 민주주의로 경제적 의사결정을 하겠다고 하잖아요. 시장의 기능 자체를 불신하고 있어요. 임금(소득)주도 성장론만 해도 포스트 케인지안들 중 가장 이단적인 사람들, 즉 레프트 케인지안 내지 마르크시스트 케인지안이라는 급진적인 사람들이 주장하는 거예요. 그래서 이 정권은 '말하지 않는 사회주의 정권'이라는 겁니다"라고 밝히고 있다.

그는 또 "우리나라 역사상 이념 편향성이 이렇게 강했던 적이 없어요. 김대중·노무현 전 대통령은 학습능력이 있고 지력이 있는 분들이었어요. 노무현 전 대통령만 해도 그동안 너무 억압되어 있었다고 생각해서 노동조합에 힘은 실어주었지만, 장기적으로는 노동시장의 유연성을 도입할 수밖에 없다는 목표가 있었어요. 그 밑에서 정치했던 문재인 대통령은 전라도 표를 가져오는 데서만 '노무현'을 내세우고, 노 전 대통령의 이성적인 판단들, 한미 FTA나 강정 해군기지, 노동 유연성 도입 같은 것은 하나도 수용하지 않고 있어요.

현 정권 사람들은 노무현 정권이 끝난 후 한때 스스로 '폐족(廢族)'이라고 할 정도로 몰리게 됐던 것이, '경제를 운영할 능력이 없어서 그런 것이 아니라 기득권 세력과 타협해서 그렇게 됐다. 이번에는 어떤 경우에도 불퇴전(不退轉)의 각오로 혁명을 완수하겠다'고 생각하고 있는 것 같아요."라고 말하고 있다.

시장에 대한 규제와 그러한 규제를 뒷받침하는 좌파의 왜곡된 경제논리, 그에 대한 잘못된 논거들을 지속적으로 비판해 많은 이의 열광적 지지를 받고 있는 이병태 카이스트 교수는 문 정권의 잘못된 좌파 경제논리를 비판하며 "문재인 대통령이 '경제 문외한'인데다 이념 편향성이 너무 강하여 최저임금제, 주 52시간제, 공시지가 인상 등 아주 단선적이고 과격한 정책을 쓰고 있다. 이는 다 경제가 복잡하게 연결되어 있다는 인식이 없기 때문이다. (중략) 문재인 정권은 '어설픈 차베스 정권' 같다. 경제만 놓고 얘기하자면, 대한민국을 베네수엘라로 만들려고 하는…… 이 정권은 드러내 놓고 말하지 않는 사회주의 정권이다. 모든 걸 기존 질서는 적폐고 착취의 관계로 보고 있다. 가맹점주가 가맹점을, 고용주가 종업원을, 대기업이 하청업체를 착취한다고 보는데, 그게 마르크스주의·사회주의인 것이다. (중략) 유럽의 사회주의는 시장의 자유를 인정하되, 공동체적 정신을 가지고 실직 등 어려움에 처했을 때 위험을 분산·공유하자는 것이다. 반면에 시장은 착취구조이니까 시장을 교정해야 한다고 하는 사회주의가 있다. 베네수엘라가 그런 경우인데, 나는 그런 사회주의를 '질 나쁜 사회주의'라고 한다."라고 주장하고 있다.

평생 공무원을 했지만 경험을 통해 '영원한 시장주의자'가 됐다는 김인호 시장경제연구원 이사장(전 대통령 경제수석비서관)은 스스로 '사회주의자'라고 밝힌 조국을 법무부 장관으로 임명한 문재인 대통령은 사회주의를 추구하고 있다고 밝히면서, "지금 정권은 예전의 정부와는 전혀 다른 정부입니다. 과거 대통령 교체에 따른 변화는 양적(量的) 차이였지만, 지금은 질적(質的) 차이입니다. 노무현 정부는 감상적 사회주의 정부였지만, 지금은 완전히 사회주의 정부입니다. 그런 전제하에서 하는 말인데, 이 사람들은 아예 경제를 걱정하지 않습니다. 문재인 대통령이 취임사에서 '우리가 한 번도 경험하지 못한 국가를 만들겠다'고 했을 때, 많은 사람이 좋은 의미로 받아들였는데, 문자 그대로 정말 한 번도 경험하지 못한 국가를 만들어버렸어요. (중략) 현 정부의 법무부 장관으로 임명됐던 사람이 스스로 '사회주의자'라고 밝힌 게 무슨 의미겠어요? 나는 이 정부가 스스로 사회주의를 추구한다는 것을 밝혔다고 봅니다."라고 강조했다.

그러면서 그는 "지금 한국 경제가 살 길은 시장경제로 돌아가는 것입니다. 기본적으로 시장경제는 자유주의고 민주주의와 궤를 같이하는 사상입니다. 민주주의는 개인을 전제로 하는 것입니다. 개인의 자유와 창의, 그것이 모여서 전체가 잘되자는 것입니다. 전체주의에서는 전체의 목표를 위해서 개인은 봉사하고, 희생되어야 합니다. 그 전체는 최종적으로 1인 독재 아닙니까? 시장은 인류가 창안한 최고의 시스템입니다. 저절로 만들어진 것입니다. 만든 사람이 없습니다. 한국 경제가 살아나기 위해서는 '경쟁이 꽃피는 경제' '시장으로의 귀환'말고는 방도가 없습니다. 시장주의를 거스르는 것은 문명을 거스르는 것입니다. 시장을 부정하는 나라 중에 잘된 나라는 하나도 없습니다."라고 주장했다.

김인호 시장경제연구원 이사장은 공부를 해서, 책을 읽어서 시장주의자가 된 것이 아니고 경험을 통해서 그렇게 되었다고 한다. 그는 평생 경제관료의 길을 걸었는데, 사무관 때부터 여러 가지 문제에 부딪히면서 시장, 경쟁, 소비자 선택, 국제화라는 시장경제의 핵심적인 요소를 알게 되었다. 이를테면 시장을 가장 많이 다루는 경제기획원 물가정책국장을 지냈으며, 기업의 문제를 주로 다루는 공정거래위원장을 역임한 데다, 또한 대외경제조정실장을 하면서 국제화는 결국 외부경쟁의 도입이라는 것을 충분히 인식할 수 있었다.

그는 문재인 정권이 중점을 둔 소득주도 성장 등의 경제정책들에 대해서는 "소득주도 성장, 주(週) 52시간 근무, 최저임금 인상, 비(非)정규직의 정규직화 등의 정책들은 이 정부의 성격상 나올 수밖에 없는 정책들입니다. 현 정부는 시장이라는 것을 믿지 않습니다. 시장의 가치를 전혀 인정하지 않고 있습니다. 좋게 말하면 모든 것은 정부가 생각하고 국민의 삶을 정부가 책임지겠다는 것이고, 나쁘게 말하면 정부가 경제를 좌지우지하겠다는 얘기입니다.

그 사람들이 생각하는 삶은 근무시간은 줄이고, 임금과 복지는 늘리고, 일자리는 전부 정규직으로 해줘야 하고, 정년(停年)까지 일하게 해주는 것이겠지요. 하지만 그렇게 해서 우리나라의 경쟁력이 유지될 수 있나요? (중략) 지금 다른 나라는…… 전 세계적으로 우리와는 완전히 다르게 가고 있습니다. 우리가 지금 하고 있는 것들을 정확히 거꾸로 하면 그것이 바로 글로벌 스탠더드입니다.

노동은 더 유연하게 하고 있습니다. 사람들의 생활수준이 높아지면, 근무시간은 알아서 줄어들게 되어 있습니다. 그것을 정부가 정해줄 필요는 없습니다. 사람들의 선택의 문제인 것이죠. 그걸 왜 정부가 나서서 해라 마라 합니까? 그 근저에는 정부가 인위적으로 끌고 가겠다는 발상, 정부가 가장 현명하고 도덕적이다, 예견력(豫見力)을 갖고 있다는 생각이 깔려 있습니다. 정부가 과연 그런 존재냐? 내가 정부에서 30년을 있어 봤지만, 세상에 그런 정부는 없습니다. 앞으로도 그런 정부는 존재하지 않을 것입니다. 정부는 그렇게 유능한 집단이 아닙니다. '국가는 똑똑하지 않다. 정부는 국민의 평균 수준 이상도 이하도 아니다'라는 전제하에서 얘기를 해야 합니다. 사회주의가 안 되는 이유는 전제와 가정, 논리가 전혀 다르기 때문입니다."라는 입장을 피력했다.

그는 1990년 한소(韓蘇) 수교 당시 정부대표의 일원으로 소련을 방문, 사회주의 경제의 민낯을 봤다. "그 광대한 토지에서 농작물의 3분의 2는 다 썩는다고 한다. 생산계획에서 운송체계까지 정부가 다 계획하는데, 그 계획이 하나도 들어맞지 않는다고 한다. 생산자에서 소비자까지 가는 동안에만 절반 이상이 썩는다고 한다. 여자들은 항상 바구니와 보자기를 들고 다니다가 사람들이 줄서면 무조건 줄부터 섰다. 모든 것이 다 부족하니까 아무거나 살 수 있을 때 사고 보자는 것이다. 사회주의가 그런 경제를 만든 거다. 우리나라도 이대로 가면 언젠가 그렇게 될 것이다. (중략) 정부가 고용자와 사용자의 계약, 개인과 기업의 사적(私的) 계약을 따지는 것은 말이 안 된다. 생산에 기여한 만큼 분배가 이뤄지고, 소비자는 자기 선택대로 살 수 있어야 한다. 이런 걸 국가가 강제하면 결국 경제가 제대로 안 돌아가게 되고 일자리가 사라진다. 좋은 의도로 했다고 생각하겠지만, 지옥으로 가는 문을 활짝 열어놓은 거다. 그게 현실로 나타나고 있는데도 저 사람들은 그걸 '신념'으로 생각하고 잘못을 인정하지 않는다."라고 주장하고 있다.

이어 그는 "경제는 경험의 과학이다. 해보고 안 된다고 하면 당연히 변경을 해야 한다. 그러기 위해서는 선입견 없는 균형있는 사고(思考)를 가져야 한다. 그러지 않고 목표를 정해놓고 거기에 매여 안 되면 '남 탓' '다른 이유'를 생각하기 시작하면 답이 안 나온다. '성장이냐 분배냐'고 얘기하는 사람은 경제의 기본을 모르는 사람이다. 대한민국의 대표적 사회주의 성향의 경제학자 중에도 그런 얘기를 하는 사람이 있다. '성장이냐 분배냐'를 묻는 것은 난센스다. 경제는 성장과 분배가 같이 가는 것이다. 그것을 시장적 방식으로 하느냐, 국가가 개입해서 국가의 의지대로 하느냐의 문제다. 세금을 더 많이 거둔다든지 누진율을 높인다든지 하는 식으로 수정자본주의식 요소를 도입하는 것은 정도의 차이는 있지만 근로의욕을 깨뜨릴 정도가 되면 안 된다. (중략) 세금이 너무 높으면 일을 안 하든지, 탈세하든지, 세금이 적은 곳으로 도망을 가든지 할 것이다. '국가가 세금을 거둬서 쓰는 것이 효율적이냐, 민간에 놔두고 쓰게 하는 것이 낫느냐'고 물으면, 나는 후자(後者)가 낫다고 생각한다."라고 밝혔다.

최근 《보수의 영혼》이란 책을 펴낸 전성철(全聖喆) 글로벌스탠다드 연구원 회장(전 청와대 정책기획비서관, 법학박사)은 너무 많은 국민이 현재 진보 정권의 만용과 무능에 절망하는 모습을 보면서 '자유'와 '시장'을 널리 알리기 위해 적극적으로 칼럼을 기고하고 있고 (그동안 각종 언론을 통해 200편이 넘는 정치·경제 등의 칼럼을 기고하였음), 또한 '자유'를 주제로 강연에 나서고 있다.

전성철 박사는 인류를 구원한 것은 '자유'라고 강조하면서, "배고픔을 해결한 것은 산업혁명이다. 산업혁명으로 인류의 생산성이 높아지면서 배고픔이 줄었다. 산업혁명이 시작된 곳은 영국이다. 좁은 땅덩어리에 자원과 기술이 없는 영국이 천지를 개벽시킨 것은 '자유' 덕분이었다. 다른 나라보다 먼저 시민에게 본격적인 '자유'가 주어졌기에 가능했다. 소작농이 주인을 위해 일할 때는 최선을 다해 일하지 않지만, 생산한 것을 대부분 그들이 가져갈 수 있는 '자유'가 주어질 때는 어느 때보다 열심히 일을 하게 된다.

세계 경제에서 차지하는 비중이 20%대였던 중국이 제2차 세계대전 시 2%대로 추락한 것은 마오쩌둥(모택동)의 공산당 정권이 국민의 '자유'를 빼앗아 버렸기 때문이다. '자유'는 이처럼 중요한 이념이자 가치인 것이다."라고 밝히고 있다.

또한 그는 "많은 정책도 그렇지만 '주(週) 52시간제'는 생산성을 극대화하려는 기업의 자유를 제한하는 정책인 것이다. 기업이 필요에 따라 남들보다 더 일을 하고, 효율을 극대화하려는 선택을 원천적으로 봉쇄한 것이다. 특목고(高) 폐지도 마찬가지다. 학생들이 공부를 열심히 해서 더 좋은 학교에 진학하려는 '자유의지'를 갖지 못하게 하고, '선택' 또한 못 하게 한 정책이다. 부동산 정책도 마찬가지다. 문재인 정부는 전형적인 진보 정권으로 '평등 지상주의'면서 모든 것을 '명령의 원리'로 처리하려는 정부이다.

그들은 국민의 '자유와 선택의 기회'를 빼앗고 있다. (중략) '보수'가 나쁘다고 생각하는 것은 가장 큰 오해이다. '보수'는 '자유'의 위대함을 알기 때문에 어떤 대가를 치르고서라도 '자유의 가치'를 보존하려고 한다. '보수'는 옛 것을 지킨다는 의미가 강하다 보니 '보수＝꼰대'로 인식되고 '수구(守舊)'로 오해받으면서 젊은이들, 개혁주의자들에게서 외면받은 거다. 하지만 '보수'는 사실 '진보'보다 훨씬 개혁적일 수 있다. 근본적으로 건전한 사람에게 '자유'를 주면 '개혁'이 일어날 가능성이 높다는 것을 수많은 역사적 사실이 증명하고 있다.

200년 가까이 세계 최강국이었던 영국이 1976년 IMF 구제금융을 신청하는 치욕을 겪었다. 1978~1979년 자동차 노조, 운수 노조, 병원 노조 등이 연대해 장기 파업을 일으키면서 런던 거리가 쓰레기로 뒤덮이고, 노조에 의해 경제는 파탄이 났다. 그때 등장한 마거릿 대처 총리는 1980년부터 4년 동안 노동 관계법을 개정해 노사관계에 '자유와 선택의 원리'가 작동하게 만들었다. 대처 총리의 모든 정책은 한마디로 경제에 '자유'를 주는 것이었다. 그 결과 11%가넘던 실업률이 5년 만에 절반으로 줄고, 13%에 달했던 물가상승률이 3분의 1로 내려갔다. GDP 성장률이 5배 뛰면서 당연히 IMF도 졸업했다. 이 거대한 실험의 성공은 전(全) 세계에 '자유와 선택의 힘'을 알렸다. '자유'를 주니 '개혁'이 일어난 것이다.

　또한 미국의 레이건 대통령도 경제개혁을 잇따라 설명하며 '자유가 얼마나 개혁적일 수 있는지'를 말했다. 레이건 대통령은 1981년에 케네디 대통령 이래 존슨 대통령, 카터 대통령 등 '진보'가 집권하던 국가를 물려받았다. 레이건은 방만한 '거대 정부'가 경제를 무너뜨리고 있다고 지적하며 '작은 정부'를 실현하자는 뜻으로 '당신 어깨를 짓누르고 있는 정부를 떨쳐버려라(Get the government off your shoulder)'는 선거구호로 당선된 그는 취임 직후 이 '보수' 이념을 실천했다. 여러 시장에서 실시되던 가격과 경쟁 통제 기능 등 정부의 관리·감독 기능을 과감하게 없앤 것이다. 모든 부문에 자유로운 경쟁 체제를 도입하면서 레이건 대통령의 8년 재임 기간 동안 7%대이던 실업률은 4.2%로, 10%가 넘던 인플레이션은 4%대로 내려갔다."라고 밝히고 있다.

필자 또한 보수주의 작가로서 보수 혁신정책을 강력하게 추진해 미국에게 장기간 경제 번영과 정치 안정을 안겨준 '보수혁명가' 레이건 대통령의 위대함을 알기 쉽고, 흥미진진하고, 체계적으로 정리한 책이 없는 것을 몹시 안타까워하다가 10여 년 고민 끝에 《위대한 대통령 로널드 레이건 평전》(2016년)이란 인물평전을 발간한 적이 있다. 책 내용 중에 다음과 같은 내용이 떠오른다.

민주당의 카터 대통령에 도전한 공화당의 대통령 후보 레이건은 카터의 경제정책에 대해 공격의 포문을 열었다. 레이건은 언성을 높이며 "카터 정부는 우리 미국인이 더 이상 꿈을 꾸지 못하도록 미국경제를 피폐화시켰습니다. 그가 우리에게 한 약속은 깨졌으며, 신뢰 또한 무너져 우리 모두 절망 속에 빠져 있습니다. 카터 정부 이래 800만 명의 실업자가 늘었고, 흑인들의 실업률은 더욱 높아져 무려 14%에 이르고 있습니다. 1980년 1분기에만 18%에 달하는 인플레이션이 발생했습니다. 또한 카터 정부는 4년 연속 적자 예산을 기록하고 있습니다. 게다가 대출 이자는 남북전쟁 이후 가장 높은 20퍼센트까지 올랐습니다."라고 구체적인 경제지표를 제시하며 주장하고 나섰다.

69세의 공화당 대통령 후보 레이건은 마치 '보수혁명가'처럼 사명감과 열정을 지니고 진보주의자 카터를 거세게 공격했다. 그는 노사관계에서 중요한 것은 모두를 위하여 먼저 경제 파이를 키우는 것에 우선순위를 두어야 한다고 주장했다. 즉 충분히 생산한 다음 분배에 나서야 한다는 것이었다. 생산적인 경제를 위하여 생산에 우선순위를 두고 세금 부담도 줄여야 한다고 레이건은 강조했다. 즉 레이건은 분배보다는 생산을 더욱 중시한 경제정책을 추구했던 것이다. 따라서 '감세'는 생산력을 키우기 위해 꼭 필요하다는 것이 레이건의 확고한 주장이었다.

레이건은 카터 정부가 경제불황 속으로 빠져든 것은 거대 정부 (큰 정부)의 지출 증가 때문이라고 공격했다. 레이건은 "지난 4년 동안 카터는 정부지출을 60%까지 증가시켰습니다. 이러한 과도한 지출이 인플레이션을 유발시킨 것입니다. 세금을 적게 걷어서 그런 것은 아닙니다. 우리가 너무 잘살기 때문에 인플레이션에 부딪치는 것이 아닙니다. 정부가 너무 잘살기 때문에 계속 인플레이션 속에서 살고 있는 것입니다."라고 주장하며 장기적으로 인플레이션으로 달러 가치가 하락하는 등의 경제불황을 맹렬하게 질타했다.

그리고 구체적으로 자신의 경제정책을 발표하며, 정책만 좋으면 미국의 경제는 다시 살아날 수 있다고 주장했다. 레이건은 경제를 성공시키기 위하여 '작은 정부'를 운영해 정부지출을 줄이고, 개인 소득세를 감세하며, 불필요한 정부의 규제를 폐지하여 경제활동을 촉진시키고, 안정되고 건전하며 예측 가능한 금융정책을 실시하고, 해외 수출을 증진하고, 산업을 부흥시키고, 경제성장과 삶의 수준을 높일 수 있는 에너지 정책을 채택하고, 변함없고 지속적인 국가 경제정책을 수행하여 신뢰감을 회복한다는 8개의 정책을 구체적으로 제시한 것이다.

그 중에서도 그는 경제정책을 성공시키기 위한 가장 중요한 조건으로 내세운 것은 바로 정부지출의 통제였다. 레이건은 예산은 절감해도 약자에 대한 사회보장비는 축소하지 않겠다고 천명했다. 카터의 공격을 대비하기 위한 방책이었다.

그 다음으로 레이건은 정부지출 통제와 감세를 통하여 3년 내에 균형예산을 달성하겠다고 했다. 이처럼 레이건의 경제정책은 구체적이고 실현 가능성이 충분히 있어서 계속되는 경기침체로 절망감에 빠져 있는 미국민들에게 새로운 희망을 줄 만한 것이었다. 도전자인 레이건은 카터처럼 수많은 현란한 정책들을 내세우지 않고 단 몇 가지 정책만을 집중적이고 반복적으로 주장했다.

결국 레이건 대통령은 두 번에 걸친 임기 8년 동안 '보수적인 경제개혁정책'을 성공적으로 추진하여, 절망에 빠져 있던 미국민들에게 장기간 경제 안정을 안겨주었다. 또한 경제 회복으로 미국민들에게 자신감을 회복시켜 주었다. 그리고 두 번의 임기 동안 1천 9백만 개의 일자리를 만들어냈다. 그리하여 미국은 다시 강대해져 세계에서 존경받게 되었다.

이에 비해 현재 문재인 대통령은 임기가 4년이 지났는데도 진보 대통령인 지미 카터 대통령처럼 '분배'와 '복지'에 치중한 방만한 경제정책으로 과도한 예산을 투입하고 있으나 경제불황은 끝없이 이어지고, 일자리는 큰 폭으로 감소해 국민들을 절망에 빠뜨리고 있다.

이러한 문재인 대통령의 경제정책에 대해 전성철 회장의 여러 지적은 참으로 시사하는 바가 크다고 하겠다. 전성철 회장은 2003년에 국내 최초로 CEO(최고경영자) 교육기관인 'IGM세계경영연구원'을 만들어 15년 동안 1만 명 이상의 CEO와 임원에게 다양한 강의를 해왔다. 그때 CEO들로부터 가장 긍정적인 호응을 얻은 강의 주제가 '자유와 보수'였다고 한다.

그는 또한 "진보 지도자 중에도 '자유와 선택의 원리'를 실행해 성공한 이가 많습니다. 저는 '깨어 있는 진보'라고 말을 합니다.

영국의 토니 블레어 총리는 진보 정당인 노동당 정권의 수반임에도 대처 총리의 정책들을 그대로 계승해 영국경제를 한 단계 강건하게 만드는 데 성공했습니다. 블레어 총리가 재임할 때 영국경제는 연속 3% 성장을 거듭했고, 완전 고용에 가까운 상태였습니다. 많은 사람이 블레어 총리가 보수당인 줄 착각할 정도였는데, 그는 '공평과 평등'의 목표는 지키면서 '자유와 선택'이 새롭게 개발돼야 한다고 믿었습니다. 일부 진보 정치인이 친(親)노동정책을 펼치지 않는다며 '배신자'라고 했지만, 그의 신념은 영국을 부강하게 만들었습니다.

독일의 게르하르트 슈뢰더 총리 또한 진보 리더였지만 복지·노동·교육·산업에 '자유와 선택'을 확대하는 '어젠다 2010'을 실현해 개혁을 이뤘습니다."라고 주장했다.

그런데 "문재인 정부는 자신들이 무조건 잘하는 줄 알고 자유를 제한하고, 우리가 물려받은 좋은 경제의 틀마저 망가뜨리고 있습니다. '아둔한 진보'입니다. '깨어 있는 진보'에 대비되는 사람들이 '아둔한 진보'입니다. 이들의 동기 자체는 좋습니다. 가난하고 불쌍한 사람들을 돕겠다는 것은 누가 봐도 좋은 겁니다. 그런데 '아둔한 진보'는 근본적으로 인간의 본성과 세상이 돌아가는 이치를 제대로 이해하지 못합니다. 무조건 퍼주면 되는 줄 알고 있는 겁니다. 이들은 가난한 사람들을 돕는다는 자기만족에 도취해 있는 경우도 많습니다. 그 도취 때문에 진보는 과감하고 용감합니다. 또 이들은 이런 '좋은 의도'를 돕지 않는 '보수'를 원망합니다. 얼핏 보면 '보수'는 가난한 사람들에 대해 무관심한 냉혈한 같아 보입니다. 사실 '보수'는 냉혈이 아니라 좀 더 넓고 길게 보고 있을 뿐인데 말입니다.

게다가 문재인 정부는 보수, 진보를 떠나 치명적인 실수를 하고 있습니다. 국민들이 단순히 이 정부가 '진보'라서 분노하는 것이 아닙니다. '정의'를 너무나 뻔뻔하게 위배하기 때문에 분노하는 것입니다. 진보 정부이던 김대중(DJ). 노무현 정부도 이처럼 내로남불(내가 하면 로맨스, 남이 하면 불륜)은 아니었습니다. 사실 김대중(DJ)은 대통령 당선이 결정된 후 '대한민국에 민주주의와 시장경제가 창달되도록 최선을 다하겠다'고 했습니다. '시장경제'는 한마디로 '자유와 선택의 원리'가 작동되는 경제인 것입니다.

문재인 정부가 출범할 때 '진보의 정책을 많이 실행하겠구나' 정도로 생각했지 이 정도로 엉망일 줄은 몰랐습니다. 정말 문제는 그들이 정의롭지 못한 것입니다. '정의'는 '보수'와 '진보'보다 위에 있는 이념인데, 이 정부는 '정의'를 실현하는 데 실패했습니다. 최우선의 가치를 위배한 것입니다."라고 강조했다.

그는 또한 "우리가 이렇게 잘살게 된 것은 '시장' 덕분"이라고 하면서 "인류 역사상 인간이 이토록 자부심을 갖고 산 적이 없습니다. 그것은 단순히 풍요로움 때문이 아닙니다. 그것은 '선택'이 주는 선물이고, 이 '선택'은 '자유'라는 위대한 가치의 산물입니다. '자유'가 '풍요'를 가져다주고, 그 '풍요'는 다양한 '선택'을 주고, 그 '선택'은 또한 자부심이라는 선물을 주는 겁니다.

한국과 북한의 차이 역시 여기에서 비롯됩니다. 북한에는 자유, 선택, 자부심 무엇 하나 없습니다. '보수'는 이 '자유'를 가장 소중하게 생각하는 사람들입니다. 만일 마당에 물이 넘쳐흐른다고 봅시다. '진보'는 판때기로 물을 밀어내려고 합니다. 그것은 저항이 강합니다. 하지만 '보수'는 그 마당 밑의 땅을 내리막으로 깎아 물이 저절로 흘러내리도록 합니다. 그게 '보수'의 철학입니다."라고 밝혔다.

전성철 박사는 특히 경제 분야에서는 '진보'가 '보수'를 따라야 한다면서, "보수는 정부가 아니라 시장이 뛰게 해야 한다고 하고, 진보는 정부가 뛰게 해야 한다고 합니다. 불평등을 고치기 위해 필요하다는 것이지요. 보수는 경쟁이 많을수록 생산성이 오른다고 하고, 진보는 경쟁이 너무 많으면 약자(弱者)에게 불리하고 평등이 훼손된다고 하죠. 이런 차이들이 경제 주체, 노조 영향력, 규제에 대한 상반된 의견을 내게 하는 겁니다. 하지만 20세기 후반부터 50,60년간 각국에서 실행된 실험들을 보면 경제만은 진보가 보수의 철학을 따라야 한다는 것이 입증되었습니다. (중략) 우리가 이렇게 잘살게 된 것은 '시장' 덕분입니다. '시장'을 두고 약육강식(弱肉强食)이 이루어지는 잔인한 곳이라고 말하는 것은 '시장'의 작은 단면만 보는 것입니다. '시장'이란 한마디로 남을 해치지 않는 한 사람들로 하여금 자신의 욕심을 마음껏 채울 수 있게 해주는 곳입니다. 그곳에는 '명령'이 없습니다. (중략) '보수'의 핵심은 '명령의 원리'보다 '자유와 선택의 원리'가 진정으로 국민을 행복하게 해주는 것이라는 점을 명확히 하는 겁니다. 또 국민 전체를 위해 부분보다 전체의 이익을 볼 줄 알아야 합니다. 보수주의자들은 이런 이념을 확고히 갖고 있는 사람들이며, 따라서 자신이 '보수'라는 데 자부심을 가져야 합니다. 달리 말하면 '보수'의 영혼이 굳건해야 합니다."라고 결론을 내렸다.

그러나 문재인 대통령과 문 정권의 경제 주도 세력은 여러 경제학자들과 경제관료들의 지적대로 진보적인 경제정책을 수행하고 있고, 더 나아가 강력한 문 정권의 '명령'으로 자유롭고 경쟁적인 시장경제의 숨통을 죄어 전반적으로 좋았던 우리 경제를 위기로 몰아넣고 있다. 이런 문재인 정부의 강력한 '명령'으로 운영되는 우리 경제는 그야말로 '자유'와 '선택'을 기본 원리로 하고 있는 시장경제를 무시해, 4년 내내 부동산정책과 각종 경제정책의 실패를 불러왔다.

이에 비해 경제 분야에서 '공정한 경쟁'과 '자유로운 시장경제'의 가치를 소중히 여기는 윤석열 전 검찰총장은 보수주의 경제 철학을 강력히 주장하고 있는 보수혁신가로 판단돼, 사회주의 경제로 나아가고 있는 문재인 대통령과는 대척점에 서 있어서 근본적으로 '대립'하고 있는 형국이다.

윤석열과는 정반대의 대북정책을 펴는 문재인

또한 대통령 문재인과 검찰총장 윤석열은 안보 및 대북 문제에서도 확연히 '대립'하고 있다. 서로 이 문제를 어떻게 인식하고 해결해 나가느냐에 따라 앞으로 자유 대한민국은 적화통일이 되어 소멸될 것인가, 아니면 자유민주주의 국가로 번영할 것인가를 결정짓는 중차대한 일로서 현 안보·대북 상황을 분석하고 선진적 자유민주주의 국가의 길로 나아갈 수 있도록 잘못된 정책을 과감하게 혁신해 나가야 할 것이다.

장차 한·미·일 동맹이 해체되어 자유 대한민국이 러시아·중국·북한의 3대 핵 보유국이 주도하는 유라시아 대륙권에 편입되어 자유와 번영을 잃을까 봐 노심초사하는 조갑제(趙甲濟) '조갑제닷컴' 대표는 다음과 같이 지적했다.

"2017년 5월 이후 문재인 정권은 자유민주주의를 부정, 국가 정체성을 변조하고 국가 진로를 '친중(親中)·통북(通北)·반일(反日)·탈미(脫美)로 변경했다. 이는 지난 70여 년 대한민국이 해양문화권의 일원으로 달려온 문명 발전의 길에서 이탈해, 폭압과 빈곤의 대륙권으로 회귀하는 방향이었다.

문재인 세력이 관료집단을 종속화시키고 헌법을 무력화시키면서 국가 정체성과 국가 진로를 동시에 뒤바꾸도록 한 동력은 집권 극좌운동권 출신들의 심장에 새겨진 계급투쟁론이었다. 민족주의와 자유민주주의가 결합되면 애국심이 되지만, 민족주의와 계급독재주의가 결합되면 종족주의나 인종주의로 전락한다. 문재인 정

권의 외교·안보 노선은 민족주의로 포장된 '반일·반미 종족주의'
인 것이다.

2020년 4월 총선에서 더불어민주당을 단독 180석으로 밀어주
어 문 정권은 한미동맹이란 최소한의 잠금장치를 풀어 젖히고 '우
리 민족끼리'의 종족주의를 지도이념으로 삼고 질주하게 만들 가능
성이 높다. 한·미·일 동맹은 형해화될 것이고, 종북친중(從北親中)
노선은 노골화될 것이다. 이 노선은 필연적으로 북한을 핵보유국
으로 인정하고 경제 지원을 하는 방향으로 기울 수밖에 없다.

그렇게 되면 미국·유엔·유럽의 문명권과 충돌하게 된다. 특히
조 바이든이 미국 대통령이 되면 김정은, 문재인 정권과 갈등이 깊
어질 것이다. 주사파(김일성주의자) 운동권 출신이 움직이는 문재인
정권은 주한미군 철수를 직접 요구하지 않더라도 외곽 세력을 동
원한 여러 가지 반미적(反美的) 행태로 미국이 지쳐서 스스로 군대
를 빼는 방향으로 공작할 것이다.

미국은 한국정권이 중국 편에 서려 한다는 판단을 하면 세계
전략 차원에서 강경한 대응을 하게 될 것이고, 이는 한국경제를 약
화시킬 것이다. 그리고 결국 한·미·일 동맹이 해체되어 중국·북한
의 사회주의 체제에 편입될 위험에 처해 '자유'를 잃게 될 것이다."

지금 이 순간도 문재인 정권은 자유우방 미국보다는 공산주의
독재국가인 중국과 북한에 지나치게 우호적이어서 자유민주주의
국가인 대한민국의 체제를 위태롭게 하고 있다. 최근 문재인 대통
령이 "필요하면 한미 연합훈련에 대해 북한과 협의할 수도 있다."
라고 뜻을 밝힌 것이 그런 경우이다. 게다가 '군 안보 구멍'이 반복

되는데 김남국, 안민석, 윤미향, 최강욱 의원 등 범여권 인사 35명이 "김정은 국무위원장까지 직접 나서서 반발하고", "북한이 강경하게 대응할 것이 우려되어"라는 이유로 '한미연합 군사훈련 연기 촉구 성명서'를 낸 것이 그런 사실을 뒷받침해 주고 있다. 이런 행위는 자유우방 미국이 우리 대한민국에게 등을 돌리게 할 수 있는 위험한 행위이다.

또한 2019년에 자유민주주의와 법치주의 국가인 대한민국에서 법을 무시하고 정치적 결정만으로 탈북민(북 어민 등)의 강제북송을 현 정의용 장관이 주도했던 일도 위험한 친북적 행위이다. 따라서 문재인 대통령과 정의용 장관 그리고 35명의 범여권 인사들의 행태는 자유민주주의 국가인 대한민국의 근간을 위태롭게 하는 행위라고 할 수 있다.

여기에 더해 조갑제 대표는 "문재인 정권은 대한민국의 생일(1948년 8월 15일)을 지웠으며 대한민국의 정통성과 정체성(正體性)을 부정하는 정권이며, 스스로를 '남쪽 대통령'으로 격하하면서 반국가단체 수괴인 김정은을 '국무위원장' '민족의 지도자'로 칭송한 정권이다. 문제인 대통령은 김일성주의자 신영복을 사상가로 존경하고 있고, 6·25전쟁 때 북한 정권의 수뇌부에 있었던 전범(戰犯) 김원봉을 국군의 뿌리인 것처럼 존경하고 있으며, 골수 레닌주의자 조국(曹國)을 헌정질서의 수문장(守門將)인 법무부 장관으로 임명했다. 문재인 대통령은 연설에서 헌법의 최고가치인 '자유' 및 '자유민주적 기본질서'를 절대로 쓰지 않고 있다. 또한 문재인 대통령은 중국의 시진핑에게 사드 추가 배치, 한·미·일 군사동맹 강화, 미국 주도 미사일 방어망 가입을 하지 않겠다고 약속하여 국민의 생명·재산·자유를 위태롭게 만든 사람이다. 문재인 대통령은 김정은이가 준 풍산개 새끼들은 자식처럼 돌보면서 탈북자는 강제북송을 시켜서, 유엔으로부터 국제법 위반을 했다고 비판받은 자칭 인권변호사 출신 인물이다."라는 주장을 펴고 있다.

이러한 문재인 대통령의 안이하고 낙관적인 안보·대북 상황인식에 비하여, 젊은 독재자 김정은은 북한 주민들에게 호전적인 '전쟁광(戰爭狂)'으로 평가되고 있고 그는 시시각각 무력을 증강해 대한민국을 적화통일 하려고 호시탐탐 노리고 있다. 공산주의자들에게 안이하게 대처하다가 순식간에 적화통일 된 베트남의 교훈을 절대 잊어서는 안 된다. 그러기 위해서는 공산주의 독재자 김정은의 성향이나 행동 등을 철저히 분석하고, 또한 북한의 군사력을 자세히 파악해 그의 적화통일 야욕을 강력하게 분쇄해야 한다.

최근 고위 탈북자가 2015년 북한 김정은이 '준전시(準戰時) 상태'를 선언하고 전면전(全面戰)을 계획했다는 주요 정보를 문재인 정부에게 제공하고 '보로금(報勞金)' 1억 3천만여 원을 받았다는 주장이 나왔다. '보로금'이란 국가안전보장과 관련한 정보를 수사·정보기관에 알리거나 북한 무기나 장비 등을 가져오는 고위 탈북자에게 통일부가 지급하는 비용이다. 이 고위 탈북자가 역대 두 번째로 많은 액수를 받았다는 구체적인 사실이 흘러나오는 점으로 보아 이 탈북자의 정보는 사실이거나, 팩트(fact)에 가깝다고 보아야 한다.

북한 독재자 김정은이 2015년 만반의 전쟁준비를 하고 전투

태세를 검열하는 과정에서 전혀 준비가 안 된 기계화 부대 실체에 실망하고 꼬리를 내렸다는 정보였다. 자유 대한민국을 적화통일 하는 것을 목표로 삼은 김정은은 틈틈이 기회를 엿보면서 2014년 말 2015년을 '통일대전 완성의 해'로 선포하고 '전면전' 준비를 했다. 당시 국회 국방위원회 국정감사 업무보고서를 보면, 북한군은 2015년 하계훈련을 예년 대비 2배로 늘렸다.

2014년 북한 무인기 침투, 2015년 8월 4일 비무장지대(DMZ) 내 목함지뢰 도발과 8월 20일 서부전선 기습포격 도발 등도 목표 달성의 일환이었던 것으로 보인다. 특히 목함지뢰 도발의 경우 북한은 군사분계선 남쪽 우리 측 지역을 440미터나 넘어 들어와 지뢰를 묻어놓았다. 이 도발로 우리 군의 21세, 23세 두 청년이 각각 두 다리와 한쪽 다리를 잃었다. 5년 전 북한이 심야에 잠수정을 서해 북방한계선 남쪽으로 몰래 내려 보내 바다 밑에서 천안함을 폭침 (爆沈)한 수법을, 이번엔 땅 밑에서 똑같이 써먹은 것이다.

합동참모본부는 "현장에서 수거한 철제 용수철 등 잔해물 43점이 북한제 목함지뢰 부품과 일치했다"며 "사고 지역은 남쪽이 높고 북쪽이 낮아 북측 지역 지뢰가 빗물 등에 휩쓸려 우리 쪽으로 흘러올 가능성은 없다"고 밝혔다. 미국·뉴질랜드·콜롬비아 등 유엔군사령부도 공동조사를 벌여 같은 결론을 내렸다.

당시 김정은을 참수(斬首)하는 것과 국가정보원을 통해 북한의 반(反)체제 세력을 지원해 내부 붕괴를 유도하는 방안을 동시에 추진하고 있던 박근혜 대통령과 김관진 국가안보실장은 가만있지 않았다. 11년 만에 대북 확성기 방송을 재개하는 것으로 대응했다.

그러자 북한 독재자 김정은은 "전면전을 불사하겠다"고 위협하며, '준전시 상태'를 선언하고 전군에 무장 명령을 내리는 등 군사적 긴장을 고조시켰다.

김정은은 최전방 DMZ 인근의 대북 확성기 방송을 끔찍이도 싫어했다. 확성기로 인해 북한군이 독재자 김정은의 폭정(暴政)과 은밀한 가족 관계, 인권 탄압 등을 깨닫는 경우가 많아서다. 북한은 외부 정보에 노출되면 버틸 수 없는 가짜 체제, 연극 체제다. 북한 독재자 김정은은 미군 폭격기보다 대북 확성기 방송의 진실이 더 무서울 수밖에 없다.

김정은의 '준전시 상태' 선포로 북한 주민들은 피란길에 오르는 등 소동이 벌어졌다. 고위급 탈북자는 "당시 김정은이 '준전시 상태'를 선포한 후 북한 접경 지역에서 상당한 혼란이 있었다"며 "평양-나진행 열차가 도착하자 황해남도와 황해북도, 강원도 지역에서 피난온 어린 학생과 노인들이 열차방통(열차 차칸)이 미어질 정도로 쏟아졌다. 사실상 전시 상태를 선포한 것과 다름없었기 때문"이라고 했다.

실제로 김정은은 당시 남침(南侵)을 염두에 두고 군을 점검했다. 그런데 이때 일이 터졌다. 김정은이 방문한 기계화 부대 내 탱크 절반이 고장난 상태였고, 그나마 절반뿐인 탱크도 제대로 운전할 수 있는 병사가 없었다. "탱크 절반을 가동할 수 없다는 점에 절망한 김정은이 병사들에게 탱크 운전을 시켰는데, 한 명도 제대로 조작하지 못했습니다. 김정은은 큰 충격에 빠졌습니다." 북한 최정예 전차부대인 '105탱크 사단' 장교 출신 탈북자의 증언이다. "북한

군 탱크병들이 탱크를 가지고 훈련하는 것은 한 해 10시간도 채 안될 것입니다. 이마저도 탱크 정비가 끝나고 나서 문제가 없는지 잠깐 발동(시동) 걸어보는 시간까지 포함된 것이지요. 순수하게 발동을 걸고 움직이는 시간만 계산한다면 3시간 정도밖에 안 됩니다. 군 복무 10~12년 동안 기동훈련에 한 번도 참가하지 못하는 운전사가 수두룩합니다. 탱크 운전은 운전병만 하는데, 자신이 운전병일 때 기동훈련이 없어 못하다가, 계급이 올라 부분대장이 되는 경우가 발생하기 때문입니다." 그는 다시 말을 이었다. "저도 북한군 탱크 부대에서 15년을 복무했는데, 탱크를 몰고 기동훈련을 한 것은 세 번뿐이었습니다. 운전 경험이 너무 없다 보니까 간혹 있는 훈련 때 사고가 자주 발생합니다. 예를 들면 다리를 건너다가 전복된다든지, 길을 가다가 차와 충돌한다든지 하는 것이지요. 북한에서 탱크병들에게 가르치는 것은 대부분 북한 탱크가 강하다는 것입니다. 예를 들어 북한 탱크의 철갑은 웬만한 포탄으로는 뚫을 수 없으며 그렇기에 탱크병들은 잘 죽지 않는다는 식이지요."

또 다른 군 출신 탈북자는 "군 간부들은 탱크 배터리를 TV 보고 조명 켜는 데 사용한다"고 폭로했다. "배터리의 경우 탱크 1대에 4개가 들어가는데, 각각의 배터리는 12V(볼트)에 180A(암페어)입니다. 기본적으로 북한에는 전기가 들어오는 날이 거의 없기 때문에, 일반 가정에서 탱크 배터리를 이용해 부족한 전기문제를 해결하고 있습니다. 부대 주변의 농장마을 반장급 이상 되는 사람들 집에 가보면 탱크 배터리 없는 집이 없습니다." 그는 "북한군 장교들은 코앞에 닥친 고민이 먹고 사는 문제인 만큼 군사력, 작전, 전술에 관한 고민보다 먹고 살려는 고민이 더 앞선다"며 "어디에 가면 (군용품을) 더 많이 빼앗아 올 수 있을지를 궁리한다"고 주장했다.

김정은은 할아버지 김일성, 아버지 김정일과 마찬가지로 탱크 부대에 애착이 강했다. 6·25 당시 서울에 가장 먼저 입성한 북한군 부대는 105탱크여단 소속으로, 북한군 3사단과 4사단에 각각 배속 됐던 107탱크연대와 109탱크연대였다. 김일성은 서울을 점령한 공로를 인정해 1950년 7월 5일 105탱크여단에 '서울' 칭호를 수여했다. 2001년 5월 23일에는 북한군 최고사령관 김정일의 명령으로, 서울 점령 당시 여단장이던 류경수(1915~1958)의 공적을 기려 부대 이름에 그의 이름을 넣었다. 그래서 그 뒤로 이 부대는 '근위 서울 류경수 제105탱크사단'으로 불리고 있다.

북한군의 실체에 큰 충격을 받은 김정은은 고위층만 모인 회의에서 "지금 당장은 전면전이 어려우니 시간을 끌자"고 했다. 이에 당시 몇몇 간부들은 "장군님, 우리의 군사력이 훨씬 강한데 확 밀어 버립시다!"라고 주장했다고 한다. 그러나 김정은은 다음과 같이 말했다고 한다. "나도 굉장히 자존심이 상한다. 하지만 군을 정비하려면 시간이 필요하니, 이 상황을 우리가 통 크게 양보하는 것처럼 보이게 해서 해결하라!"

실제 이런 이유 때문에, 2015년 북한이 지뢰·포격 도발을 한 후에 우리 군이 이에 대응하여 북 지역으로 155밀리 자주포 29발을 동시 발포하고 대북 확성기 방송을 재개하자, 그들이 통 크게 양보 한다고 하면서 먼저 협상을 제안하고 나왔던 것이다.

2015년 8월 22일 북한은 조선인민군 서열 1위인 황병서 총정치국장을 협상 대표로 내보냈다. 그렇게 하여 북한의 비무장지대 목함지뢰 도발과 서부전선 포격 도발로 초래된 한반도 군사적 긴장 상황을 해결하기 위한 남북 고위급 당국자 접촉이 시작됐다. 아무리 김정은이 통 크게 양보하는 것처럼 보이게 하라고 했어도 절대 받아들이지 못하는 것이 있었다. 지뢰 도발에 유감을 표명하는 것이었다.

북한은 항상 그런 것처럼 도발 자체를 시종 부인하는 상황이었다. 반면 우리는 다른 건 포기하더라도 유감 표명만은 받아내야 했다. 김관진 청와대 국가안보실장은 천안함 폭침과 연평도 포격 도발 등 과거 북한이 저지른 도발을 언급했다. 김관진 국가안보실장은 "북측은 도발하고 어물쩍 넘어가는 악순환을 거듭해 왔다. 남측이 먼저 무력 도발을 한 적이 있느냐?"고 따졌다.

이에 북측의 황병서 총정치국장은 "직접 본 것도 아니고 잘 모르는 일"이라며 오리발을 내밀었다. 김관진 국가안보실장은 직접 사고 현장의 지형과 토질 등을 설명하며 "이것은 누가 봐도 물에 휩쓸려 온 게 아니라 누군가 매설한 것"이라고 했다. 그러면서 "피해자가 1명이든 2명이든 10명이든 수가 중요한 게 아니라, 북측의 도발로 우리 젊은이 2명의 인생이 비틀린 것을 우리 국민이 용납 못한다"며 "북측은 이에 상응할 조치를 분명히 취하라"고 했다.

하지만 북측 대표들은 "남측의 주장일 뿐이다. 와서 본 것도 아니고 잘 모르는 일인데, 자꾸 과거를 들춰내 따지지 말라"며 화제를 바꾸려 했다. 우리 측은 "바로 얼마 전에 일어났는데 어떻게 그것이 과거냐? 지뢰 건이 정리돼야 다음 이야기를 할 수 있다!"고 맞섰다. 결국 북측은 우리 측이 제시한 문안 뒤에 "앞으로 이와 같은 일이 발생하지 않도록 북남 간에 공동 노력한다'는 표현을 넣는 데까지는 합의를 했다. 그러나 박근혜 대통령은 우리 대표단에 '수용 불가' 지침을 내렸다. 지뢰 사고가 남북 공동의 책임처럼 오해될 소지가 있기 때문이었다.

북한은 포격 도발에 대해서도 '오리발'을 내밀었다. 그러자 김 관진 국가안보실장은 "내가 전군(全軍)을 지휘했던 사람"이라고 언성을 높였다. 김 실장은 우리 군 장비(대포병 레이더)의 성능이 얼마나 좋은지, 이 장비에 어떤 궤적이 기록됐는지, 왜 북측의 소행일 수밖에 없는지를 조목조목 설명했다. 박근혜 전 대통령과 김관진 전 실장은 과거 북이 도발하면 겉으로는 강경한 태도를 보이면서도 실효성 있는 대북 응징에는 소극적인 태도를 보이곤 했던, 역대 정부의 군 통수권자, 외교·안보 책임자와는 전혀 달랐다. 두 사람은 일관되게 북에 밀리지 않겠다는 태도를 고수했다.

척추질환을 앓고 있던 황병서는 김관진 실장을 화장실까지 따라와 초조함을 드러냈다. 그리고 그는 김 실장 앞에서 전투복 상의를 벗었다. 허리 쪽에 시커먼 때가 낀 붕대가 감겨 있었다. 황병서가 말했다. "김 선생, 나 좀 살려주시오." 애틋했지만 김 실장이 누군가? 북한이 가장 두려워하는 군인 아닌가? "황 선생, 좋은 날 오면 내 좋은 병원 소개해 드리리다. 그래도 협상은 양보할 수 없소. 북한이 잘못한 거 아니오?"

사실 김 실장은 기자에게 비보도(非報道)를 전제로 사석에서 이 비화(秘話)를 공개했다. 비보도 이유는 황병서가 건재한데 이런 말이 새어 나가면 그가 불이익을 당할 수 있다는 이유에서였다. 즉 황병서가 처형됐으리라 추측돼 이를 공개한 것이다. 북한 군부의 최고위직인 총정치국장을 지내며 승승장구했던 황병서는 2017년 10월부터 진행된 당 조직지도부 주도의 검열로 해임됐다. 이후 그는 김일성 고급당학교에서 사상 교육을 받은 것으로 알려졌다. 그러나 2019년 5~6월경 그는 다시는 나타나지 못할 징계를 받은 것으로 소문이 나돌았다. 즉 처형된 것으로 알려진 것이다. 그러나 최근 어느 북한군 집단 모임에서 강등된 계급으로 참석한 모습이 보도되었다.

2015년 8월 22일부터 25일 새벽까지 4일간 43시간의 마라톤 협상을 진행한 끝에 남북은 극적으로 접점을 찾았다. 협상 결과를 놓고 보면 우리 측이 핵심 요구 사항을 관철한 것으로 평가할 수 있다. 북이 휴전 이후 최초로 자신들의 도발을 사실상 시인하고 유감을 표명했기 때문이다. 북은 그동안 천안함 폭침, 연평도 포격 등 자신들의 도발 행위 자체를 인정하기는커녕 오히려 우리의 '자작극'이라고 몰아왔다. 이런 행태에 비춰 보면 이번 '유감 표명'은 유감 표명의 주체가 북한이라는 것을 명백하게 했다는 점에서 북이 우리 측 요구를 수용한 결과로 볼 수 있다.

이에 김관진 실장은 "당시 회담에서 북한이 지뢰 도발에 대해 사과하고, 재발 방지와 긴장 완화를 위해 노력하겠다고 약속한 것은 매우 의미 있는 일이었다."라고 밝혔다. 북이 휴전 이후 최초로 자신들의 도발을 사실상 시인하고 유감을 표명한 데에는 두 가지 결정적 요인이 작용했다. 하나가 박근혜·김관진의 북에 밀리지 않는 뚝심 있는 태도 고수였고, 또 다른 하나는 북한군의 부실로 인한 김정은의 충격이다.

김정은은 2015년 1월 13일 인민군 항공 및 반항공군 지휘부 시찰을 시작으로 같은 해 12월 24일 제526대 연합부대, 제671대 연합부대의 쌍방 기동훈련 참관까지 총 40곳의 군부대를 찾은 것으로 파악되고 있다. 그런데 김정은이 군부대를 방문한 뒤 충격을 받은 시기는 호기롭게 목함지뢰를 매설한 후부터 남북 고위급 회담 제의를 하기 전으로 추정할 수 있다. 목함지뢰 매설 시기는 2015년 7월 26일부터 8월 1일로 추정된다. 군은 7월 24일부터 26일까지 150밀리 호우가 내렸고, 북한군 GP 병력이 같은 달 25일 교대한 것으로 미뤄 이같이 분석했다. 남북 고위급 당국자 접촉은 8월 22일에 있었으니, 김정은이 7월 말부터 8월 22일 전까지 방문한 군부대를 찾아내면 추정할 수 있다.

이 시기에 김정은은 2군단을 시찰했고, 그 과정에서 믿었던 탱크부대에 절망감을 느낀 것으로 추정되고 있다. 2015년 8월 22일 남북 고위급 당국자 접촉 직후인 8월 말 2군단장이 김상룡에서 방두섭으로 교체된 것이 그 사실을 뒷받침해 주고 있다. 2군단은 최전방에 배치된 4개 군단(서쪽부터 4·2·5·1군단) 중 하나로 중서부 전선을 관할한다. 총병력은 10만 명으로 추정된다. 최전방 경계초소(GOP)를 담당하는 6사단·15사단 등 보병사단 4~5곳 외에 기갑·포병·공병·항공부대 등 7~8개 사단급 전력으로 구성돼 있다.

군 관계자는 "인접 5군단과 함께 중부전선을 담당하는 한편 전시(戰時) 최선봉 부대로서 북한군 주력(기계화 부대)의 교두보 역할을 한다"고 말했다. 김상룡이 2군단장직에서 물러난 것은 북한이 지뢰·포격 도발에 이어 준전시 상태를 선포했을 때 2군단이 화력 배치를 주먹구구식으로 한 것이 문제가 된 것으로 밝혀졌다. 당시 2군단에 검열을 나온 상급부대 요원이 작전에 문제가 있다는 보고를 올린 것으로 전해졌는데, 이로 인해 김정은이 직접 검열을 나왔던 것으로 보인다.

김상룡은 2014년 4월 김정은이 자신의 최측근 인사들로 전방 군단장을 물갈이할 때 등장했다. 김상룡은 그해 정전협정 체결 61주년인 7월 27일 육해공·전략군 결의대회에 토론자로 나와 "가소롭게도 흡수통일과 평양점령을 꿈꾸는 미제와 청와대 얼간 망둥이들에게 진짜 전쟁 맛이 어떤 것인가를 보여줄 수 있는 만반의 준비를 갖추고 남녘 해방의 공격 명령만 기다리고 있다"고 말했다. 또한 2014년 10월 경기도 파주 군사분계선 일대에서 벌어진 총격전도 그가 지휘한 것으로 추정되고 있다.

2020년 1월 7일 문재인 대통령은 신년사에서 "김정은 위원장의 답방 여건이 하루빨리 갖춰질 수 있도록 남북이 노력하자"고 했다. "개성공단과 금강산 관광 재개 노력" "남북 철도·도로 연결" "2032년 올림픽 남북 공동 개최"도 언급했다. "우리 정부 들어 평화가 성큼 다가왔다"는 말까지 했다. 문재인 대통령의 신년사만 들으면 한반도에 드리웠던 북핵 먹구름이 걷히고 남북 평화 시대가 활짝 열린 것처럼 착각할 수 있다.

문재인 대통령은 그의 대표 업적으로 치켜세우는 '한반도 평화 프로세스'를 들이대며, 2018년 4월 27일 판문점에서 열린 남북

정상회담에서 양측이 종전(終戰)을 선언하기로 약속했으나 아직까지 그 약속은 이루어지지 않은 채 감감무소식이다. 김정은이 종전 선언에 매달리는 이유가 있다. 종전 선언이 국제적 인정을 받게 되면, 이는 북한정권 체제 안보에 큰 힘이 된다. 또 북한의 오랜 목표인 한반도에서 미군 철수를 향한 주요한 진전을 이루는 측면이 있다. 또한 종전 선언이 성사되면, 이를 계기로 북한은 국제사회에 대북 제재 완화를 공식적으로 요구할 수 있다.

그렇지만 2019년 북한은 핵탄두를 실을 수 있는 탄도미사일 시험만 13차례나 했다. 게다가 김정은은 폐쇄를 약속한 '미사일 실험장'에서 신형엔진에 불을 붙이더니 '충격적 행동' 운운하며 "비핵화는 영원히 없을 것"이라고 했다. 현재 북한은 25기~60기 정도의 핵탄두가 있는 것으로 추정되고 있다. 이게 동시에 날아오면 100%의 요격은 불가능하다. 또한 요격을 피해 우리 땅에 떨어지는 한 발의 핵탄두가 문제다. 북한은 그래서 "우리는 잃을 게 없다"고 협박하는 것이다. 북한의 독재자 김정은이 그의 선대(先代)보다 경제 발전에 더 많은 관심을 갖고 있다고 할지라도 그가 '정의의 보검'이라고 불러온 핵무기 개발에 여전히 몰두하는 이유다.

따라서 비핵화가 이뤄지지 않는 이상 김정은의 대한민국 적화통일 야욕은 사라졌다고 볼 수 없는데, 문재인 대통령은 이에 대한 아무런 대책도 없이 성급히 평화가 온 것처럼 오판하고 있다.

안보를 무력화시킨 문재인과 이에 반대하는 윤석열

지금 이 순간 남북이 치열한 체제 대결을 펼치고 있는 상황인데, 문재인 대통령은 마치 자유민주주의 통일을 가로막고 연방제 통일을 추구하는 것처럼 국정원을 완전히 무력화시킬 개혁을 추진하고 있어서 국가안보를 위태롭게 하고 있다. 북한의 독재자 김정은이 '남조선 혁명'의 가장 큰 위협 조직으로 두려워하고 있는 국정원의 기능을 문재인 정부는 마침내 무너뜨린 것이다. 즉 국정원의 핵심 기능인 '대공(對共)수사권'을 경찰로 이관하기로 한 것이다.

2020년 11월 30일, 대공수사권 폐지 등의 내용을 담고 있는 '국가정보원법 개정안'이 집권여당인 더불어민주당 주도로 국회 정보위원회(위원장 전해철 의원)를 통과했다. 이때 본회의에서 윤희숙 국민의힘 의원이 최장 시간 발언하며 국정원법 개정안을 반대하는 무제한 토론(필리버스터)을 하며 맞섰으나, 결국 통과되고 말았다.

이제 국정원은 1961년 중앙정보부 창설 이래 가장 큰 변화, 즉 핵심 기능이 사라진 '대외(對外) 정보기관' 정도의 위상만 가지게 되었다. 따라서 이제 북한 간첩들이 도처에 널려 있어도 이들을 제대로 검거하지 못하는 상황이 발생할 수 있고, 또한 유사시에 이들이 어떤 일을 벌일지 아무도 몰라 자유민주주의 체제 안보에 심각한 위험이 초래될 수도 있다.

전 세계 정보기관 중 '국가정보원(국정원)'처럼 정권의 영향을 크게 받는 정보기관은 없을 것이다. 정권이 바뀔 때마다 국정원의 '운용 주체'라 할 수 있는 정권이 '개혁'이라는 미명(美名)하에 국정원의 특수한 지위를 권력 유지를 위해 악용(惡用)했다.

그러나 세계의 다른 정보기관들은 권력교체와는 상관없이 조직과 운용 등을 '개혁'하지 않고 일관성을 지니고 운영해 나갔다. 미국 중앙정보국(CIA, Central Intelligence Agency)은 1947년 창설한 이래 57년간 조직에 큰 변동이 없었다. 2004년 국가안보법을 개정한 '정보개혁 및 테러방지법'(Intelligence Reform and Terrorism Prevention Act of 2004)이 제정됨에 따라 국가정보국(DNI, Director of National Intelligence)이 신설됐다. DNI가 미국 내 정보기관을 총괄·지휘하게 되자 CIA도 DNI의 지휘를 받게 됐다. CIA로서는 57년 만에 겪는 거의 유일한 변화였다.

이러한 변화는 정권과는 무관한 순전히 대외적인 요인 때문이었다. 2001년 9·11테러가 발생하자, 미국 정가(政街)에서는 미국 내 16개 정보기관 간에 신속·정확한 정보 교류가 이뤄지지 않아 참사를 막지 못했다는 책임론이 대두됐다. 그렇지만 DNI가 신설됐다고 해서 CIA 자체 임무에는 큰 변화가 없었다.

영국의 MI6(비밀정보부, Military Intelligence, Section 6)은 외무부 소속의 정보기관이다. 이 정보기관은 냉전 종식에 따라 업무 영역에 변화는 다소 있었지만, 그 기능은 바뀌지 않았다. 이스라엘의 정보기관 모사드도 마찬가지다. 일본의 내각정보조사실은 2001년 그 기능이 오히려 강화됐다. 내각정보조사실장이 내각 정보관으로 승격하고, 정보 체계도 크게 확충됐다. 현재 국내외 정보수집은 물론, 위성정보 분석 등의 업무까지 도맡고 있다. 이처럼 해외 정보기관은 그 위상과 기능에 큰 변동이 없을 뿐만 아니라 오히려 기능이 강화되는 반면, 우리나라 국정원은 위상과 기능이 축소되고 있는 실정이다.

이에 대해 염돈재 전 국정원 차장은 이 중요한 시기에 문재인 정부가 국정원을 완전히 무력화시킨 개혁을 추진한 것을 심각하게 우려하고 있다. 국정원의 기능 중에 가장 핵심 기능인 '대공수사권'을 경찰로 이관하기로 한 것은 사실상 국정원의 기능을 무력화한 것이라고 그는 비판하고 있다. 염돈재 전 차장은 1943년생으로 연세대 정치외교학과를 졸업하고 서울대 행정학 석·박사 학위를 취득한 엘리트로 중앙정보부·국가안전기획부·국가정보원에서 30년간 근무하고 20년간 안보와 정보를 연구하고 교육한 정통 '정보맨'이다. 그는 노태우 정부에서 북방(北方) 정책의 핵심 실무를 맡았으며, 특히 30년 전 독일 통일의 전(全) 과정을 현장에서 지켜보고 학문적으로 연구한 전문가 중의 전문가다.

염돈재 전 국정원 차장은 국정원법 개정안에 대해 다음과 같이 우려를 표명했다. "국정원 직무범위 축소, 대내외적인 통제 강화, 보안 규정의 대폭 완화입니다. 이렇게 되면 국정원이 완전히 무력화(無力化)될 가능성이 높습니다. 개정안에 따르면 대공수사, 그리고 북한과 연계되지 않은 안보침해 행위에 관한 정보수집을 할 수 없고, 국가보안법 7조(찬양·고무죄), 10조(불고지죄)에 관한 정보수집도 금지되고, 국정원 직원의 직무 관련 범죄 수사권도 폐지됩니다."

불고지죄란 국가보안법에서 정한 죄로 제3조(반국가단체의 구성 등), 제4조(목적수행), 제5조(자진지원 금품수수), 제6조(잠입·탈출), 제7조(찬양·고무 등), 제8조(회합·통신 등), 제9조(편의제공)의 죄를 범한 자라는 사실을 알면서 수사기관 또는 정보기관에 알리지 않는 자는 5년 이하의 징역 또는 200만 원 이하의 벌금에 처한다고 규정하여(제10조) 처벌하는 죄를 말한다.

또한 그는 "국가보안법상 찬양·고무죄 수사는 간첩이나 반(反)국가사범 수사에 중요한 단서를 제공하므로 아주 중요합니다. '노무현 국정원'은 간첩 등 주요 안보사범 수사에 집중하고, 인권침해 시비(是非)에서 벗어나기 위해 이 업무를 중단해 경찰만 담당했습니다. 그러나 곧 문제점이 발견돼 '이명박 국정원'은 찬양·고무죄 수사를 재개했습니다. 이번 법 개정으로 반국가 행위나 안보침해 행위에 대한 국정원의 정보수집 범위를 '북한과 연계된' 경우로 한정하면 앞으로는 간첩이나 반국가 행위자에 관한 정보 수집은 착수조차 할 수 없게 됩니다. 그래서 찬양·고무죄와 불고지죄에 관한 정보수집과 수사를 국정원에 계속 맡기는 게 옳습니다."라고 주장했다.

문재인 정부가 개정안 발의 취지를 '권력기관의 권력분산으로 견제·균형을 통해 권력남용을 방지하려는 것'이라고 하는 데 대해서는 "현재 국정원과 경찰에 분산돼 있는 대공수사권을 경찰에 몰아주는 게 무슨 권력분산이고 견제와 균형입니까? 그리되면 국정원은 더 이상 권력기관이 아닙니다. 간첩, 반(反)국가 행위 수사만 하는데 무슨 권력기관이겠습니까? 국정원 대공수사권 폐지는 권력기관 개혁을 명분으로 국가정보원을 무력화시키려는 의도로밖에 보이지 않아요."라고 밝혔다. 이어서 그는 개정안이 문제가 되는 이유에 대해서 "국정원법에 다소 포괄적으로 규정돼 있던 국내 보안정보 수집, 대공 및 대(對)정부 전복(顚覆) 관련 정보수집을 삭제하고, 국가보안법에 규정된 죄(찬양·고무죄는 제외)와 관련되고 북한과 연계된 안보침해 행위에 관한 정보만 수집하도록 됐어요. 역으로 말하면 북한과 연계되지 않았거나 연계 관계가 밝혀지지 않은 안보사범에 대해서는 국정원이 정보수집을 할 수 없게 된 거죠."라고 말했다.

그러면서 그는 "안보수사에서 가장 어려운 부분이 북한과의 연계성을 규명하는 것입니다. 혐의자가 가장 감추려 하는 부분이니까요. 따라서 법원의 영장을 받아 통신감청을 하는 등 모든 수단을 동원해도 수사 막바지에나 밝힐 수 있는 게 북한과의 연계성입니다. 북한과의 연계가 있는 안보침해 행위에 관한 정보만 수집하라는 건 안보정보 수집을 아예 하지 말라는 얘기나 마찬가지죠. 만일 국정원 요원이 북한과의 연계가 밝혀지지 않은 안보침해 혐의자에 대해 정보수집에 착수하면 그것만으로도 기본권 침해와 직권남용으로 처벌받게 됩니다. 이렇게 되면 안보위해(危害) 세력의 활동 공간을 대폭 넓혀줘 북한 간첩과 종북세력, 반(反)체제 세력의 천국이 될 겁니다."라고 주장했다.

다시 염돈재 전 국정원 차장은 절대 과장된 얘기가 아니라면서, "절대 과장이 아닙니다. 이번 개정안에서는 이제까지 국정원이 갖고 있던, 직원의 직무와 관련된 범죄 수사권도 삭제해 국정원 직원의 직무 관련 범죄도 검경의 수사를 받아야 합니다. 만일 어느 반체제·종북 인물이 북한과 연계가 있는 것처럼 위장해 국정원 직원의 정보 수집 활동을 유인한 후 고발하면 꼼짝없이 형사처벌을 받게 됩니다. 기밀누설 우려가 있는 경우 국정원장이 수사중지 요청을 할 수 있지만, 이런 일이 몇 번 쌓이면 국정원 직원은 정보수집에 엄두조차 낼 수 없게 됩니다. 이러니 '간첩 천국', '안보침해 사범 천국'이 될 수밖에 없지요."라고 강조했다.

또한 그는 국정원 차장 재임 시기가 노무현 정권 때라고 하면서, "고(故) 노무현 전 대통령께서도 대선후보 때 국정원을 해외정보처로 개편하겠다는 공약을 하셨지요. 하지만 취임 후 국정원에 전혀 손대지 않았어요. 민변(民辯) 초대 회장 고영구 원장을 신뢰했기 때문이기도 하지만, 국정원의 역할과 능력을 긍정적으로 봤기 때문일 겁니다. 전두환 전 대통령 이후 모든 대통령 후보 때는 국정원의 기능을 약화하겠다는 취지의 공약(公約)을 내세웠지만 취임 후에는 생각을 바꾸었습니다. 정파적 이익보다 나라를 생각한 겁니다. 노무현 대통령 시절은 국정원이 정치 개입 의혹에서 가장 자유로웠던 시기라고 말할 수 있습니다."라고 밝혔다.

이어서 그는 "국정원은 세계 10위권에 속하는 세계 유수의 정보기관입니다. 특히 북한 정보 분야에서는 세계 최고 수준입니다."라고 강조한 뒤, 문재인 정부가 국정원 개조(改造)에 박차를 가하는 것에 큰 우려를 표명하면서 "국정원 해체는 주한미군 철수와 함께 북한이 지난 60년간 가장 끈질기게 요구하고 노력해온 일입니다. 북한이 말하는 이른바 '남조선 혁명'에 가장 큰 걸림돌이니까요. '남조선 혁명'의 가능성이 보이는데 김정은이 핵 포기나 진지한 남북대화를 하겠어요? 저는 이 중요한 시기에 정부·여당이 국정원을 완전히 무력화시킬 개혁을 추진하는 의도를 이해할 수가 없어요.

일각에서 '연방제 개헌으로 가려는 전초작업이 아닌가?' 하는 의구심을 가지는 것도 무리는 아닙니다. 국민들이 국정원법 개정에 좀 더 관심을 갖고, 국가와 국정원이 나쁜 길로 빠지지 않도록 잘 감시해 주시길 부탁드립니다."라고 말했다.

국정원에 근무한 지 15년째 된다는 어느 요원은 근무하는 동안 좌파·우파 정부를 다 겪었지만 지금 국정원이 상대적으로 위축되어 가는 양상을 보고 분노를 느끼면서 이렇게 말했다. "퇴직한 선배들은 씁쓸해하죠. 그래도 국정원이 명색이 KCIA(CIA에 'Korea'의 K를 붙임)인데, 그 조직이 마치 죄를 뒤집어쓴 채 몰락하는 느낌을 받나 보더라구요. 현직 중에도 그분들과 뜻을 같이하는 분들이 있죠. 분개하는 이들도 더러 있고요. 하지만 공개적으로 말은 못하죠."

또한 그는 '대공수사권 경찰 이관'에 대해선 약간의 우려를 나타냈다. 그는 "대공수사권을 3년 유예를 두고 경찰에 이관한다고 하니 그나마 다행"이라면서도 "국정원이 갖고 있는 대북(對北) 관련 정보는 CIA조차 넘볼 수 없을 정도로 방대하고 또 정확하다"고 말했다. 그의 말이다. "경찰을 무시하는 게 아니라는 점을 우선 명확히 밝혀둡니다. 어느 국가 조직이든 그 조직만이 쌓아온 전문성이란 게 있습니다. 경찰도 그런 게 있겠죠. 하지만 대북·대공 관련 정보만은 경찰이 국정원을 따라오기 힘듭니다. 국정원이 관련 정보 100%를 경찰로 이관한다 해도 그것을 경찰이 분석·판단하기란 쉽지 않을 거예요."

지금 국정원은 대공(對共) 역량이 점점 약화되어 간다는 지적이 나오고 있다. 그 실례로 국정원이 2000년 이후 검거한 간첩은 총 62명으로 나타나고 있는데, 정권별로 살펴보면 김대중 정부(2000~2002년) 때는 9명, 노무현 정부(2003~2007년) 때는 19명, 이명박 정부(2008~2012년) 때는 23명, 박근혜 정부(2013~2016년) 때는 9명인데, 유독 문재인 정부(2017~2020년) 때는 2명이 검거되었다.

이 자료는 2020년 모(某) 국회의원실을 통해 입수된 〈2000년 이후 국가정보원이 검거하여 사법처리한 연도별 간첩사건 현황〉이다. 이는 문재인 정부 들어 좀 더 뚜렷해진 대북 유화 정책과 관련 있다는 시각이 있다. 이런 상황에서 국정원이 대공수사권마저 이관한다면 국가안보에 심각한 공백이 발생할 수 있다는 우려가 나오는 것이다.

국정원의 대공수사권 이관을 전직 국정원맨들은 강력히 경고하고 나섰다. 국가정보원 출신 전직 정보요원들은 2020년 12월 4일 서울 여의도 국회 내 생태공원에서 기자회견을 열고, 국가정보원법 개정 반대를 촉구하고 나섰다. '국가 안보를 걱정하는 전직 국가정보원 직원 모임'(이하 국정원전직모임) 명의로 개최한 이날 기자회견에서 전직 정보요원들은 "대공수사권이 폐지되면 국가안보가 한순간에 무너져 내린다"며 "국민들이 이를 막아달라"고 호소했다.

신언 국정원전직모임 공동대표(전 파키스탄 주재 대사)는 "정보기관은 국가안보를 지키는 전문적이고 특수한 기관인데, 이 기관이 제일 잘할 수 있는 대공수사권을 없애버리면 안보는 누가 지키나?" 하고 반문했다. 앞서 신언 대표는 한 일간지와의 전화통화에서 "문(文) 정부와 더불어민주당의 국정원 개편 과정과 내용은 도

그마(독단적 이념이나 학설)에 갇힌 사고방식과 행태를 보인다는 점에서 한계가 명확해 보인다"며 "현재 추진 중인 대공수사권 폐지는 국정원의 기능을 유명무실화하려는 시도"라고 비판했다.

노무현 정부 시절 국정원 제1차장을 지낸 염돈재 전 성균관대 국가전략대학원장은 이날 기자회견에서 "국가 재정은 파탄 나고 부동산 가격은 폭등하는 등 문재인 정부 들어 나라가 성한 곳이 없다. 이런 문제는 시간이 지나면 해결할 수도 있다"면서도 "반면 안보는 다르다. 한순간에 와르르 무너질 수 있다"고 경고했다.

이어 염돈재 전 원장은 "요즘 북한간첩은 (한국에) 그냥 잘 정착해서 살고만 있으라는 게 그들이 맡은 임무다. 이들이 유사시에 어떤 일을 벌일지 아무도 모른다"고 했다. 그리고 그는 "이들을 추적하는 일은 국정원밖에 할 수 없다. 요새 간첩이 어디 있냐고 하는데, 그건 마치 컴퓨터에 바이러스가 침투할 위험이 없다는 주장처럼 얼빠진 생각"이라고 지적했다.

국정원 재직 당시 대공수사 업무를 맡은 박왕규 전 영국대사관 공사도 기자회견을 통해 "대공수사권 문제에 경각심을 가져달라"고 호소했다. 박 전 공사는 "내 나이가 여든 살이 넘었고, 국정원에서 퇴직한 지 20년이 지났다. 그런데 대공수사권을 폐지하겠다는 걸 보고 정말 너무하다 싶어 1인 시위까지 나서고 있다"고 말했다. 그러면서 "(대공수사권 이관은) 간첩들에게 프리패스(free pass)를 주는 꼴인데, 국민들이 그 심각성을 너무 모른다"며 "경찰에 정보를 넘기면 되지 않느냐고 하는데, 가장 중요한 정보는 비밀정보다. 그 정보를 경찰에 넘기는 게 쉬운 일이겠는가?"라고 반문하기도 했다.

한편 경찰 일부에서는 대공수사권이 이관되는 것을 두고 썩 달가워하지 않는 분위기가 감지되고 있다. 대공수사를 해온 어느 보안국 간부는 "경찰이 대공·안보 수사 역량을 강화하려면 그간 운영돼온 보안경찰 제도를 오히려 보완·강화해야 한다"며 "일반수사와 대공수사는 그 결이 매우 다르기 때문"이라고 지적했다. 이어 그는 "현재 경찰에 부여된 임무도 적지 않은데, 아직 역량 확보가 안 된 채 무턱대고 대공수사권을 받을 경우 (업무에) 과부하가 우려된다"며 "경찰 입장에서도 일종의 계륵(鷄肋)"이라고 말했다. 그는 또 "우리가 국정원에 대공수사권을 내놓으라고 한 것도 아닌데, 모양새가 이상하게 돼버렸다"고 토로했다. "요즘 '갈라치기'라는 말이 유행하더군요. 한쪽 편을 들어 다른 한쪽과 이간질하는 의미라더군요. 지금 대공수사권을 놓고 경찰과 국정원이 '갈라치기'된 것입니다. 우리가 대공수사권을 달라고 떼를 쓴 것도 아니지 않습니까? 국가기관 사이에 미묘한 신경전은 있을 수 있지만, 대개는 상대의 역할과 지위를 인정하는 게 보편적인 인식이에요. 그런데 경찰과 국정원이 대공수사권을 두고 마치 원수처럼 신경전을 벌인 것처럼 비쳐 내심 못마땅한 게 사실입니다."

요즈음에 이르러 북한의 독재자 김정은이 적화통일의 야욕을 드러내며 영구히 핵무기 보유국가로 나아가려 하고 있고, 그의 난폭한 여동생 김여정이 무자비하게 개성공단 내 남북연락사무소 건물을 폭파하는 만행을 저지르고 있는데도, 여전히 문재인 대통령은 이러한 북한의 도발에 단호히 대응하지 않고 대북 유화 정책만 실행하는 가운데 핵심 안보기관인 국정원조차 무기력한 상태를 노출하고 있어서 우리 대한민국 국민들을 불안에 떨게 하고 있다.

따라서 주한미군 철수와 국정원 해체까지 끈질기게 주장하고 있는 북한에 대해 우리 자유민주주의 국가 대한민국은 대북 유화정책보다는 강력한 한미동맹과 한·미·일 삼각동맹 체제로 단호히 맞서야 앞으로 우리 대한민국을 번영시켜 '자유민주주의 통일'의 꿈을 성취할 수 있을 것이다.

최근 윤석열 대선주자가 호국 보훈의 달 6월을 맞이하여 호국영령의 숭고한 희생정신을 기리기 위해 국립서울현충원을 방문해 무명용사 등을 추모한 일과 천안함 폭침의 생존자 그리고 K9 자주포 폭발로 다친 부상자를 만나 그들의 애로사항을 경청하고 그들의 명예를 높이려 한 일은 애국자이며 보수주의자인 그의 진면목을 드러낸 일이라 할 수 있다. 특히 천안함 폭침으로 희생된 영웅들에 대해 애매한 자세로 일관해 천안함 생존자들의 분노를 유발하고 있는 문재인 대통령은 그 희생자들을 대하는 자세에서 보수주의자인 윤석열과 크게 대립하여 대척점에 서 있는 것이다.

윤석열의 '자유민주주의 통일'과 문재인의 '평화적 통일'

또한 앞으로 '자유민주주의 통일'을 포기한 듯한 문 정권의 자세와 친북 외교, 친중 외교 등에 있어서도 심각한 우려를 하지 않을 수가 없다. 현재 북한의 3대 세습체제 고착과 핵·미사일 능력의 고도화로 적화통일의 위기가 점점 고조되고 있지만, 문재인 대통령은 친북·친중 외교를 통한 유화정책으로 '자유민주주의 통일' 의지를 포기한 듯하여 우리 대한민국 국민들을 실망시키고 있다.

북한핵 위기가 심화되고 있는 이러한 상황에서도 신각수 전 외교통상부 차관은 '자유민주주의 통일'을 꾸준히 준비해야 한다고 주장하고 있다. 그는 서울대 법학과를 졸업하고 서울대 대학원에서 국제법 박사 학위를 취득했으며 유엔대표부 차석대사, 이스라엘 주재 대사, 주일 대사 및 외교통상부 차관 등을 지낸 인물이다. 그는 다음과 같은 의견을 제시했다.

"통일은 우리가 상정하기 어려운 시점에 올 것이라는 점에서 상황의 변화에 좌우되지 말고 꾸준히 준비해 가야 한다. (중략) 한국통일은 남북한이 정치적으로 하나가 되는 정치적 통합으로, 우리가 지향하는 통일은 한국헌법의 기본가치인 자유민주주의, 시장경제, 인권, 법치, 국제평화주의 등을 북한 지역에 확대하는 것을 의미한다.

그리고 통일의 방법도 우리 헌법에 따라 민주적·평화적이어야 한다. '민주적'은 북한 주민도 참여하는 민주선거를 통해 통일한국의 헌법을 정하고 통일정부를 수립하는 것이므로, 우리 통일담론이 북한주민의 의사를 충분히 고려하지 않는 경향은 잘못된 것이다. '평화적'은 무력통일의 배제를 의미하지만, 북한 내 급변사태 발생 시 안정화 차원의 무력사용을 배제하는 것은 아니다. 남북한은 국가 관계가 아닌 '특수한 관계'라는 점에서, 민족자결권이 통일과정에서 제3국의 간섭을 막는 중요한 역할을 하게 될 것이다.

진정한 의미의 통일한국을 달성하는 데는 다양한 차원의 통합이 필수적이다. 통일 전에도 부분적으로 통합이 진행되며 통일 후에도 통합과정이 상당 기간 진행되어야 한다는 점에서 장기간에 걸친 연속과정으로 이해해야 한다. 따라서 통일준비 작업을 통해 막대한 통일비용을 절약할 수 있다. 통상 통일비용은 낙후된 북한 경제를 남한 수준으로 끌어올리는 데 들어가는 비용을 분석한 것이다. 그러나 실제로는 다른 정치·사회·문화 통합비용이 훨씬 더 소요된다는 점에서 훨씬 막대할 것이다.

우리가 통일을 성취하는 데는 크게 3개 요건이 충족되어야 한다. 첫째, 통일은 북한의 변화를 전제한다. 그 방법은 개혁개방을 통해 우리 헌법가치에 가까워지는 경우와 북한체제가 붕괴되는 경우가 있기 때문에, 우리 통일정책도 2개 상황을 전제로 이원적 접근을 해야 한다.

역대 한국정부는 정도의 차이가 있지만 북한의 변화를 위한 연계정책(engagement policy)을 시행해 왔으나, 체제위기를 우려한 북한의 거부로 별 성과가 없었다. 주체사상의 특성상 북한의 자체 변화 가능성은 낮고, 공포정치로 인한 의사결정의 경직성으로 덩샤오핑, 고르바초프와 같은 개혁 리더십을 기대하기도 어렵다. 특히 연계정책은 북한 핵문제로 인해 대북제재가 강화되면서 당분간 본격적으로 추진하기 어려운 상황이 되었다.

한편 북한의 붕괴 가능성도 단기적으로 낮다고 평가된다. 3대 세습의 공산주의 독재체제인 북한은, 전 영국 주재 북한공사 태영호(현 국민의힘 국회의원)가 증언한 책《3층 서기실의 암호》에서 밝힌 바와 같이 인권이 철저하게 탄압되고 유린되는 비참한 노예국가지만, 북한의 독재자 김정은이 집권 6년을 넘기면서 체제가 비교적 안정된 상태다. 2016년 7차 노동당 대회와 2017년 노동당 중앙 위원회 전원회의를 통해 당 우선과 엘리트 교체작업을 마무리하였다. '6·28방침', '5·30조치', '사회주의 기업 책임관리제' 등 부분적 경제계획을 통해 경제성장도 어느 정도 확보하였다.

그러나 북한체제는 높은 내구성에도 불구하고 3대 세습에 따른 취약성도 증가하고 있다. 500여 개 장마당으로 대표되는 시장화는 관리경제하의 주민통제를 어렵게 하고 있다. 또한 달러·위안화가 많이 유통되고 있는 점도, 제재로 외화가 줄어들면 시장혼란을 초래할 것이다.

그리고 식량배급 중단으로 이동의 자유가 늘어나고 외부 정보가 빠르게 유통되면서 고도 통제사회의 기반을 흔들고 있다. 여기에 국제사회의 제재 강화가 북한경제를 직접 압박하고 있는 점도 체제불안 요인이다. 소련·동구의 몰락이 눈사태처럼 왔듯이, 북한체제도 임계점을 넘어 급변 사태로 발전할 가능성이 있는 만큼 조용히 대비해야 한다.

그러나 공개적 정권교체 정책은 북한을 불필요하게 자극하고 주변국 협력을 확보하는 데도 역효과가 있는 만큼 피해야 한다. 이와 함께 북한주민이 한국주도 통일을 지지하도록 여건을 조성해 가야 한다. 북한주민의 통일 열망은 중국 등 외세의 개입을 막는 데도 소중한 자산이다.

둘째, 통일은 우리가 주인의식을 가지고 추진해야 할 과제인 만큼 국내 통일역량을 갖추어야 한다. 막대한 경제적·사회적 통합 비용을 감당하기 위해서는 경제력을 비축해야 한다. 우리 경제는 고도성장에도 불구하고 극심한 남북 경제격차 해소와 70년간 매우 다르게 발전한 체제를 통합하는 데 필요한 막대한 비용을 감당하기에 역부족이다.

그리고 통일 과정에 수반할 안보위협에 대처하는 능력을 배양해야 하며, 북한의 핵무장 완성은 안보위협을 질적으로 변화시키는 만큼 획기적 자주국방 노력이 필요하다. 동시에 우리 국민들의 통일의지를 결집하는 노력도 중요하다. 우리 사회는 젊은 층을 중심으로 막대한 통일비용을 염려하여 통일에 소극적인 경향을 보여준다. 그러나 통일은 근대화를 완성하고 동북아의 지정학적 질곡 속에서 한민족의 생존과 번영을 담보하기 위한 최소한의 요건이므로, 우리 사회는 통일의지를 키워야 한다.

셋째, 한반도는 해양·대륙 세력이 교차하는 요충으로 지정학적으로 가장 민감한 곳에 위치하여 주변국들의 지지와 협력 없이는 통일을 이루기 어렵다. 특히 동아시아는 중국의 부상(浮上)으로 세력전환이 진행되고 있으며 이에 따른 미·중, 중·일, 미·러 갈등은 통일에 부정적 영향을 미칠 우려가 크다. 통일외교는 이를 극복하여 통일의 대외적 여건을 조성하는 것이다. 물론 국제사회와 유엔도 우리 통일노력을 지원하고 주변국에 대한 영향력과 지렛대를 확보하는 데 빠질 수 없는 요소다."

요즈음에 이르러 우리의 통일 여건을 살펴보면 '독일통일' 때의 여건과는 많은 차이가 있고, 북한 후원국인 중국이 급부상하여 미·중 대립과정에서 북한을 전략적 자산으로 중시하고 있으며, 북한 또한 독자적 핵·미사일 프로그램 추진으로 사실상의 핵무장 국가로 성장하여 우리 대한민국을 위협하고 있어 통일 여건이 훨씬 복잡하고 어려워진 상태다.

특히 신각수 전 차관은 동아시아 세력전환이 진행되는 동북아 전환기에 다음과 같이 '변화 속의 기회'로 접근해야 한다고 강조하고 있다.

"2008년 세계 금융위기 이후 중국의 부상이 현저해졌고, 2010년과 2012년 센카쿠(댜오위다오) 영유권 분쟁을 둘러싸고 중국의 민족주의와 일본의 우경화가 직접 충돌하였다. 일본은 중국의 공세적 강압외교를 직접 체험하였고, 중국은 미국·일본·중국 주변 국들의 포위를 의심하고 서태평양에서의 영향권 구축을 서둘렀다.

미국은 중국에 대해 '연계(engagement)와 견제'의 이중정책을 구사하면서 동아시아에서의 균형자 역할을 유지하려 한다. 중국의 미국에 대한 도전은 중국 내부의 약점, 미국의 상대적 우위 유지, 미·중 간 국부의 차이, 군사력에서의 상당한 격차 등으로 당분간 어려울 것으로 본다.

그러나 2020년대 초반 중국이 명목 GDP 면에서 미국을 초월하고 국방비 면에서도 격차가 축소되면서 서태평양에서 미·중 전략경쟁이 본격화할 것이다. 미국이 경제를 회복하더라도 중국 부상으로 유일 초강대국으로의 복귀는 힘들 것이다. 물론 중국이 내부 모순과 중진국 트랩에 함몰할 수도 있지만 중국 정부의 난관극복 관측이 우세하다는 점에서, 이를 전제로 동아시아 정세를 봐야 할 것이다. 중국은 경제력·군사력의 신장을 바탕으로 공세적 외교안보 정책인 분발유위(奮發有爲)로 전환하여 중국몽(中國夢)을 적극 추진할 것이다. '분발유위'란 중국의 대외정책에서 중국에 이익이 되는 일이면 적극 분발한다는 뜻으로 시진핑이 자주 쓰는 말이다. '중국몽'이란 중국이 2012년 이후에 내세우고 있는 국가 통치이념으로, 중국의 위대한 부흥을 꿈꾼다는 뜻이다.

그 과정에서 '투키디데스 함정'의 위험과 세력권 내에서 수직적 질서인 중화주의의 부활 가능성이 높다. '투키디데스 함정'이란 역사가 투키디데스의 저서 《펠로폰네소스 전쟁사》에서 주장된 것으로, 기존 맹주 스파르타가 신흥 강국 아테네에 대해 불안감을 느끼게 되고 이에 두 국가는 지중해의 주도권을 쥐기 위해 전쟁을 벌이게 되었다고 한 이론으로, 오늘날에는 신흥 무역 강국이 기존구도를 흔들면 기존의 무역 강국과 신흥 무역 강국 간에 무력 충돌이 발생한다는 뜻으로 쓰이고 있다. 그리고 '중화주의'란 불교를 배척하고 유교사상이 중심을 이루는 한족(漢族)의 문화를 자랑스러워하는 사상이다.

결국 당분간 동아시아에서는 미·중 전략적 이중성(협력·경쟁)과 일·중 전략적 충돌의 가능성이 높다. 안보를 미국에 의존하고 경제를 중국에 의존하는 우리 입장에서는 미·중 전략적 협력관계가 바람직하지만, 미·중 대립과 충돌에 직면하게 될 것이다. 최근 사드 배치 문제, 남중국해 문제가 전형적인 사례다. 선택이 불가피한 상황이 예상되는바, 기본적으로 한미동맹을 우선하되 사안별로 국익·원칙·가치·국제규범에 따른 일관된 대응이 중요하며, 단기적으로 손해를 감수할 의지가 필요하다.

향후 동아시아 지역질서의 구도로는 ①미국 주도 질서(Pax

Americana 3.0) ②미·중 공동 주도(Condominium, Pax Americhina) ③중국 주도 질서(Pax Sinica) ④협력적 지역질서(Pax Consortia) ⑤현상유지(Muddle Through) ⑥미·일과 중국의 충돌(Collision) 등 크게 6개 시나리오를 상정할 수 있다. 우리 안보·경제 발전이 한미동맹을 기반으로 가능했다는 점에서, 미국 주도 자유주의 국제질서를 유지하는 시나리오 ①이 바람직하지만, 미국이 유일 초강대국의 지위를 회복해야 한다는 점에서 가능성이 높지 않다.

차선책으로 미·중 양국과 동아시아 국가들의 참여로 법치에 의한 새로운 질서를 창출하는 시나리오 ④도 바람직하다. 우리 외교도 이런 방향으로 노력함으로써 평화적 변경을 통한 세력전환의 가능성을 높여야 할 것이다. 통일의 관점에서 동아시아 세력전환은 새로운 기회가 될 수 있다. 이런 외부환경의 변화 속에서 우리의 국가역량을 총집결하여 한반도 평화와 안정 확보, 북한의 변화 모색, 급변사태 대비를 포괄적으로 주도해야 한다."

나아가 그는 다음과 같이 지적하고 있다.

"통일외교의 기본목표는 통일의 외부환경을 조성하는 데 있으며, 크게 3개 분야에 집중하여야 한다. 우선 한국 통일에 대한 주변국의 우려를 해소하고, 한국 통일의 이익을 잘 알려 국제사회의 적극적 지지와 협력을 확보하여, 통일 달성에 필요한 주변국의 신뢰를 얻어야 한다. 그리고 통일외교는 연계정책에 대한 주변국 협조를 모색하면서, 급변사태에 대한 대응체제를 마련하는 방향으로 추진되어야 한다. 북한의 변화를 추구하는 과정에서 튼튼한 안보가 필수이므로, 통일외교는 안보외교와 병행되어야 한다.

또한 통일외교 역량 극대화를 위한 다변화도 중요하다. 중견국가로서 외교역량을 극대화하고 전략적 가치를 높여야 한다. 대상도 주변국뿐만 아니라 유엔, EU, 동남아, 남미, 호주, 캐나다 등으로 확대해야 한다. 이들 국가나 국제기구는 통일 전후 북한 개발 과정, 북한 인권 개선, 북한 소프트웨어 공급 등에서 역할이 기대된다. 또한 안보리의 역할이 중요한 만큼 상임이사국 5개국을 포함한 안보리 이사국과의 관계를 평소 돈독히 해놓아야 한다.

통일외교의 1차 목표는 주요 국가의 우려사항을 해소하는 일이다. 미국은 한반도가 오랜 기간 중국의 영향권에 있었다는 역사적 사실에 비추어, 통일될 경우 중국에 경사되는 것을 우려한다. 그리고 북한 핵·미사일의 처리 문제도 최우선 관심 사항이다. 이와 함께 통일에 따른 한미동맹과 주한미군의 지위 변경에 관하여 미국과 긴밀히 협의해둘 필요가 있다. 또한 미국은 한반도 급변사태가 무력충돌로 발전될 경우 군사적 부담을 우려할 것이다.

중국은 통일한국의 반중 가능성과 함께 통일 후 주한미군이 한·중 국경까지 올라가 주둔할 가능성을 염려할 것이다. 또한 중국은 통일한국이 간도 영유권과 백두산 국경 문제를 제기할 가능성과 동북3성의 약 180만 조선족에 대한 영향도 우려 대상이 될 수 있다. 북한 핵·미사일의 처리와 북한난민의 유입에도 신경을 기울일 것이다.

일본은 통일한국이 반일 자세를 견지할 것인지에 관해 가장 신경을 쓸 것이다. 또한 통일한국이 중국에 경사되지 않을까에 대한 우려를 가지고 있다. 통일 후 북한 핵·미사일의 처리에 큰 관심이 있으며, 통일 후 한미동맹·주한미군 지위 변경이 주일 미군에 미치는 영향에도 신경을 쓸 것이다.

러시아는 한국 통일로 한반도에 대한 영향력을 상실할 가능성과 난민 유입으로 극동러시아가 불안해질 위험에 대해서 우려할 것이다."

그리고 그는 주변국의 우려를 해소하는 방안으로 다음과 같이 제안하고 있다.

"첫째, 통일한국의 명확한 국가목표·전략을 제시할 필요가 있다. 주된 내용으로는 동아시아 평화번영에 공헌, 지역군축 선도, 개발경험 공유, 해양세력과 대륙세력의 교량 역할, 자유민주·시장경제·인권·법치 지향, 지역협력 추동 등을 포함시켜야 할 것이다.

둘째, 통일 후 주한미군의 지위에 관한 한미협의를 사전에 해둘 필요가 있다. 주한미군을 휴전선 이북으로 배치하지 않는 선에서 조정하고, 통일 후 주한미군 육군 병력의 감축도 고려해 볼 만하다. 한미동맹은 전략자산으로 유지하되 동북아·동아시아 지역 집단안보체제 구축을 추구해야 한다.

셋째, 통일한국의 비핵화, 대량살상무기(WMD) 불보유를 사전 선언하고 북한의 모든 핵·미사일 프로그램 포기와 화학·생물 무기의 전량 폐기를 천명하여야 한다.

넷째, 중·일 양국에 대한 균형적 선린우호 정책을 취하고 역사화해 촉진과 교류협력을 통해 신뢰를 쌓아야 한다. 동시에 중층적 지역협력을 선도할 필요가 있다.

다섯째, 통일한국은 국제법 원칙에 따라 국가승계의 의무를 부담할 것이며 간도, 백두산, 녹둔도 등 북한의 기존 국경합의를 존중하겠다는 점을 분명히 할 필요가 있다.

통일외교의 다른 주요 임무는 한국 통일의 이익을 주변국에 잘 납득시켜 통일 지지를 이끌어 내는 일이다. 안보 면에서는 북한 문제 해소로 한반도 평화 달성, 북한 핵·미사일 문제 해결로 비확산 체제에 대한 중대한 위협의 제거, 북한의 군사위협 제거를 통한 동북아 평화안정의 확보, 무기판매·마약거래·위폐제조·사이버범죄 등 북한의 국제 불법행위 종식, 역내 군사비 절감 및 군축 기반의 조성, 동북아 지역안보체제 구축의 여건 조성 등의 이익이 있다.

경제 면에서는 북한 개발이익을 통한 동북아 성장동력 창출, 북한 부흥개발 수요와 인구 8,000만의 새 시장 창출, 동북3성·북한·극동러시아를 잇는 경제개발, 지역 에너지 협력체제의 구축, TSR·TCR·TKR 연계를 통한 유라시아 개발, 환동해권의 발전, 동북아 지역 협력 가속화 등이 예상된다.

정치적으로는 통일한국의 강대국 간 완충 역할, 역내 모든 관계 정상화, 교량국가 탄생, 동북아 지역의 '아시아 시대' 견인 역할, 개도국 성공모델의 아시아 확산, 글로벌 이슈 해결 기여 등을 들 수 있다."

또 그는 불특정 시기에 닥칠 통일에 대비하는 효율적 통일외교를 위해 몇 가지 제안을 하고 나섰다.

"첫째, 가장 시급한 과제는 북한의 핵무장을 방지하고 비핵화를 이루는 일이다. 북한이 핵무장을 완성하여 사실상 핵무장 국가가 될 경우 통일이 무산될 위험이 커진다. 북한 비핵화는 북한의 핵·미사일 프로그램의 고도화로 매우 어려운 상황에 접어들고 있다. 핵무장으로는 생존이 어렵다는 점을 강한 압박을 통해 깨닫게 하고, 병진정책을 무력화해야 한다. 핵동결 타협안은 현 수준의 핵무장을 인정하여 분단 고착화로 귀결되므로 막아야 한다.

둘째, 대북·통일 정책에서 북한정권과 주민을 분리 접근할 필요가 있다. 이런 맥락에서 북한주민에 대한 인도적 지원은 남북관계의 부침에 관계없이 일관되게 추진해야 한다. 물론 군사전용을 막을 장치는 강구하여야 하며 지방자치단체, NGO, 종교단체, 국제기구도 적절히 활용할 필요가 있다. 북한주민들은 북한당국의 은폐에도 불구하고 우리의 대북지원 사실을 알고 있기 때문에 북한 변화, 남한 호감도 증대, 남한 주도 통일에 대한 지지 확보 등의 효과를 기대할 수 있다.

셋째, 주변국의 신뢰를 쌓아야 한다. 동아시아 세력균형에 관심이 큰 미국은 독일 통일에서와 같이 동맹국인 한국의 통일에 있어서도 중추적 역할을 할 것이다. 미국 조야에 한국 통일의 가치를 알리는 노력을 체계적으로 전개하여야 한다. 또한 한반도에 대한 영향력이 큰 중국과도 전략적 협력관계를 내실 있게 다져야 한다. 한국 주도 통일이 중국에 도움이 된다는 점을 설득해 내야 한다. 중국 군부와의 전략대화 채널을 구축하여 상호신뢰를 쌓는 노력이 필요하다. 한·미·중 3국 간의 전략대화를 통하여 통일한국과 동북아의 안보체제를 중장기적으로 모색해야 할 것이다. 일본과 러시아는 미·중만큼 한국 통일에 적극적 역할을 맡기는 어렵지만, 북한의 개혁개방을 유도하고 통일에 관한 지지와 협력을 제공할 위치에 있다.

넷째, 북한인권 문제에 관한 국제적 압력을 강화해야 한다. 2014년 북한인권조사위원회(COI) 보고서는 북한인권 유린이 '인도에 반한 죄'를 구성하여 북한 지도부에 형사책임이 있다는 결론을 내렸다. 안보리 의제 상정과 총회·인권이사회 결의를 통해 대북 압력을 지속하고 있다. 이러한 노력은 유일 지도체제인 북한에 매우 아픈 부분으로 북한주민의 통일에 관한 태도에도 긍정적으로 작용할 것이다. 동남아, 서남아, 중동, 아프리카를 대상으로 민관 합동의 체계적 노력을 기울일 필요가 있다.

다섯째, 해외동포의 협력을 조직화할 필요가 있다. 세계 170여 개국에 약 720만의 해외동포가 있으며, 거주국과 한국을 연결하는 네트워크의 중추로 통일외교에 기여할 부분이 많다. 미국에 거주하는 200만에 달하는 재미동포는 유대인 사회처럼 조직화를 통해 미국정치에 적극 참여함으로써 미국을 움직이는 데 큰 역할을 할 수 있다. 약 100만에 달하는 재일동포는 민단을 중심으로 한·일 가교 역할을 해왔다는 점에서 장차 남북통합 과정에서 중요한 역할을 맡을 수 있을 것이다.

여섯째, 북한 변화를 유도하기 위한 국제사회와의 연대를 강화하여야 한다. 북한의 개혁개방 유도와 통일 후유증의 최소화 차원에서 시장경제의 운용에 관한 소프트웨어 교육을 꾸준히 실시하면, 민주사회의 작동원리도 자연스럽게 교육되는 효과를 기대할 수 있을 것이다. 북한의 경계심을 감안, 유럽·북미를 통해 추진하고 국제사회의 민관협력(Public-Private Partnership)을 적극 활용할 경우 시너지 효과를 기대할 수 있을 것이다.

일곱째, 중국의 동북3성과 극동러시아에 대한 전략적 접근을 강화할 필요가 있다. 동북3성은 한국의 민족과 연관이 많은 중국의 동북부 지역으로 행정구역상으로는 랴오닝, 지린, 헤이룽장의 3개 성이 포함된다. 동북3성은 중국에서 녹슨 산업지대로 경제적으로 낙후한 지역이므로 남북한·중 3각 협력을 염두에 둔 다양한 차원의 전략적 관계를 구축해 갈 필요가 있다. 극동러시아도 북한과 역사적으로 연계가 깊고 한국 통일로 수혜를 입을 지역이라는 점에서 통일 과정이나 통일 후를 대비한 관계 구축을 착실히 진전시켜 나가야 할 것이다.

여덟째, 비핵·평화 국가, 모든 주변국과의 선린우호관계 유지, 주한미군의 현상유지, 중견국가로서 국제평화 공헌, 유엔 헌장과 국제법 준수, 국가승계 등 통일한국의 외교안보 정책을 미리 밝혀 주변국의 우려를 불식시켜야 할 것이다.

아홉째, 통일 관련 주도 국가에 대한 공공외교를 강화해야 한다. 우리 통일외교 노력에 미치는 관련국 여론의 중요성을 감안, 통일 우호적 여론 조성과 반대 여론 순화를 위한 체계적 노력을 기울여야 한다.

열째, 북한의 급변사태에 대해 철저히 대비해야 한다. 3대 세습체제의 모순이 증가하는 가운데 급변사태 발생은 예측이 곤란하다는 점에서 늘 대비해 두어야 한다. 조급하거나 태만하지 않게 큰 그림을 보면서 차분하게 준비하여야 하며, 민간의 대비역량도 배양해야 한다.

마지막으로, 효율적 통일외교를 위하여 국내 컨센서스를 확립해야 한다. 현실적이고 실효적이며 결과지향적인 정책합의를 일종의 사회계약으로 만들어야 한다.

독일은 서방정책·동방정책 및 '접촉을 통한 변화'라는 통일에 관한 보수·진보 합의를 통해 냉전 종식과 소련 붕괴라는 역사적 계기를 통일로 이끌었다. 우리도 정부 관련부처 간 효율적 역할분담 및 통합적 이행체제 구축을 서둘러야 한다. 대북정책과 통일정책은 가장 남남갈등이 큰 분야이므로 합의 도출은 쉽지 않겠지만, 지속적인 대화와 소통을 통해 공통분모를 넓혀가야 한다.

통일외교는 우리 통일정책을 뒷받침하는 양축의 하나이다. 통일은 다양한 변수가 작동하고 우리 능력 범위를 넘어서는 요소가 많은 불확실성의 게임이다. 통일이 실제로 일어나는 상황에서는 임기응변을 필요로 하는 상황이 많을 것이라는 점에서 우리가 아무리 준비를 하여도 지나침이 없다. 진실의 순간에서 중요한 것은 그동안 축적된 외교력, 경제력, 국방력을 기반으로 통일의 장애물을 제거하고 주변국의 협조를 끌어내는 일이다. 통일외교가 치밀하게 중장기적으로 추진되어야 할 이유가 여기에 있다.

헬무트 슈미트 전 독일총리는 회고록에서 '만약 앞으로 백년 사이에 우리 독일인이 재통일되는 일이 일어난다고 하면 이것은 결코 이웃나라 사람들의 의향에 반한 것이어서는 안 되며, 평화적인 선린관계를 맺으려 하는 독일인들의 신뢰할 만한 의지와 변함없는 능력에 대한 다른 민족의 신뢰를 빼놓고는 생각할 수 없다'라고 하였다.

한국이 통일을 주도하기 위해서는 주변국의 통일 환영, 한국의 확고한 의지와 능력, 그리고 주변국의 신뢰와 협력이 필수다. 우리는 통일의 길이 어려운 상황에 처할수록 통일의 의지를 더욱 굳건히 해야 한다. 우리가 주인의식과 인내심을 가지고 끈질기게 노력하면 통일의 기회는 반드시 찾아올 것이다."

필자도 해박한 외교지식과 풍부한 실무능력을 겸비한 신각수 박사의 이러한 주장에 전적으로 동의하는 바이다. 사실 문재인 정권을 겪으면서 이런 통일정책과 통일외교는 전혀 찾아볼 수가 없었다. 오히려 우리가 주도권을 뺏긴 채 굴욕적인 대중·대북외교에 끌려가 그들이 원하는 '연방제 통일'을 추진하는 것이 아닐까 하는 의구심과 두려움을 갖게 하여 우리 자유민주주의 국민들을 공포와 불안에 떨게 할 정도였다.

요즈음의 이러한 국가적 위기 국면에서 최근 유력한 대권주자로 부상한 윤석열 전 검찰총장이 다시 한미동맹을 중시하고 자유민주주의와 시장경제를 복원해 튼튼한 안보와 강력한 국방력을 바탕으로 대한민국을 수호하겠다는 의지를 국민들에게 강조하고 나선 것은 향후 자유민주주의 통일한국의 꿈을 갖기에 충분한 것이었다. 따라서 문재인 대통령과 차기의 유력한 대권주자 윤석열은 대한민국의 통일외교와 통일정책 등에서도 서로 칼끝을 겨누고 대립하고 있는 것이다.

윤석열의 자유민주주의 신념에 반하는 문 정권의 사상교육

문재인 정권은 교육적인 면에서도 보수 정권과 극도의 차별성을 드러내고 있다. 특히 역사교육이 좌파 정치 이념에 지나치게 경도되어 사실을 왜곡하고 있어서 자유민주주의 국가 대한민국을 위협해 국민들의 불안을 가중시키고 있으며, 인성교육도 제대로 받지 못한 좌파 지식인들이 패륜적인 언어를 함부로 구사하고 있어 선진사회로 가는 길목을 가로막고 있는 실정이다.

최근 집권여당의 유력한 대선주자 이재명 경기도 도지사가 그의 고향 안동을 방문해 대한민국의 건국 과정에 대해 "대한민국이 친일 청산을 못하고 미 점령군과 합작해 깨끗하게 나라가 출발하지 못했다."고 발언해, 그의 그릇된 역사관 때문에 자유민주주의를 신봉하는 대다수 국민들에게 충격을 던져주었다. 이런 파격적인 발언에 대해 야권의 대선주자들은 "충격적인 역사관"이라 비판하였고, 집권여당인 더불어민주당의 대선주자 정세균도 "불안한 발언"이라고 비판할 정도였다.

사실 대한민국의 초기 정부는 항일운동을 전개한 이승만 박사, 이시영, 이범석 등의 인사들이 주축이 돼 구성되었는데도, 집권여당의 이재명 대선주자는 이 사실을 부정하듯 뻔뻔하게 역사왜곡을 한 것이다. 건국의 아버지라 일컬어지는 이승만 초대 대통령은 독립협회를 구성해 국내에서 적극적으로 항일운동을 전개하다가 7년여 동안 구속되기도 했고, 출감 후 미국으로 건너가 외교활동에 주력해 독립운동을 전개했다. 특히 그는 하루에 사과 반쪽으로 연명하면서 미국의 명문대학인 하버드대학에서 철학박사 학위를 취득했고, 또다시 명문대학인 프린스턴대학에서 정치학박사 학위를 취득하는 등 하면서 처절하게 독립운동을 전개한 항일투사였다.

그런데도 김원웅 광복회 회장 또한 올해 광복절 경축식 영상을 통해 문재인 대통령이 참석한 자리에서 "이승만 친일정권"이라 주장했고, 고교생들에게 행한 강연에는 "미군은 점령군, 소련군은 해방군", "한반도가 남북으로 갈린 후 소련군은 '조선인이 독립과 자유를 되찾은 것 축하한다', 이렇게 포고문이 돼 있다." "미군 맥아더 장군은 이런 포고문을 붙였다. '우리는 해방군이 아닌 점령군', '모든 공용어는 영어'"라고 주장하는 등 그의 낡고 시대착오적인 좌파 사상을 드러냈다.

이런 더불어민주당 대선주자 이재명의 그릇된 역사관에 대해 '국민의힘' 대선주자 윤석열은 "광복회장 김원웅의 '미군은 점령군, 소련군은 해방군'이란 망언을 집권여당의 유력한 대선후보도 이어받았다."고 공격하고 나서며 "미군이 점령군? 셀프 역사 왜곡이며, 대통령이나 청와대가 입장 표명 없어 더 충격"이라고 거세게 비난했다.

또한 집권여당 대선주자 이재명의 왜곡된 역사관에 대해 TV토론에 참석한 '국민의힘' 정미경 최고위원(전 검사, 전 국회의원)은 그가 남로당식 주장을 펼친다고 일갈하면서, 참으로 무서운 인물 같다고 심각한 우려를 표명할 정도였다.

최근 50년간 글을 쓴 기념으로《홀로 쓰고, 함께 살다》(2020년)를 출간한, 좌파 작가의 상징 조정래까지도 수백만 부가 팔린《태백산맥》(전 10권)의 주인공이 지금 살아 있다면 소련붕괴 때문에 그의 삶을 후회했을 것이라고 하면서 그의 남로당식 주장의 과오를 인정하고 나섰다. 그러면서 최근 TV에 출연해 '문재인 대통령이 거의 임기가 끝나 가는데 어느 것 하나 제대로 이룬 일이 없다'는 요지의 주장을 할 정도였다. 즉 좌파 작가의 상징 조정래 작가도 최근에 와서 낡고 시대착오적인 마르크스·레닌주의의 허망한 종말을 깨달은 것으로 필자는 받아들이고 싶다.

선진국가로의 도약에 걸림돌이 되고 있는 좌파 정치가, 좌파 지성인의 낡고 시대착오적인 역사관은 앞으로 올바른 역사교육으로 수정되어야 한다.

또한 최근에 판사와 청와대 행정관을 지낸 더불어민주당 소속 김승원 국회의원(53세)은 '언론중재법 개정안'이 본회의에 상정되지 못한 데 불만을 품고 페이스북에 박병석 국회의장(70세)을 탓하며 8월 31일 새벽에 "오늘 실패했다. 국민의 열망을 담지 못했다." "도대체 뭘 더 양보해야 가짜 뉴스 피해구제법을 통과시킬 수 있는지." "모든 직을 걸고 제대로 더 쎄게 통과시키겠다." "박병석 정말 감사합니다. 역사에 남을 겁니다. GSGG"라고 적어놓아 파란을 일으켰다.

이에 대해 전여옥 전 새누리당 국회의원은 'GSGG'를 찾아봤더니 커뮤니티에 '개XX'란 뜻으로 쓰인다고 했고, 더불어민주당 출신 국회의장을 동물을 뜻하는 'GSGG'라고 불렀다고 비판하고 나섰다. 이에 대해 김승원 의원은 여러 가지 뜻을 붙여가며 해명하다가 곧 박병석 의장에게 사과하고 질책을 받기에 이르렀다.

또한 비슷한 시기에 광복회 변호사 겸 전 서울시장 박원순 유족 측 법률대리인인 정철승 변호사(52세)가, 국민들의 광범위한 존경을 받고 있는 101세의 노 철학자인 김형석 연세대 철학과 명예교수에게 막말을 하여 한국사회에 충격을 던져줬다. '행동하는 석학'으로 평가할 수 있는 김형석 연세대 명예교수가 8월 31일, 일본 산케이 신문과 인터뷰할 때 문재인 정부의 언론 압박을 비판하며 "당이 하는 일이 정의로 여겨지는 북한·중국 등 공산주의 체제와 같아질 수 있다." "문, 항일운동 하듯이 애국자로 존경받겠다는 생각에 사로잡혀 있다." "악화된 한일관계를 방치하는 것은 향후 젊은이들의 희망을 뺏는 일"이라고 한 주장에 정철승 변호사는 "이래서 오래 사는 것이 위험하다는 옛말이 생겨난 것일 게다"라고 막말을 하며 나선 것이다.

이에 대해 김영환 전 국회의원은 "정철승, 어디 살다가 왔나… 패륜의 언어"라고 준엄한 비판을 하고 나섰다. 그는 또 "갈수록 존경스런 노인들이 줄어드는 이유는 노인들이 몸과 정신이 모두 허물어질 때까지 살기 때문인 듯싶다. (중략) 70대 중반 정도가 적당한 수명이 아닐까?"라는 글을 남기기도 해 한국 사회 전반에 충격을 안겨주었다.

이런 충격적인 발언에 대해 대한노인회는 "정철승 변호사 패륜적 발언… 특정 진영 입장인지 밝혀야" 한다며 강력히 규탄하고 나섰다. 대한노인회는 9월 6일 김호일 회장 명의의 성명서를 통해 "고 박원순 전 서울시장의 법정대리인 정철승 변호사가 로마시대 귀족 남성의 존엄사 기준이 70대 중반이었다는 점을 언급하며, 우리나라 최고의 지성 김형석 교수를 모욕한 데 대해 강력 규탄한다"고 비판했다.

또 김 회장은 성명서에서 "김 교수는 우리나라 최고의 지성으로 1960년 4·19혁명 때 연세대 조교수로 재직하면서 교수 시위를 주도했으며, 독실한 기독교인으로 《예수》라는 책을 출간하기도 했다. 그러나 정철승 변호사는 사실을 왜곡한 것도 모자라 비하발언에 대해 반성을 하기는커녕 하루 사이에 팔로워 300명이 늘었다고 주장하거나, 또한 김형석 교수의 딸이 '아버지를 향한 인식공격을 말아달라'는 글을 썼다는 보도에 대해 어떤 자들의 장난질이라 매도하는 등 패륜적 언행을 멈추지 않고 있다."고 지적했다.

정철승 변호사가 비판한 김형석 교수는 1920년생으로 올해 나이 만 101세가 됐다. 그는 2021년 8월 31일 일본 산케이신문과의 인터뷰를 통해 '문재인 정부가 언론에 대한 압력을 강화하고 있다. 자유가 없어져 북한이나 중국처럼 되면 인간애가 파괴될 것'이라고 밝힌 바 있다. 정 변호사는 이런 인터뷰 내용에 대해 반발하며, 김 교수에 대한 비판 메시지를 자신의 SNS에 게시한 것이다. 정 변호사는 자신의 페이스북(SNS)을 통해 "내가 과문한 탓인지는 모르나, 김형석 교수는 이승만 정권 때부터 대학교수로 재직하면서 60여 년 동안 정권의 반민주·반인권을 비판한 적이 없었는데 100세를 넘긴 근래부터 문재인 정부를 비판하는 발언들을 작심하고 하고 있다"며 비판했다.

이어 "이 무슨 1945년 8월 16일부터 독립운동하는 짓인지 모르겠는데, 이래서 오래 사는 것이 위험하다는 옛말이 생겨난 것일 게다. 어째서 지난 100년 동안 멀쩡한 정신으로 안 하던 짓을 탁해진 후에 시작하는 것인지…… 노화현상이라면 딱한 일"이라고 비난했다.

또 김 교수의 딸 발언을 소개하며 기사를 쓴 한 일간지를 대상으로도 "그 글을 인용하면서 나를 비난하는 기사를 썼다기에 봤더니, 그 따님의 글이라는 것이 나를 교묘하게 중상모략하는 내용이었다"고 지적했다.

이런 정 변호사의 비판에 대해 대한노인회가 직접 나서서 김교수의 편에 선 것이다. 대한노인회 김 회장은 "대한노인회는 6일 김호일 회장 주재로 긴급 간부회의를 소집하고 정철승 변호사의 발언 내용이 심각하다는 결론을 내리고, 정 변호사의 막말이 본인의 생각인지 아니면 특정 진영의 공식적인 입장인지 분명히 밝힐 것을 촉구했다"고 말했다. 또 정 변호사에게 공식적인 사과도 요청했다. 김 회장은 "이제 정철승 변호사는 이유 여하를 막론하고 당사자인 김형석 교수는 물론 850만 시니어에 대해 즉각 공개 사과하고, 패륜적 언사를 되풀이하지 않겠다는 입장을 분명하게 밝힐 것을 정중히 경고한다"고 밝혔다.

김 회장은 "아울러 내년 대선에서는 이념, 지역, 종교를 초월하여 세대와 계층 간 소통과 이해, 배려를 통해 국민을 통합할 수 있는 '포용적 리더십'을 만날 수 있기를 고대한다. 다시 한 번 정철승 변호사의 공개적 사과를 촉구한다"고 덧붙였다.

그런데 대한노인회 김호일 회장의 준엄한 경고가 있고 나서 며칠 후 김형석 명예교수는 '행동하는 석학'답게 조선일보에 "文, 취임

사와는 정반대로 나아가고 있고…… 나라가 망하고 있다"고 충정
어린 경고를 재차 강조하고 나섰다.

위의 사실을 참조해볼 때 정치·사회적으로 지도자이며 지식인
이라 할 수 있는 김승원 국회의원이나 정철승 변호사가 많은 전문
지식을 지녔다 하더라도 교양을 제대로 갖추지 못하여 인격이 정
상적으로 형성되지 못했음을 느낄 수가 있다. 필자는 고려대학교
를 5년 동안 다니며 정치외교학과 등 2개 학과를 복수전공 하며 광
범위한 인문학 교양을 습득하면서, '타고난 기질에 인문학적 교양
을 많이 축적해야 훌륭한 인격이 제대로 형성된다!'는 절대적 진리
를 배웠다. 즉 충분한 인문학적 교양을 쌓지 못하면 천박한 기질만
드러난다는 뜻이다.

따라서 앞에서 언급한 김승원 국회의원이나 정철승 변호사는
인간으로서의 기본적인 교양을 충분히 습득하지 못해 인격이 제대
로 형성되지 못했다고 지적하지 아니할 수 없다.

결론적으로 우리나라가 선진국으로 나아가려면 국가를 움직
이는 지도자나 지성인들이 먼저 기본적인 인성교육을 받아서 훌륭
한 인격을 형성하고, 또한 올바른 역사교육 및 정치교육 등을 제대
로 받아야 한다. 따라서 우리나라 젊은이들에게 제대로 교육이 이
루어지는가를 철저히 분석하고 비판하여 지금부터라도 올바른 교
육을 시켜야 할 것이다.

감수성이 예민한 고등학생들에게 좌파적 이념교육을 실시하
여 올바른 교육을 방해하고 있는 전교조에게 분노하는 인물이 있
다. 용기 있게 행동하는 지성인이라 할 수 있는 조전혁 전 국회의원

이 바로 그 인물이다. 그는 1960년생으로 고려대 경제학과를 졸업하고 전 자유한국당 국회의원을 지냈다. 조전혁 전 의원은 전교조가 이른바 그들이 주축을 이루는 '혁신학교'에서 '계기(契機) 수업'을 통하여 학생들에게 좌파적 이념교육을 실시하고 있다고 비판해 왔으며, 이를 저지하는 데 선봉에 선 인물이다.

전교조(전국교직원노동조합)는 1987년에 창립되었고, 2013년 교원노조법을 어겨 법외(法外) 노조가 되면서도 국가교육정책을 좌우하는 자리를 거의 장악하여 문재인 정권까지 10여 년간 좌파 교육감 시대를 상징하는 '전교조 전성시대'를 이끌어 왔다.

또한 '혁신학교'란 김상곤 교육부 장관이 경기교육감 시절인 2009년 도입한 학교 모델이다. '혁신학교 확산'은 문재인 정부의 국정과제 가운데 하나로 이른바 진보 진영 교육감들이 적극적으로 추진해 왔다. 그리고 '계기 수업'이란 노동절이나 6·25, 5·18 같은 특별한 날이나 특별한 이슈가 있을 때 그것을 '계기'로 하는 이념 수업이다. '계기 수업'은 전교조 지도부에서 날짜와 내용을 정하고, 이런 수업은 학교장 승인을 받아야 하는데 전교조는 그런 승인조차 받지 않고 지도부의 지시에 따라 계기 수업을 진행한다.

조전혁 전 의원은 '전교조 저격수'라는 별명을 갖고 있다(조 전 의원은 '뒤에서 숨어 본 적이 없다'면서 '저격수'라는 별명이 탐탁지 않다고 했다). 뉴라이트 계열 교육단체인 자유주의교육운동연합 상임대표를 지냈고, 지난 2006년 《전교조 없는 세상에 살고 싶다》라는 책을 써서 단숨에 '전교조 저격수'로 떠올랐다. 국회의원이 되고 나서는 전교조 조합원을 포함하여 교총 소속 등 교원단체에 속한 교사들의 명단을 인터넷 사이트에 공개했다. 이 일 때문에 조 전 의원은 전교조 교사들에게 16~17억 원 정도의 배상금을 물어야 했다.

조 전 의원이 파악한 바에 의하면 "전교조 교사들은 과거 운동권의 두 축을 이룬 NL(민족해방)과 PD(민중민주)로 나뉩니다. NL 쪽 전교조 교사들은 대한민국은 미국의 식민지인 만큼, 미국에 대항해야 한다고 봅니다. 반면 미국에 대항하는 북한에는 동정적입니다. NL 쪽의 일부 극단적인 교사는 아이들한테 반미(反美)를 넘어 친북(親北)·종북(從北) 사상까지 주입합니다.

PD는 유산(有産) 계급이 무산(無産) 계급을 억누르는 계급의 모순을 타파해야 한다는 입장입니다. 때문에 PD 쪽 전교조 교사들은 '노동'을 강조하고, 자본가는 노동자를 착취하고 억압한다고 세뇌합니다. 이런 수업들이 '계기 수업'을 가장해 이뤄지는 것입니다. 전교조는 분명한 정치노선을 가지고 설립된 단체입니다."라고 한다.

또한 공안검사 출신 고영주 변호사는 "전교조 핵심부의 목표는 학생들을 사회민중민주주의 혁명세력으로 키우는 것"이라고 단언했다. 이런 전교조의 이념교육에 대해 조 전 의원은 "미국이나 유럽에서 교사가 전교조식의 '계기 수업'을 했다면 해당 교사는 그날 당장 해직됐을 겁니다."라고 주장하며, 학생들에 대한 전교조의 잘못된 교육을 비판하고 나섰다.

드디어 전교조의 이러한 이념 편향적 교육에 대해 고등학생들이 공개적으로 반발하고 나섰다. 자유민주주의 국가에서 자유롭고 올바른 정신을 지닌 고등학생들이 낡은 이념에 경도된 전교조식 교육을 거세게 비판하며 행동으로 나선 것이다. 전교조는 고등학생들에게 왜곡된 역사교육과 시대에 뒤떨어진 좌파 이념에 편향된 정치교육을 하다가 자유민주주의를 신봉하는 고등학생들의 거센 반발을 사고 말았던 것이다.

2019년 10월 서울 관악구 인헌고등학교에서 전교조 교사와 학생들 간에 설전이 벌어졌다. 학생들은 10월 23일 "교사들에게 편향된 정치사상을 강요받았다"며 "우리를 정치적 노리개로 이용하지 마라"는 기자회견을 학교 정문에서 열었다. 이에 대해 전교조 교사들은 교내 방송을 통해 "가짜 뉴스에 속지 마라"며 학생들이 거짓말을 한다고 했다.

스스로 이름을 밝히고 나선 학생들의 증언에 따르면, 한 교사는 조국 전 법무부 장관에 대한 보도를 "모두 가짜 뉴스"라고 가르쳤다. 또한 조 전 장관에게 반감을 표시한 학생에게는 "너 일베냐"라며 매도했다고 한다. "나는 문재인을 좋아한다. 문재인을 좋아하는 사람은 손을 들어보라"고 한 교사도 있었다. 일부 교사는 "MB(이명박)와 박근혜는 사기꾼" "노동유연성을 말하면 또라이"라는 등 무지한 막말을 서슴없이 내뱉었다고 한다.

이에 참다못한 학생들은 '인헌고 학생수호연합'이라는 모임을 만들고 "일부 정치 편향 교사들의 행태에 대해 심각성을 인식하고 감사에 착수해 달라"는 청원서를 서울시교육청에 제출했다. 그런데 결과는 기가 막혔다. 서울시교육청은 '정치 편향 교육'을 한 서울 인헌고 교사들에 대해 "교육적 과정이었다"며 특별감사를 하거나 징계하지 않겠다고 했다.

조사 책임자인 서울시교육청 담당 장학관은 과거 전교조 핵심

인사 출신으로 '혁신학교' 주창자라고 한다. 적반하장으로 인헌고는 정치교사를 폭로한 학생들을 학교폭력위원회(학폭위)에 회부했다. 서울시교육청은 학생들에게 황당한 정치 편향 교육을 한 교사를 벌하지 않았고, 오히려 해당 학교는 학생들을 학폭위에 회부한 것이다. 그리하여 이런 기막힌 일을 당한 인헌고 김화랑 군은 서울시교육청의 '특별 장학' 결과에 반발하여, 서울시교육청 앞에서 오랫동안 1인 시위를 하며 자유 대한민국 국민들에게 경각심을 일깨워 주었다.

이에 대해 단호한 조 전 의원은 "드디어 '전교조의 간이 배 밖으로 나왔구나'라고 생각했죠. 제가 국회에 있을 때(2008~2012년)만 해도 전교조 교사들이 (정치 편향적 교육을) 숨어서 했습니다. 지금처럼 좌파 교육감들이 많지 않기도 했지만요. 물론 대놓고 하는 교사들도 있었지만 '인헌고 사태' 정도는 아니었죠. (중략) '혁신학교'가 만들어지면서 전교조가 가진 잘못된 사상을 학교 차원에서 대놓고 교육할 수 있게 됐으니까요. 과거 제가 공개한 전교조 명단에 따르면 인헌고 전체 교사(60여 명) 중 전교조 소속 교사가 16~17명 정도였습니다. 그땐 인헌고가 '혁신학교'가 아니었죠. 인헌고가 2012년 '혁신학교'로 지정됐으니, 전교조 소속 교사 수가 더 늘었을 겁니다. 저는 70~80%가 전교조일 가능성이 크다고 봅니다. (중략) 혁신학교는 좌파 교육감하에서 전교조 평교사들이 교장으로 가는 코스로 알려졌습니다. 전교조 소속 또는 출신 교사가 교장이 되면 '교사 초빙권'을 내세워 같은 전교조 출신 교사를 많이 데려오지 않겠습니까. 또 혁신학교는 교사의 자발적 지원이 가능한데, 실제 지원한 상당수가 전교조 출신이라고 합니다. 결국 혁신학교는 '전교조 교사모임의 장(場)'이 될 수 있죠."라고 말한다.

실제 혁신학교에 근무했던 한 고교 교사는 "이미 전교조가 학교를 쥐락펴락하는 수준이라…… 전교조 교사가 전보(轉補) 신청을 해 혁신학교로 가거나, 혁신학교에 있는 전교조 교사가 전보 유예를 신청해 계속 머무는 일도 매우 빈번하다"고 했다.

또한 조전혁 전 의원은 "그전에는 경력 20년 이상인 교사가 교감을 거쳐 교장 자격증을 따야만 교장이 될 수 있었죠. 그런데 노무현 정부 때인 2007년 무자격 교장 공모제가 시범 도입돼, 교사경력 15년 이상이면 공모를 거쳐 교장이 될 수 있도록 2012년부터 본격 시행됐습니다. 원래 '공모 교장제'는 기업경영인이나 과학기술자 등 전문가를 교장으로 초빙해 획일화된 교육을 혁신하기 위한 목적으로 도입되었지만, 지금은 전교조 출신 평교사를 교장으로 만드는 수단으로 변질했죠.

(중략) 혁신학교란 교사에게 교육과정 자율권을 주고 학생들에게 다양한 활동·토론 중심 수업을 제공한다는 취지로 만든 학교인데, 그게 전교조의 정치적 세뇌수단이 돼버렸습니다.

저는 이런 혁신학교 교육 자체가 우리 헌법 가치에 맞는지 의문이 있습니다. 대한민국은 '국가 교육과정'을 택한 나라입니다. '국가 교육과정'이란 국가와 학부모가 교육과 관련한 사회적 계약을 맺는 것이죠. 그런데 혁신학교 가는 순간 국가가 학부모에게 약속한 교육과는 다른 교육을 하는 게 됩니다. 문제로 삼을 수밖에 없죠."라고 밝혔다.

또한 조 전 의원은 '전교조 저격수'가 된 이유를 다음과 같이 명확하게 밝혔다.

"저는 일찍 유학 갔다가 일찍 대학교수가 된 사람입니다. 창피하지만 사회문제에 별 관심이 없었습니다. 대학교수라는 직책이 주는 여러 가지 편의를 즐기며 사는 사람이었죠. 2000년 초반일 겁니다. 원론(原論) 수업을 하게 됐는데, 대학생들 생각이 이상하더라구요. (중략) 미국에서 유학할 때 저는 '신(新) 성장이론'이라는 새로운 조류(潮流)에 접할 수 있었습니다. 경제성장의 동력을 인적(人的) 자본 축적에서 찾는 이론이죠. 아무런 자원도 없던 대한민국의 성공적인 경제성장을 설명할 수 있는 적절한 이론이었습니다.

그런데 제가 가르치는 대학생들은 너무나 반(反)시장적이고 반(反)기업적인 정서가 강했습니다. 엄청 놀랐죠. 너무 이상해 다음 학기에 자청해서 원론 수업을 한 번 더 했는데, 똑같더군요. 그래서 우리 대학생들을 저렇게 만든 원인이 무엇인가 살펴봤습니다. 마침 우리 대학(인천대)에도 초중고 교과서가 있기에 훑어봤더니, 21세기에 대한민국에서 가르쳐야 할 책이 아닌 쓰레기더군요. '교과서를 이렇게 만드는 것을 보니, 뭔가 조직적인 힘이 있구나'라고 생각했죠.

제가 운동권 출신이었다면 단번에 배후가 전교조라는 것을 알았을 텐데, 운동권하고 거리가 멀었으니 공부해서 알게 됐습니다. 그 과정에서 전교조·민노총이 어떤 조직이고, 그들이 어떤 생각을 가지고 있고, 그 생각들이 어떻게 교과서에 녹여졌는지를 파악하게 된 것이죠. 전교조 교사들을 바로잡지 않는 한 우리 사회에 만

연된 반시장·반자유주의 정서를 걷어낼 수 없다는 판단이 들었습니다."

조 전 의원은 전교조가 보수 세력을 친일(親日) 잔재 세력이라고 결부시켜 매도하는 교육을 하는 것을 보고 분개했다. "전교조는 입만 열면 친일파 타도와 반일을 강조하잖아요. 그런데 전교조가 이야기하는 '참교육'이란 일본 좌파 교원 단체인 일본교직원조합(일교조)이 강조했던 '공산주의 혁명을 위한 진교육(眞教育)'의 직역(直譯)입니다. 앞에서는 반일을 외치지만 뿌리는 일본의 일교조인 것이죠. 이것이야말로 진짜 친일 아닙니까."

'일교조'의 배후에는 한때 일본에서 가장 강력한 노동단체였던 일본노동조합총평의회(총평)가 있었고, 그 뒤에는 좌파 야당인 사회당이 자리 잡고 있었다. 한국의 일부 교사들은 1989년 전교조를 결성하기 전에 《인간의 벽》을 필독서로 삼았다. 《인간의 벽》은 '일교조'에 가입해 있는 초등학교 여교사를 주인공으로 내세운 작품이다. 전교조 추진 그룹은 전교조가 지향해야 할 모델로서 '일교조'를 가장 염두에 두었을 가능성이 크다.

《인간의 벽》이란 책은 일본에서 사회파 작가로서 널리 알려져 있는 작가 이시카와 다쓰조의 장편소설로서 브라질에서 이주민으로 산 경험을 바탕으로 쓴 소설이다. '일교조'는 1950년대에 교사 60만 명 가운데 50만 명이 가입할 정도로 위세 당당한 교원단체였다. 그러나 교원평가와 전국학력평가 반대투쟁을 벌이면서 '일본 교육의 암적 존재"라는 비판을 받고 1980~90년대 가입률이 30% 아래로 떨어졌다. 그리하여 '일교조'는 1995년 '탈(脫)이념'의 노선전환을 시도해 요즘은 수업 개선, 교재 개발 같은 교육적 활동에 주력하고 있다.

그리고 조 전 의원은 '뉴라이트' 운동에 뛰어든 동기에 대해 다음과 같이 밝히고 있다. "김대중 정부까지만 해도 그런대로 의미가 있다고 보았는데, 노무현 정부를 보면서 이렇게 가다가는 나라가 망할 수도 있겠다는 위기감이 들었습니다. 제가 교수로서 대학생 500~700명의 생각을 바꾸는 게 물론 의미는 있지만 너무 작은 것이라서 어떻게 할까 생각하다가, 그럼 글을 써보자 해서 2004년 8월 〈조선일보〉에 전교조 교사들의 교육 걱정을 담은 〈저주의 굿판을 멈추어라〉는 제목의 글을 한 편 보냈습니다. 그 글이 꽤 유명해졌죠. 한 달 있으니까 〈조선일보〉에서 글 하나를 더 보내달라더군요. 하나 더 보냈더니 '아침논단' 필진이 돼 있었습니다. 당시 오피니언 담당하시는 분이 〈조선일보〉 역사상 글 두 편을 보내고 '아침논단' 필진이 된 사람은 당신밖에 없다'고 하더군요. 글 하나가 제 인생을 완전히 바꿔놓은 셈이죠." 〈저주의 굿판을 멈추어라〉에는 "이념교육에 몰두하는 전교조 굿판, 교육사회주의에 점령된 중등교육은 선무당 사관생도를 양산하고 있다"며 전교조를 비판하는 내용이 포함돼 있었다.

조 전 의원은 말을 이었다. "〈조선일보〉 고정 칼럼니스트가 되니까 다른 언론사에서도 글을 써달라는 연락이 오고, 그러다 보니까 보수 칼럼니스트가 됐습니다. 저랑 색깔이 같은 동지가 많더군요. 그래서 이분들과 스크럼을 짜서 활동하게 됐죠. 국회의원 했던 신지호 전 의원은 '자유주의연대'라는 사회단체를, 저는 '자유교육

연합'이라는 교육운동단체를 만들어서 글도 쓰고, 강연도 다니고 열심히 했죠. 당시 〈동아일보〉 논설위원이었던 이동관 전 청와대 홍보수석이 '뉴라이트'란 이름을 지어줬죠. 사실 뉴라이트 원조(元祖)들은 단체 이름에 '뉴라이트'를 붙인 적이 없습니다. 그 뒤에 나온 친구들이 '뉴라이트'란 이름을 붙였죠."

조 전 의원은 배지를 노리는 기성 정치인과 비교해 국회 입성을 쉽게 했다. '자유주의교육운동연합' 상임대표를 지냈고, 지난 2006년 《전교조 없는 세상에 살고 싶다》라는 책을 써서 단숨에 '전교조 저격수'로 떠오른 그의 몸값은 상당했다. "2008년 (한나라당 대선후보) 경선이 시작되면서 박근혜 캠프와 이명박 캠프가 서로 사람을 당기느라 정신이 없었습니다. 사상운동을 하는 단체의 대표가 경선 캠프에 들어가는 건 좀 어렵다고 판단해 참여하지 않았습니다. 이명박 캠프의 곽승준·박영준은 친구들이고, 박근혜 캠프의 유승민·최경환은 위스콘신대에서 같이 공부했습니다. 캠프에서 도와달라는 제안들이 있었지만 다 안 간다고 했지요."

이명박 전 대통령이 대통령으로 당선된 후 '이명박 인수위원회 사회교육문화 분과위원회' 간사였던 이주호 KDI국제정책대학원 교수(전 교육과학기술부 장관)는 조 전 의원에게 같이 일을 하자고 부탁했다. 조 전 의원은 "기초 닦는 일이면 같이 하자"며 인수위에 상임자문위원으로 참여했다.

"인수위 활동이 거의 끝나 갈 즈음, 당시 한나라당 공천 마감 이틀 전에 모씨의 전화를 받았습니다. '조 교수, 우리 좀 도와줘!' 그러더군요. 그래서 '뭘 도와드릴까요? 제가 도울 수 있는 일이면

도와드려야죠' 그랬더니 선거 좀 나가달라는 겁니다. 인천 남동 을 (인천 최대 격전지) 찍어서요. 만약 모씨가 거들먹거리면서 '공천 줄 테니까 꿇어!' 그랬다면 제 자존심에 절대 안 했을 텐데, 진지하게 도와달라더군요. 그래서 제가 '마누라한테 물어보고 연락드리겠다' 고 했죠.

아내에게 물어보니 '돈 많이 든다던데?' 그러기에 '요즘은 돈 많 이 안 든다더라. 그리고 내가 그동안 그렇게 막 살지 않았으니, 친 구나 선배들이 도와주겠지'라고 말했습니다. 마누라가 '당신 알아 서 해!'라고 하더군요. 그래서 30분 만에 출마를 결정했고, 한 달 반 정도 선거운동 하고 나서 국회의원이 됐습니다."

18대 총선으로 국회에 입성, '전교조 명단 공개' 등 화려한 의 정활동을 한 조 전 의원은 19대 총선을 앞두고 공천에서 탈락했다. 그는 공천 탈락 소식이 있고서 딱 15분 만에 불출마 선언을 했다. "저도 18대 때 낙하산 전략공천으로 왔잖아요. 그렇게 온 놈이 전 략공천으로 밀려나는데 무슨 할 말이 있겠습니까. 쿨(?)하게 수용 했습니다."

이후 조 전 의원은 2014년 경기도 교육감 선거에 출마했지만 패했다. 20대 총선 때 다시 인천 남동 을 지역공천을 받아 재선에 도전했지만, 또 실패했다. 조 전 의원은 경기도 교육감 선거 패배에 대해서는 할 말이 있다고 했다.

"원래 대한민국 교육을 좀 바꿔보고 싶다는 마음에서 서울시 교육감 선거에 나가려고 했습니다. 당시 서울시 교육감이 문용린 전 교육부 장관이었는데, 이분이 몸이 안 좋으셔서 교육감 선거에

안 나가는 것으로 돼 있었습니다. '이분이 출마하지 않으면 내가 출마하겠다'고 생각한 것이죠. 교육계 원로들과 우파 지도자들도 '문 교육감이 출마하지 않는다고 하니 당신이 나와야 한다'고 저를 지원·지지하고 있었습니다.

그런데 문 교육감께서 마음을 바꿔 출마한다고 한 겁니다. 저도 나간다고 한 만큼 난처한 상황이 발생한 것이죠. 그러니까 그때부터 교육계 원로들과 우파 지도자들이 경기도 교육감 선거에 나가라고 종용했습니다. 경기도 교육문제가 더 심각하다면서요. 제가 경기도에 연고가 있는 것도 아니고, 나가 봤자 패배할 게 뻔했죠. 후보단일화도 현실적으로 불가능했고, 그런데 어떻게 합니까. 우파 쪽에서 '제발 나가 달라'고 난리가 났는데, 모른 척할 수 없지 않습니까. 결국 떨어질 줄 알면서도 책임감과 의리 때문에 나갔죠. 낙선이 분명한 선거를 치르는 건 정말 괴롭더군요."

결국 조 전 의원은 2014년 6·4 지방선거에 경기 교육감으로 26% 득표율로 낙선했다. 이런 지난한 과정을 겪으면서 조 전 의원은 낡은 좌파 이념에 사로잡힌 전교조의 교육을 비판하며 올바른 교육을 실현해 침몰하는 자유 대한민국을 구하려고 교육계의 최전선에서 투쟁하며 부단히 노력했으며, 국가의 미래에 희망의 불씨를 살려냈다고 필자는 높이 평가하고 싶다.

그리고 여전히 북한의 독재자 김정은은 대남 적화통일을 꿈꾸며 '북한식 연방통일'을 지향하고 있는데, 문재인 정권은 '자유민주주의 통일'을 부정하는 잘못된 통일교육을 하고 있어 거센 비판을 받고 있다. 문재인 정권은 북한이 '수령 중심의 일당독재'이지만 전체주의로만 볼 것이 아니라, '집단주의' '평등주의'를 지향하는 사회로서, '무료교육, 무료진료, 남녀평등의 실현과 같은 사회주의 이상을 지니고 있다는 자부심을 내세운다.'고 설명하면서 사회주의 독재국가, 노예국가의 실상을 제대로 보지 못하고 북한을 두둔하는 잘못된 사상교육을 하고 있다.

따라서 문재인 정권의 잘못된 사상교육을 분석하고 비판하여 '정권교체'가 되면 제대로 바로잡을 필요가 있다. 문재인 정부가 들어서면서 종전의 통일교육지침서를 개편했다. 통일부가 지난 2010년 8월 마련했던 〈통일교육지침서〉 대신 〈평화·통일교육 : 방향과 관점〉을 발간한 것이다. 통일부는 "지난해 4월 27일 '남북정상회담'을 통하여 남북관계의 새로운 돌파구를 마련하고 있다는 시대적 상황이 반영된 것"이라고 설명했다.

통일교육지침서는 정부가 통일교육 방향을 제시하는 지침서다. 이 책은 1만 2,000여 곳의 초·중·고에 배포되고, 통일교육원이 연 1,000회 이상 실시한 학교 통일교육의 자료로 쓰인다. 이름만 바뀌었지 〈평화·통일교육 : 방향과 관점〉도 마찬가지다. 〈평화·통일교육 : 방향과 관점〉의 골자는 통일안보교육이 가진 체제이념교육의 한계에서 벗어나 평화를 실현하는 방법으로 통일교육을 해나가야 한다는 것이다.

보수 정권에서 '안보'의 의미를 강조한 '통일안보교육'을 사실상 백지화하고, '평화통일교육'을 하겠다는 것으로서 '대한민국이 한반도 유일 합법 정부'란 표현이 빠지고, 북핵에 관한 내용을 대폭 줄였다.

이처럼 정권에 따라 북한에 대한 인식이 오락가락해, 김상무 동국대 사범대학 교수(교수학습개발센터장)는 "북한에 대한 이해는 정부 성향 또는 정치·사회 분위기에 따라 달라지고 있어 문제"라고 지적했다. 그는 "통일교육 기본법이 제정된 지 20년 가까이 됐지만, 정권이 바뀌며 '통일교육지침'이 변화하는 등 통일교육이 일관성 있게 진행되지 못했던 것이 문제"라고 짚었다.

실제 〈월간조선〉이 김대중 정부(2002년), 노무현 정부(2007년), 이명박 정부(2008년), 박근혜 정부(2016년), 문재인 정부(2018년)의 통일교육지침서를 각각 분석해 보니, 정권의 성향에 따라 오락가락했다.

김대중 정권 때 발간한 〈통일지침서〉는 남북한이 화해협력 관계를 증진시켜 서로에 대한 신뢰를 회복하면서 평화공존의 단계를 달성할 필요가 있다는 점을 강조했다. 동포애를 증진시켜 북한을 공존과 동반자 관계로 이끌어가는 지혜와 노력이 필요하다는 것이다. 이를 위해 당시 〈통일지침서〉는 '남북한 사이의 다름을 인정하고 같음을 확대·창조하는 능력을 배양할 수 있도록 한다'고 명시했다. 노무현 정권 또한 김대중 정권의 화해협력 정책을 계승하면서 '평화번영 정책'을 표방했다.

이명박 정권 때 〈통일지침서〉는 김대중 정권의 방식으로는 북한의 개혁·개방을 이끌어내는 데 한계가 있다고 봤다. 북한의 세습독재, 핵개발, 인권탄압 등에 초점을 맞췄다.

박근혜 정권 때 〈통일지침서〉도 마찬가지였다. 세부적으로 보면 북한 정치체제에 대해 박근혜 정권 때는 '일당독재체제(노동당에 의한 일당독재체제, 수령 1인의 유일독재체제)'임을 분명히 규정했지만, 문재인 정부는 '유일지배체제(주체사상과 선군사상을 기반으로 하는 유일지배체제)'로 수정했다.

북한의 경제와 관련해 노무현 정권 때는 '사회주의 계획경제'의 문제점을 지적하면서 경제난을 극복하기 위해 경제 개선 조치, 개혁·개방을 확대하고 있다고 긍정적으로 기술했다.

하지만 박근혜 정권 때는 '사회주의 계획경제'를 고수하는 가운데 경제·핵 무력 건설을 병진하면서 제한적인 대외개방만 시도하고 있다고 부정적으로 분석했다. 또 북한 인권에 대해선 박근혜 정권은 공개처형, 정치범 수용소, 종교 억압, 탈북자 강제 송환 등의 문제를 부각시키면서 국제사회는 인권 개선 조치를 촉구하고 있다고 소개했지만, 문재인 정부는 북한 인권 침해에 대한 구체적인 내용을 삭제했다. 문 정권은 '포괄적으로 국제사회에서 북한 주민의 인권은 열악한 것으로 평가받고 있다'고 서술할 뿐이었다.

문재인 정부는 그동안 북한 인권을 외면한다는 지적을 받아왔다. 국정원·경찰청의 지원금을 받던 탈북민 단체들에 대한 지원을 중단하고, 북한인권재단을 폐쇄한 것이 대표적이다. 북한 인권단체들에 대한 기업후원금이 끊겼다는 증언도 나온다. 서재평 탈북자동지회 사무국장은 "탈북민 강사들이 북한 인권을 거론하거나 '안보'라는 단어를 사용하면 불이익을 받는다"고 했다.

미 국무부는 2019년 7월 발표한 인권보고서에서 "한국 정부가 북한과 대화에 나서면서 탈북 단체들은 '정부로부터 북한에 대한 비난을 줄이라는 압력을 직간접으로 받고 있다'고 했다"고 밝혔다.

문재인 정부는 세 차례의 남북정상회담과 적십자회담을 하면서도, 북한에 억류 중인 우리 국민 6명의 송환 문제에 대해선 제대로 문제 제기도 못 하고 있다.

요약하면 좌파 정권의 통일교육 방향은 사실상 맹목적으로 북한의 장점을 이해하고 우호적인 인식을 갖자는 것이었다. 그리고 우파 정권의 통일교육 목표는 안보의식을 확고히 하고, 남한의 자유민주주의 체제에 대한 신념을 갖도록 하는 것이었다.

통일부 산하 통일교육원이 발간한 〈통일정책연구〉 제28권 1호에 실린 '평화통일 교육의 방향과 내용 고찰'이란 제목의 글에는 보수 우파 정권 때의 지침서에 적힌 통일 교육 내용을 강력히 비판하는 내용이 실렸다.

그동안 통일교육은 반공교육, 통일안보교육으로 이어지면서 주로 체제이념교육의 성격을 띠고 있기 때문에 '조직화된 평화부재의 세계'에 몰입하고 있다고 볼 수 있다. 남한의 자유민주주의 이념과 자유시장경제 체제를 옹호하고, 반대로 북한의 공산주의, 전체주의 체제를 비판하고 배격하는 데 치중하였기 때문에 일방적인 이념교육의 성격을 벗어나기 어려웠다.

이러한 통일안보교육의 한계를 극복하지 못하고 있기 때문에, 통일교육은 보편적 가치로서 평화와 인권, 반전과 군축, 갈등해결 등 범세계적인 시각이 반영된 평화교육, 또는 세계시민교육의 관점에서 '해체와 재구성'이라는 새로운 도전에 직면하는 것이다. 따라서 분단체제에서 파생된 북한에 대한 적대감, 그리고 남한 사회 내부의 맹목적 반북의식, 소위 '종북 프레임'에 대한 비판과 성찰이 필요하다.

저술자인 한만길 한국교육개발원 석좌 연구위원은 "2018년 지침서(현 정부가 발간한 〈평화·통일교육 : 방향과 관점〉)는 평화통일교육의 중점 방향으로서 '평화'를 강조하고 있다는 점에서 종전의 지침서와 비교하면 의미 있는 변화"라고 했다. 한 연구위원은 "우리가 북한을 평화적 공존의 대상으로서, 그리고 동반자 관계로서 제대로 인식하려면 그들의 생각과 정서를 이해하고 존중하는 자세가 선행되어야 할 것"이라고 주장하며 다음과 같이 썼다.

사실 우리 사회에서 북한은 '독재' '인권탄압' '적' 등으로 부정적 인식이 주를 이루고 있기 때문에 긍정적 요소를 찾기 어려울 뿐만 아니라 긍정적 측면을 부각시킬 경우, '친북' 또는 '종북'으로 지탄받을 우려가 있기 때문에 감히 말하기 어려운 현실이다.

그럼에도 지난 2002년 지침서는 김대중 정부의 평화통일교육 전형을 보여주고 있는데, 그 사례로서 북한은 '수령 중심의 일당독재'이지만 전체주의로만 볼 것이 아니라, '집단주의' '평등주의'를 지향하는 사회로서, '무료교육, 무료진료, 남녀평등의 실현과 같은 사회주의 이상을 지니고 있다는 자부심을 내세운다'고 설명했다.

> 우리는 북한이 경제난으로 무상의무교육이 무색해졌다고 보고 있
> 지만, 그래도 북한 스스로 '교육의 나라'라고 주장하는 그들의 자긍
> 심을 부정해서는 안 될 것이다.

그러나 필자는 김정은의 '독재'와 '인권탄압'으로 상징되는 북한은 공산주의 체제를 확고하게 유지하고 있는 전체주의 국가이자 노예국가라고 생각하며, '무료교육' 등으로 평등주의를 실현하고 있다는 주장은 거짓 선동일 뿐이라고 지적하고 싶다. 따라서 북한에 대한 한만길 연구위원의 무비판적이고 우호적인 논조는 전교조의 주장처럼 '친북적' 또는 '종북적' 논조라고 비판하지 아니할 수 없다.

그리고 과연 북한주민이 무료교육, 무료진료, 남녀평등의 실현과 같은 사회주의 이상을 지니고 있다는 자부심을 내세운다는 게 사실일까? 북한은 대외적으로 무상교육을 표방하고 있지만, 실제론 남한처럼 사교육 열풍이 거세게 불고 있다. 북한의 소수 특권층은 그들의 선전과는 반대로 자녀를 김일성종합대학이나 김책공대, 평양의대 등 명문대에 보내기 위해 고액 과외를 시키고 있는 모순을 범하고 있다.

이에 대해 태영호 전 영국 주재 북한대사관 공사는 "공산주의로 알려졌지만, 북한은 신분사회다. 인구의 1%도 안 되는 핵심 상승계층이 특권을 누린다. 엘리트층으로의 수직 상하 이동은 거의 없고, 엘리트층 내에서 세대교체가 이뤄지는 수평식 좌우 이동만

있다. 핵심계층 자녀가 부모처럼 핵심 엘리트층에 들어가려면 어릴 때부터 경쟁적으로 사교육을 받아야 한다. 아이가 다섯 살이 되면 본격적인 '직선주로'에 들어선다. 북한 엘리트들은 글을 배우기 전 음악부터 배워야 두뇌 발달에 좋다고 생각한다. 다섯 살이 되면 피아노를 사놓고 가정교사를 둬 가르치든지 음악유치원에 넣는 집이 많다. 이런 유치원에 들어가려면 입학시험을 통과해야 하는데 결국 조부모나 부모의 권세와 돈이 작용한다."라고 밝히고 있다.

한 탈북 교사도 "현실적으로 북한에도 과외·학원과 비슷한 개별 지도라는 게 있다"며 "북한식 개별 지도는 선생님들이 자기 집에 학생을 부르거나 학생 집에 찾아가서 한다. 현직 교사든 퇴직 교사든 돈을 받고 과외를 하면 절대 안 되지만, 돈 있는 간부들은 자존심을 걸고 아이에게 공부를 시키기 때문에 개별 지도는 계속되고 있다"고 했다. 따라서 북한도 평등한 무료교육이 제대로 이뤄지는 것이 아니고, 불법적인 사교육이 북한 엘리트층에 의해 은밀하게 저질러지고 있는 것이다.

또한 한 연구위원은 '평화'를 위해서라면 "자유민주적 기본질서를 침해하는 내용으로 통일교육을 하였을 때에는 시정을 요구하거나 수사기관에 고발해야 한다"는 조항을 삭제해야 한다고 주장했다. 국민 세금으로 운영되는 국책기관에서 일하는 연구위원이 정기간행물에 이런 주장이 담긴 글을 게재한 것이다.

이어 그는 "통일교육의 방향으로 '자유민주주의에 대한 신념'을 강조할 경우 '북한에 자유민주주의 체제로의 흡수통일을 지향하는 것처럼 오해'를 받을 수 있다"며 "왜 우리는 자유민주주의라는 용어를 고집해야 하는가? 왜 통일교육이 수사 대상이 되어야 하는가? 평화적 통일의 시각에서 볼 때 '자유민주주의 신념'에 대한 비판적 검토가 필요하다"라고까지 했다. 다음은 해당 내용이다.

과연 우리와 가치관이나 의식이 다른 사회주의 북한 주민들의 생각과 정서를 얼마나 이해하고 있는지 성찰해 보아야 한다. 우리는 남북 간의 분단과 전쟁으로 인해 심화되어온 선입관, 편견, 왜곡 등 북한에 대한 허상을 해소하려는 노력을 해야 한다.

그리하여 북한이 갖고 있는 특성과 장점을 말할 수 있고, 이에 대한 자유로운 토론과 논쟁이 이루어져야 진정한 의미에서 평화통일교육에 부합한다고 할 수 있다. 그런 사례로서 통일교육지원법 제2조(정의)에 대한 비판과 개정이 필요하다. 통일교육지원법에는 헌법에 명시되어 있는 '평화적 통일'이라는 문구는 명기되지 않고, 헌법에 있는 '자유민주적 기본질서' 문구를 대신하여 '자유민주주의'라는 용어를 명기하고 있다.

이같이 통일교육의 방향으로 '자유민주주의에 대한 신념'을 강소할 경우, '북한에 자유민주주의 체제로의 흡수통일을 지향하는 것처럼 오해'를 받을 수 있다. 이는 여전히 냉전체제에서 체제경쟁의 논리에 기초하기 때문에 현재 평화공존, 평화적 통일을 지향하는 평화통일교육의 목표로서 부적합하다고 볼 수 있다.

만약 남한 중심의 흡수통일을 지향하는 통일방식을 가정하고 있다면, 그런 가정은 평화공존, 또는 평화적 통일이라는 목표와 상치되는 논리라고 할 수 있다. 그렇기 때문에 평화의 관점에서, 평화적 통일의 시각에서 볼 때 '자유민주주의 신념'에 대한 비판적 검토가 필요하다. 더욱이 통일교육지원법 제11조(고발 등)는 '자유민주적 기본질서를 침해하는 내용으로 통일교육을 하였을 때는 시정을 요구하거나 수사기관에 고발하여야 한다'라고 규정하고 있는데, 이 또한 삭제해야 한다.

왜 우리는 자유민주주의라는 용어를 고집해야 하는가? 우리가 민주주의를 지향하는 사회에서 어떠한 교육활동이라도 자유로운 토론이나 비판의 대상이 될 수 있지만, 국가기관이나 수사기관의 통제대상이 되어서는 안 된다. 우리 의식과 활동을 제한하고 있는 분단체제의 법과 제도를 살펴보고, 그 문제점에 대하여 비판이 필요하다. 통일문제는 교실 안에서, 시민 생활 속에서 자유로운 토론과 논쟁의 대상이 되어야 한다.

그러나 한만길 연구위원의 주장과는 달리, 우선 '자유민주적 기본질서'는 통일교육지원법뿐 아니라 헌법에도 명시된 개념이다. 우리 대한민국 헌법은 '자유민주적 기본질서에 입각한 평화적 통일정책 수립'을 의무화해 놓았다. 어떤 북한 전문가는 "통일교육이 '자유민주주의'에 기초해 이뤄져야 한다는 건 국가 정체성과 직결된 문제"라며 "북한은 여전히 '적화통일'을 꿈꾸는데 '흡수통일 오해'를 우려해 해당 표현을 빼자는 것은 옳지 않다"고 했다.

대북·안보 전문가인 유동열 자유민주원 원장은 분노를 감추지 않았다. "대한민국 헌법 4조에는 자유민주적 기본질서에 입각한 통일정책 수립과 추진을 규정하여, 자유민주주의 통일을 지향함을 명백히 규정하고 있다. 그런데 한만길 연구위원이라는 사람은 자유민주주의 체제로의 흡수통일 지향이 잘못인 양 이를 부정하는 주장을 펼치고 있다. 이는 헌법위반이며, 헌법상 반국가 불법단체인 북한을 정당화하고 결국 북한식 연방통일을 지향하는 작태이다.……헌법적 가치를 존중하는 정권이 들어서야만(윤석열 대선주자는 헌법적 가치 수호를 제일 중요시하고 있다) 이 글과 관련된 통일연구원은 물론, 통일부 관계자들까지 사법처리 해야 한다"고 주장했다.

또한 유 원장은 "흡수통일을 문제 있다고 하는 자들은 헌법위반세력이고, 이들이야말로 반통일세력이다. 소위 좌파 쪽에서 우리(보수 쪽)를 반통일세력이라고 하는데…… 맞다. 우리는 반통일세력이다. 정확히 말하면 우리는 반(적화)통일세력이고, 좌파 쪽은 적화통일세력이다. 공산화 통일 주장하는 북한과 연대, 통일하자는 주장을 하는 사람들이야말로 적화통일세력과 다를 게 뭐가 있는가?"라고 되묻고 "앞으로 우리 자유민주 진영에서는 논의를 전개할 때 대한민국과 문재인 정부를 분리해야 한다.……헌법적 절차에 의거 대한민국을 대표하긴 하지만 헌법적 가치에 반하는 정책을 펼치는 문재인 정권을 대한민국과 동일시해서는 안 된다는 판단"이라고 덧붙였다.

따라서 필자 또한 '자유민주주의'와 '시장경제'를 중시하는 보수주의자로서 '자유민주적 기본질서에 의해 자유민주주의 체제로의 흡수통일'이라는 대한민국의 헌법가치에 반하여, 통일교육을 펼치는 문재인 정권은 대한민국 헌법가치를 지키려는 보수주의자 윤석열 대선주자와 칼끝을 마주하고 있는 입장이라고 주장하지 아니할 수 없다.

참고적으로 한반도의 통일에는 세 갈래의 길이 있을 것이다. 첫째는 자유민주체제하의 통일이고, 둘째는 적화통일이고, 셋째는 양 체제가 상호 존중하며 공존하는 평화체제를 확립하는 길이다. 그런데 북한은 여전히 적화통일의 야욕을 가지고 있다. 북한은 1970년대 이후 '1민족 1국가 2체제 2정부'를 기본으로 하는 '고려연방제 통일방안'을 주장하고 있다. 기본적으로 한반도에 2개의 체제를 인정하자는 것이 북한 입장이다.

북한은 1980년 10월 제안한 '고려민주연방제'를 통해 처음으로 '남북 1국가·2체제'를 공식화했다. 중국의 개혁·개방과 미·중 수교, 소련의 지원 축소, 한국의 국력 신장 등에 내부 불안감이 고조된 데 따른 조치였다. 김일성은 1991년 '1민족·1국가·2체제·2정부에 기초한 연방제'를 제안했다. 1980년대 연방제 방안에 '2정부'를 추가해 분단체제를 공고화한 것이다.

그리고 2000년 김정일 정권은 '고난의 행군'이라는 최악의 식량난을 겪은 후 체제유지형인 '낮은 단계의 연방제'를 제기했다. 연방제를 하되 남북 정부가 정치·군사·외교권 등을 유지하자는 내용이다. 북한이 말하는 고려연방제 통일방안은 결국 한반도 적화통일이라는 기본적인 대남·통일 전략이다. 고려연방제안이 통일의 전제 조건으로 국가보안법 폐지, 공산주의 활동 합법화, 주한 미군 철수 등을 내건 것만 봐도 잘 알 수 있다.

정성장 세종연구소 수석연구위원은 "김정은은 선대의 통일정책을 그대로 계승해 최근까지 '우리 민족끼리' '민족공조' 등을 내세워 남·남 갈등을 조장하고 있다"며 "김정은 시대에도 북한의 대남 적화통일의 본질은 변하지 않았다"고 말했다. 따라서 한국 사람 대부분이 원하는 통일 모델은, 서독이 붕괴 직전의 동독을 흡수통일한 것 같은 방식으로 경제적 어려움 등에 직면한 북한을 자유민주 체제인 한국이 흡수통일하는 것이다. 이는 보수 우파 정권이 추구하는 '자유민주주의 체제로의 흡수통일'로서 김정은 등 북한 독재자들에겐 최악의 재앙이 될 것이다.

최대권 서울대 법대 명예교수(헌법학 전공)는 이런 흡수통일의 필연성을 강조하듯 한 언론 칼럼에 다음과 같이 썼다.

지금 우리가 인간으로서의 존엄과 가치를 존중받으며 살 수 있게 만들어주는 자유와 경제적 여유는 우리 5천년 역사상 처음 누리는 행복이며, 세계적으로도 우리는 그것을 누리는 10여 개국 중의 하나로 꼽힌다. 이는 우리가 1948년에 자유 대한민국을 선택했기 때문이며, 우리가 현재 대한민국의 시민이기 때문에 누릴 수 있는 것이다. 우리가 통일을 원하는 것은 아직도 공산주의 일당독재의 노예로 신음하는 북한 동포와 함께 이 자유와 경제적 여유를 누리자는 것이지, 우리도 독재체제의 멍에를 쓰자는 건 결코 아니다.

위에서 살펴본 바와 같이 우리 자유 대한민국이 원하는 통일은 서독이 무너져 가는 동독을 흡수통일한 방식대로, 공산주의 일당독재 체제이면서 경제적 곤궁에 처한 북한을 부강한 자유민주주의 체제인 한국이 흡수통일하는 것이 타당할 것으로 판단된다.

그러나 문재인 정권은 우리 대한민국 중심의 흡수통일을 마치 반대하는 것처럼 통일부 산하기관이 통일교육을 하고 있어, 만약 보수 정권이 들어선다면(이를테면 새로운 윤석열 보수 정권이 집권한다면) 이러한 통일교육을 시급히 시정해야 할 것이다. 아직도 통일부 산하 통일교육원에서 "'북한에 자유민주주의 체제로의 흡수통일을 지향하는 것처럼 오해'를 받을 수 있으니 '자유민주주의에 대한 신념'을 강조하지 마라"는 주장을 펼치고 있다.

그런데 이런 주장은 시대에 뒤떨어진 낡고 위험한 주장이다. 그럼 우리 자유 대한민국 중심의 흡수통일이 아니면 북한 위주의 통일을 하자는 말인가. 우리 한국 사회에서 북한에 의한 통일을 바랄 것 같은 사람은 소수 친북세력과 이념적으로 낙후된 좌파 세력뿐이다. 이처럼 북한 위주의 통일교육이 이루어지고 있다면 참으로 자유민주주의 체제인 대한민국을 위협하는 심각한 일이다. 통일교육이 우리 자유 대한민국의 운명을 결정하기 때문에 앞으로 자유민주주의 체제를 수호하는 올바른 통일교육을 시행해 나가야 할 것이다.

정치영웅이
필요한
시대

7장
정치영웅이 필요한 시대

'구국의 영웅' 윤석열이 혜성처럼 등장하다

요즈음의 이 시대는 내우외환(內憂外患)에 시달려 국가 자체가 무너질 수 있는 구한말(舊韓末)의 혼란한 시대와 비슷하다. 국내적으로는 사생결단(死生決斷)의 정쟁으로 정치안정이 이뤄지지 못해 선진국 정치로 나아가지 못하고 있고, 대외적으로는 한반도를 둘러싸고 있는 중국·일본 및 북한 등과의 정치적 갈등이 끊이지 않아 우리나라를 포함한 동북아 지역의 평화가 항상 위협을 받고 있는 실정이다. 그리하여 필자는 '대통합의 리더십'을 발휘하여 '정치안정'을 이뤄낸 다음, '자유민주주의 통일'을 달성하여 부강한 대한민국을 실현해 줄 '정치영웅(위대한 지도자)'의 출현을 학수고대하여 왔다.

저명한 역사학자 한영우 박사는 조선시대의 위대한 개혁군주 정조에 대한 많은 책을 저술했는데, 그는 15세기의 세종, 18세기의 정조를 조선시대의 위대한 지도자로 평가하고 있다. 나아가 우리 역사가 3세기를 주기로 르네상스를 경험했기 때문에, 곧 우리 시대인 21세기에도 통일의 대업 등을 이룩하여 찬란한 르네상스를 다시 부활시켜 줄 위대한 정치 지도자가 출현할 것이라고 예언 같은 주장을 펼치고 있다.

사실 우리 시대에 '정치영웅'의 출현을 애타게 기다려 온 필자도 그의 예언 같은 주장에 전적으로 동의하고 싶다. 최근 101세의 '행동하는 석학' 김형석 연세대 명예교수의 '나라가 망해가고 있다'는 탄식에 필자도 적극 공감하면서, 곧 우리 시대에 무너지는 나라를 바로 세우고 '정치안정'과 '경제번영'을 이뤄내는 '정치영웅'이 꼭 출현할 것이라고 필자는 믿고 있다. 지금과 같은 난세에 영웅은 탄생하는 법이다.

그런데 참으로 공교롭게도(아마 역사적 필연이겠지만) 작금의 혼란한 이 시기에 문재인 정권의 '위선'과 '무능' 및 '내로남불'을 정면으로 비판하고 '공정', '정의', '상식'을 내세우며 무너지는 나라를 바로 세우겠다고 주장하고 나선 용기 있는 대권주자가 나타난 것이다. 그 대권주자는 전 검찰총장 윤석열이라는 강직한 인물로서 '정권교체'와 '정치혁신' 등을 부르짖으며, 그동안 실의와 좌절에 빠진 국민들에게 새로운 꿈과 희망을 불러일으켰다. 어쩌면 그는 시대가 불러내고 국민이 불러낸 '정치영웅' 같았다.

필자는 생전에 기다리고 기다렸지만 '정치영웅'을 못 볼 것 같아 무척 낙심하고 지냈다. 그렇지만 '우리 시대의 정치영웅'의 출현을 학수고대했다. 그런 열망을 담아 '정치외교학'을 전공한 필자는 마침내 지방의 유력 일간지 J일보에 2005년 '정치영웅이 필요한 시대'라는 제목의 기고문을 게재하기까지 했다. 당시 필자가 기고한 글의 요지는 다음과 같다.

우리 전북지역은 전국에서 제일 낙후된 지역으로 회자되고 있다. 물론 김대중 정부 시절 김대중 대통령이 직접 전주를 방문하여 전북 관광자원의 소중함과 경제적 가치에 대해 영국 셰익스피어 고장과 비교하여 강조한 바도 있고, 또한 현실적으로 영향력 있는 스타 정치인들이 제일 많은 지역이기도 하다. 그럼에도 불구하고 인근 지역인 전남이나 광주보다도 훨씬 낙후되어 있다고 우리 지역민들은 말하고 있는 실정이다.

최근 우리 대한민국이나 우리 전북지역이나 리더십의 중요성이 제기되고 있다. 현재 우리 국민들은 '정치적 안정'과 '경제적 번영'을 이룩하기를 절실히 기대하고 있다. 특히 무척 낙후된 우리 전북지역에서도 훌륭한 지도자들이 많이 등장하여 비약적인 번영을 이룩하기를 지역민들은 학수고대하고 있다.

수백 명으로 구성된 한 집안도 단 한 명의 훌륭한 인물이 배출되면 그 집안을 번창시키듯이, 국가나 지역도 단 한 명이라도 위대한 지도자가 출현하면 눈부신 번영이 이루어진다는 것이 역사적으로 입증되고 있다. 따라서 훌륭하고 큰 지도자를 키우는 것이 국가적으로나 지역적으로 절실한 당면과제가 되고 있다.

요즈음 어느 책에서 제시하고 있는 바와 같이 자신의 핵심 분야

뿐만 아니라 다른 분야에 대해서도 기본적인 지식과 포용력을 가지고 있는 T자형 지도자, 혹은 좀더 나아가 전문성, 인성 및 팀워크 능력까지 모두 갖춘 A자형 지도자 등이 국가나 지역에서 사명감을 가지고 필연적으로 등장해야 한다.

바야흐로 글로벌 시대가 도래하면서 정치가, 행정가 및 기업가 등이 전문화, 세분화되고 있다. 이제 전문지식을 충분히 갖추지 않고는 그 분야에서 성공할 수 없는 시대가 도래하고 있는 것이다. 그동안 전문지식이 없어도 운 좋게 생존할 수 있었지만 앞으로는 그 분야에서 적응하기도 어렵고 생존하기도 어려운 시대에 들어서고 있는 것이다. 즉 앞으로는 전문지식이 없는 사람이 종사하면 그 분야는 발전하지 못하고 퇴보함은 물론 종사하는 그 사람도 인생의 낙오자가 되기 쉽다.

필자가 우리나라 젊은이들에게 '용기'와 '희망'을 불어넣기 위해 사명감과 열정을 가지고 1995년 《우리 시대의 영웅 존 F. 케네디》(상·하권)란 책을 발행한 적이 있다. 존 F. 케네디는 미국민에게 '뉴프런티어 정신'을 주창하면서 '용기 있는 리더십'을 발휘하여 침체한 미국을 역동적으로 이끌어간 위대한 미국의 지도자이다. 그는 여러 진보적인 정책을 용기 있게 추진하여 미국민들에게 새로운 꿈과 희망을 심어준 지도자이다. 우리 지도자들은 그의 위대한 리더십을 배워야 한다.

또한 거대한 미국을 특유의 낙천적 사고를 발휘하여 '소통의 리더십'으로 단합시키면서, '정치안정'과 '경제번영'을 힘차게 이룩하고, 공산국가 종주국 소련을 해체시킨 위대한 지도자 레이건 대통

령에게서 '위대한 소통자'로서의 리더십을 우리 지도자들은 배워야
한다.

또한 공산주의 이념에만 몰두하여 인민공사계획과 대약진운동
에서 실패한 모택동의 과오를 과감하게 비판하며, 서구 자본주의
제도를 용기 있게 도입하면서 개혁·개방 노선과 실용주의적 사고
를 견지하여 '경제번영'을 이룩한 '작은 거인' 등소평의 '개혁의 리
더십'을 우리 지도자들은 살펴봐야 한다.

우리 모두 작금의 현실에서 대오각성하고 정치를 혐오할 것이
아니라 정치를 소중하게 생각하고 희망적인 가치로 바꿔야 할 것이
다. 그리하여 우리 국가나 우리 전북지역을 번영시키기 위하여 지
금 같은 리더십 위기 시대에 용기, 결단력 및 행동력으로 투철하게
무장한 '정치영웅'을 적극적으로 키워야 우리 국가나 지역이 '정치
안정'과 '경제번영'을 누릴 것으로 확신한다.

역사는 반복되기도 한다. 21세기를 살고 있는 우리는 조선시
대 '불세출의 인물' 같은 '정치영웅'을 다시 만날 수 있다. 101세의
'행동하는 석학' 김형석 연세대 명예교수가 최근 '나라가 망하고 있
다'라고 탄식한, 구한말과 같은 작금의 혼란한 시대에 '정치영웅'은
출현하는 법이다. 그리하여 망해가는 나라를 구하고, 도탄에 빠진
국민들을 구해낼 것이다. 명망 있는 역사학자 한영우 박사가 예견
한 대로 이 21세기에 다시 르네상스를 부활시켜 부강한 국가를 만
들어줄 '위대한 지도자'가 출현할 것이다. 그래서 역사는 반복되면

서도 끊임없이 진보를 계속할 것이다.

그런데 참으로 공교롭게도 나라의 운명이 풍전등화와 같은 어려운 이 시대에 우리 국민들에게 꿈과 희망을 실현시켜줄 것 같은 '용기 있는 인물'이 혜성처럼 등장한 것이다. 그 인물은 호랑이와 같은 용맹과 정의를 실현할 것 같은 강직함을 지닌 '윤석열'이라는 인물이었다. 그는 위선과 부정부패가 판치는 문 정권에 저항하다가 권력자들에게 엄청난 핍박을 받으면서도 오직 국가와 국민을 구하기 위해 단기필마로 고군분투하며 당당하고 의연하게 맞서는 정의로운 투사 같았다.

어쩌면 그는 그동안 우리가 오랫동안 기다리고, 또한 이 시대가 부른 '정치영웅'이고 '불세출의 인물' 같았다. 특히 나라가 망하려는 이러한 시기에 혜성처럼 출현한 그는 조선시대 역사 속에서 등장하는 어떤 '구국의 영웅'과 어떤 '불세출의 인물'을 닮았다.

'구국의 영웅' 이순신의 삶과 닮은 윤석열

필자는 조선시대 500년을 이끌어간 50명의 인물들에 대한 흥미진진한 삶의 일대기인 《한 권으로 쓴 조선왕조인물사》를 사명감과 열정을 가지고 2020년 10월 15일 발간했다. 그런데 놀랍게도 윤석열의 삶이 '구국의 영웅'인 이순신 장군과 정조 때 '불세출의 인물'인 채제공 영의정과 여러 면에서 닮았다는 생각이 들었다.

먼저 이순신은 1545년 한성(지금의 서울)에서 태어나 그곳에서 어린 시절의 대부분을 평범하게 보냈다. 그의 본관은 당시의 대학자 이율곡처럼 덕수(德水)였다. 이순신의 집안은 고려 때부터 대대로 문관 관직을 지낸 문반 가문이다.

이순신의 할아버지 이백록은 조광조 등의 사림세력과 뜻을 함께 하다가 '기묘사화'에 연루되어 참변을 당한 후, 그 충격으로 이순신의 아버지 이정은 벼슬을 하지 않고 한가롭게 글만 읽는 선비생활을 하며 일생을 보냈다. 따라서 이순신이 태어난 무렵에는 가세가 완전히 쇠락하여, 자식의 출세에 전혀 도움을 줄 수 없는 몰락한 선비집안이었다.

윤석열 또한 파평 윤씨 선비집안에서 태어나 서울에서 어린 시절을 보냈고, 교직에 종사하는 부모님 슬하에서 면면히 내려오는 선비집안의 가풍 속에서 평범하게 성장했다. 조선 성리학의 대가로 노론 정파의 영수 송시열과 당대에 학문적으로 크게 대립한 소론 정파의 영수 윤증이 그의 선조이다. 윤증은 논산에 기거한 재야의 대학자로서 숙종 때 대제학·우참찬·좌참찬(현재 부총리급 관직) 등의 벼슬을 다 물리치고 오로지 학문 연구와 후학 양성에만 매진한 강직한 선비였다. 따라서 둘 다 면면히 이어온, 명망 있는 선비집안의 후예라는 점이 닮았다.

이순신은 늦은 나이인 28세 때 훈련원 별과에 응시하였으나, 말에서 떨어지는 불의의 사고로 인해 고배를 마셔야 했고, 32살에야 비로소 식년 무과에 병과 4등으로 급제하였다. 따라서 이순신은 수재라기보다는 목표에 계속 도전하면서 꾸준히 노력하는 대기만성형 인물이었다.

윤석열 또한 1979년 서울대학교 법학과에 무난히 진학하여 대학교 4학년 재학 중에 가까스로 사법고시 1차에 합격하였지만, 2차에서 거듭 낙방하다가 대학원까지 진학하여 법학석사 학위를 받고 나서도 그 후 6년 동안 아홉 번 도전(9수) 끝에 1991년 31세의 나이로 최종 합격하였다. 그리고 검찰에서 검사로 직장생활을 34세 때 시작했다. 따라서 윤석열 또한 타고난 수재라기보다는 끈기를 가지고 계속 도전하며 목표를 향해 집요하게 노력하는 대기만성형 인물이었다.

그리고 늦은 나이에 관직생활을 시작하면서 강직한 성품 때문에 이순신이 상사로부터 온갖 핍박을 받으며 삶을 헤쳐 나가는 모습이 오늘날의 윤석열과 무척 흡사했다. 이순신은 관직생활을 시작하면서 남의 힘을 빌려 출세하려 하지 않고 묵묵히 자기의 직분을 수행했다. 그러면서 청렴하고 강직한 자세로 직무에 임했는데, 이와 관련한 일화가 전해지고 있다.

한번은 이조판서로 있던 이율곡이 그에게 만나자고 했다. 그러나 이순신은 "이 판서께서는 나와 동성동본의 집안 어른이므로 내가 먼저 찾아뵈어야 도리이지만, 그분께서 최고의 인사권자로 있는 지금, 굳이 만나는 것은 서로 간에 누가 될 뿐이다." 하고 만나지 않았다고 한다.

이처럼 이순신은 청렴하고 강직한 자세 때문에 무관 생활 초기에는 승진도 늦고 주위의 모함과 견제를 많이 받았다. 무과에 합격한 후 처음 이순신이 맡은 직책은 동구비보라는 곳의 권관(종9품의 무관직)으로 하급 장교였다. 당시 함경도 감사(종2품 벼슬로 각 도의 장관을 일컫던 말. 도백, 방백, 관찰사라고도 함) 이후백은 매우 엄격하여

각 진을 순회하면서 군무를 점검하고, 제대로 갖추지 못한 자에게는 지위 고하를 막론하고 가차 없이 벌을 주었다. 따라서 이 지역 군관 중에는 이후백에게 벌을 받지 않은 자가 없을 정도여서 모두들 그를 두려워했다.

그런데 초임 하급 장교인 이순신이 이후백 감사를 처음 만난 자리에서 "업무가 너무 과중하고 형벌도 지나치다."고 직언하였다. 이순신의 강직한 성품과 부하들을 배려하는 따스한 인간성을 알 수 있는 대목이다. 이러한 이순신의 직언에 대해 이후백은 그 용기가 가상하다고 하면서, 그의 성실한 업무 태도 때문에 그 직언을 흔쾌히 받아들였다고 한다.

그러나 이순신의 이러한 강직하고 인간적인 태도는 그것을 이해하여 주는 상관을 만나지 못할 경우에는 불행과 고통을 가져다 주었다. 그 이후의 고단한 관직생활이 이것을 증명하고 있다.

이순신은 첫 부임지에서 3년 동안의 임기를 마치고, 1579년(선조 12년) 2월에 한 직급 위인 훈련원 봉사로 임명되었다. 이어 함경도의 동구비보 권관, 이듬해에 발포 수군 만호(각 도의 여러 진에 배치되었던 종4품 무관직)가 되었다. 발포에서는 처음으로 수군 경험을 쌓을 수 있었지만, 타협 없는 강직한 태도 때문에 전라감사 손식, 전라좌수사(수군의 군영인 좌수영의 수군절도사) 성박, 이용 등에게 연이어 미움을 받다가, 설상가상으로 1581년(선조 14년) 봄에 이미 그와 사이가 나빴던 서익이 특별감사관으로 내려와서는 군기 정비가 불량하다는 이유로 이순신을 파면해 버리고 말았다.

그러나 몇 달 안 돼서 누명을 벗고 훈련원 봉사로 복직하여 근무하다가 1583년(선조 16년) 10월에 함경도 진원보 권관으로 임명되었다. 이때 함경도 남병사(함경도 북청에 있던 군영 남병영의 병마절도사로 종2품 무관)는 이순신이 발포 만호로 있던 시절에 그를 미워했던 이용이었다. 그런 그였지만 변방의 사령관으로 임명받자, 변방에서는 이순신 같은 성실한 군관이 필요하다고 느껴 특별히 자기 휘하에 데리고 온 것이다. 이후 두 사람은 옛 감정을 풀고 좋은 관계를 맺게 되었다. 그리하여 이순신은 훈련원 참군(군사를 담당하는 관리)으로 승진하여 근무하게 되었다.

그런데 이때 이순신은 그의 부친이 별세했다는 소식을 듣는다. 그는 곧 귀향하여 상을 치르고 탈상까지 하고 나서 42세 되던 해에 궁중의 말들을 관리하는 사복시의 주부(내의원, 사복시, 한성부 등 여러 관아에 딸렸던 종6품 벼슬)로 임명되었으나, 16일 만에 함경도 조산보 만호로 발령이 났다.

그 다음 해에는 두만강 어귀에 있는 둔전(주둔병의 군량을 지급하기 위해 마련되어 있던 밭 또는 각 궁과 관아에 딸렸던 밭) 수비대장을 겸임하게 되었는데, 그곳은 여진족의 출몰이 심한 지역이어서 이순신은 여러 차례 증원을 요청했다.

그러나 당시 병마절도사(각 지방에 두어 군대를 지휘하던 종2품 무관)로 있던 이일이 번번이 이를 묵살하여, 어쩔 수 없이 적은 병력으로 여진족의 침입을 대비하다가 추수기에 그들의 대대적인 습격을 받게 되었다. 이순신이 적은 병력으로 힘겹게 여진족을 겨우 격퇴하기는 했으나 피해가 클 수밖에 없었다. 이일 병마절도사는 병력 증원 요청을 묵살한 것이 문제가 될까 봐 이순신에게 모든 책임을 덮어씌워 버렸다. 결국 이순신은 삭탈관직된 후 백의종군(白衣從軍 : 아무런 벼슬 없이 군대를 따라 전쟁터로 나가는 것) 하라는 명령을 받았다.

결국 이순신은 44세의 나이로 지친 심신을 달래기 위해 귀향하였다. 12년의 군 생활 동안 갖은 모함과 시련 및 핍박을 받으면서 불행한 관직생활을 하다가 병을 얻은 몸으로 관직을 떠나 낙향하는 신세가 되었다.

그러나 이순신의 성실하고 반듯한 자세는 이미 조정에서 인정을 받고 있었던 터라, 낙향한 지 얼마 안 되어 전라순찰사 이광 휘하의 군관으로 다시 복직할 수 있었다. 그리고 그곳에서 조방장과 선전관 같은 낮은 관직을 역임하다가, 그해(1589년) 12월에 유성룡의 추천으로 정읍현감으로 부임하였다. 그리고 2년 후인 1591년(선조 24년) 2월 왜군의 침략을 예견하고 이순신의 훌륭한 재능과 인격을 높게 평가하여 전라 좌도 수군절도사로 강력 추천하여 임명되게 되었다. 수군절도사는 각 도에 두었던 수영을 통솔하는 으뜸 벼슬로서 정3품(지금의 차관급 관직)의 외직 무관이었다. 이때 병조판서였던 유성룡은 그 후 이조판서와 우의정을 거쳐 좌의정에 오르면서, 이순신을 전라좌수사로 추천하여 임명되게 하였다.

이때 선조 임금은 대소신료들의 반발을 피하기 위해 정읍현감에서 진도군수(종4품)로 승진시킨 후, 진도에 부임하기도 전에 가리포진 수군첨절제사(종3품)로 전임시킨 뒤, 또 가리포에 부임하기도 전에 다시 정3품 당상관인 절충장군 전라 좌도 수군절도사로 여러 단계의 품계를 건너뛰어 올렸다.

따라서 '선조실록'에 의하면 이러한 파격적인 인사에 대간들이 반발하여 "전라좌수사 이순신은 현감으로 아직 군수에 부임하지도 않았는데 좌수사에 임명하시니, 그것이 인재가 모자란 탓이긴 하지만 관직의 남용이 너무 심하므로 다른 사람으로 교체하시기 바랍니다."라고 했다. 이에 선조 임금이 말하기를 "이순신의 일이 그러한 것은 나도 안다. 다만 지금은 사규에 구애될 수 없다. 인재가 모자라 그렇게 하지 않을 수 없었다. 그 사람이면 충분히 감당할 터이니 관직의 상하를 따질 필요가 없다. 다시 논하여 그의 마음을 동요시키지 말라." 하였다.

온갖 핍박과 수모를 받으며 관직을 떠나려 했던 이순신에게 유성룡과 선조 임금은 그의 성실함과 탁월한 능력을 인정하고 최고 6단계까지 뛰어넘는 인사를 하여, 대간들의 강력한 반발에 직면했던 것이다.

다음 해인 1592년 임진왜란이 발발했다. 왜군은 1592년(선조 25년) 4월 13일 22만 대군이 함대 700척에 나누어 타고 부산포로 몰려왔다. 이순신은 이틀 뒤에야 경상우수사 원균의 급보로 왜군의 침략 소식을 들었다. 그때 이미 경상좌수사 박홍, 경상우수사 원균 등은 왜군에게 제해권을 내준 상태였다. 전라좌수사 이순신은 40척으로, 경상우수사 원균은 불과 7척으로 왜군에 맞서기 시작했다. 이순신은 치밀한 작전을 잘 세워 수많은 해전에서 연전연승하며 왜군들의 간담을 서늘케 했다. 그리하여 그의 명성은 날로 높아갔으나, 1597년 왜군이 재침략한 '정유재란'이 발생했을 때 원균의 상소와 서인 세력의 모함으로 감옥에 갇히고 말았다.

이에 유성룡, 이원익 등은 반발하는 상소를 올려 그의 치죄(벌을 주는 짓)에 반대했으나 완고한 선조는 이를 묵살하고 이순신을 한 달여 동안 감금시켰다. 이때 병조판서 정탁의 도움으로 가까스로 사면받아 간신히 풀려난 이순신은 도원수 권율의 휘하에서 백의종군을 하라는 명을 받았다. 그리고 권율의 자문 역할을 수행하던 중 조선 수군이 칠천량에서 왜군의 기습을 받아 통제사 원균, 전라우수사 이억기, 충청수사 최호까지 전멸했다는 급보를 받았다.

이에 당황한 선조 임금은 서둘러 이순신을 삼도수군통제사로 임명했다. 이때 이순신이 회령포(지금의 장흥)에 도착해 보니 남아 있는 전선이라고는 12척에 불과했고, 조선 수군은 120여 명뿐이었다. 그 후 일명 '울돌목'이라 불리는 명량해협에서 함대 13척을 이끌고 나가 적함 133척을 상대하여 적함 31척을 파괴하는 '명량대첩'을 이뤄냈다.

그리고 이듬해인 1598년 8월, 도요토미 히데요시가 병사하여 적함 500여 척이 본국으로 돌아가기 위해 퇴로를 찾다가 11월 18일, 노량으로 몰려왔다. 그날 밤 10시경, 이순신 장군은 명나라 수군 제독 진린과 연합함대를 구성하여 왜군과 새벽까지 치열한 야간전투를 벌여 왜선 200여 척을 격침시키는 대승을 거뒀다. 그렇지만 이 '노량해전'에서 이순신 장군은 왼쪽 가슴에 적의 유탄을 맞고 홀연히 숨을 거뒀다. 그는 죽기 전 "싸움이 바야흐로 급하니, 내가 죽은 것을 알리지 말라!"고 부하들에게 당부하며 세상을 떠났다고 전해진다.

이때 그의 나이는 53세였다. 이순신은 나라에 대한 지극한 충성심, 뛰어난 지도력, 강직하고 성실한 성품으로 맡은 직분에 충실하며 신중하고 치밀한 작전을 구사해 23전 23승의 연승신화를 이뤄냈다. 참으로 이순신 장군은 풍전등화의 위기에 처한 나라를 구해낸 '구국의 영웅'이었다.

위에서 살펴본 바와 같이 이순신의 삶은 여러 가지 면에서 윤석열의 삶과 비슷한 점이 많았다.

역사는 반복된다고도 한다. 이순신은 조선의 대학자이자 위대한 정치가이기도 한 이율곡을 배출한 명문가의 후손으로 한성(서울)에서 어린 시절을 보내며 늦은 나이인 32세에 가까스로 식년 무과에 4등으로 급제하여 관직에 진출했다. 윤석열 또한 숙종 때 대제학·좌참찬·우참찬 등 부총리급에 해당하는 고위 관직이 제수되었으나 모두 거부하고 충남 논산에서 학문과 제자 육성 등에만 몰두한 강직한 재야의 선비이자 소론 정파의 영수 윤증의 후예로서, 이순신처럼 어린 시절을 서울에서 보내며 늦은 나이인 31세에 사법고시에 최종 합격하였다는 점이 서로 닮았다.

그리고 이순신이 관직생활을 하며 오직 나라에 충성하며 강직하고 성실하게 처신하고 부하들을 인간적으로 이끌다가 상관들의 미움을 사고 핍박받는 모습이 서로 닮았다. 둘은 성실함과 능력을 뒤늦게 인정받아 이순신은 6단계, 윤석열은 5단계를 뛰어넘어 파격적인 승진을 했다는 점에서 서로 매우 닮았다. 그리고 둘 다 국가와 국민들에 대한 지극한 충성심을 가진 '영웅'이라는 점이 아주 많이 닮았다.

'불세출의 인물' 채제공과 흡사한 '정치영웅' 윤석열

또한 구한말과 같은 내우외환의 어려운 이 시대에 혜성처럼 등장한 윤석열은, 마치 조선시대 개혁군주 정조가 '불세출의 인물'이라고 대소신료들 앞에서 극찬한 영의정 채제공을 떠오르게 한다. 필자는 채제공을 조선시대 최고의 정치가라고 평가하고 싶다. 참으로 그는 당대의 '정치영웅'이라 할 만하다.

채제공은 정치적으로는 보수혁신가이면서도 나라를 급진적이고 혁명적으로 개혁하려는 북학파의 박제가, 실학자 정약용 등을 후원하고 키워준 위대한 정치가였다. 채제공의 강직한 품성과 용기, 통찰력, 추진력 및 관용 등의 훌륭한 리더십은 오늘날 윤석열의 리더십과 매우 비슷하다.

채제공은 평강 채씨로서 1720년 충청도 홍주(지금의 충남 홍성)에서 태어났다. 그의 가문은 남인 계열로서 인조 때의 충신으로 대제학을 지낸 채유후가 있고, 대사간을 지낸 채평윤, 한성부윤(지금의 서울시장)을 지낸 할아버지 채성윤, 단성과 비안이란 두 고을의 현감을 지낸 아버지 채응일 등이 있는 선비집안이다.

특히 그의 아버지 채응일은 매우 청렴해서 그의 집안은 어려운 형편이었다. 예부터 그의 집안은 명문가로 알려졌지만 청빈한 생활을 이어왔고, 효도와 겸손한 태도를 견지하는 것이 그 가문의 전통이었다. 채제공은 1743년(영조 11년) 24살의 나이에 문과에 급제해 권지부정자(승문원이나 교서관에 속한 임시 벼슬로서 외교와 교육 담당)라는 벼슬에 임명되었다.

채제공은 그의 가문처럼 남인 계열의 인물로서 특히 그는 남인 청류(淸流)의 지도자인 오광운(허목의 제자) 등에게서 학문을 배웠다. 채제공은 조선 성리학의 정통이 이황에서 출발하여 정구와 허목을 거쳐 이익으로 이어진다는 견해를 갖고 있었다. 오광운은 그에게 강력한 영향을 준 스승이었다. 오광운은 숙종 때 문과에 급제해 연잉군(훗날의 영조)의 서연관(왕세자의 교육을 담당하던 관리)이 되어 영조와 인연을 맺었고, 1728년(영조 4년) 3월에는 '이인좌의 난'이 일어날 것을 예견하고 대비토록 해 영조의 큰 총애를 받았다. 이후 뛰어난 학식과 분명한 처신으로 숙종 때 남인의 거두 허목의 학맥을 잇는 남인 세력의 지도자로 떠올랐고, 1729년(영조 5년) 상소를 올려 당파를 초월하여 명망 있는 인재들을 중용할 것을 주장했다.

　　이후 홍문관 제학, 대사헌, 대사간을 지낸 오광운은 1740년(영조 16년) 소론 계열인 원경하, 정우량과 함께 다시 '대탕평론'을 제시했다. 그리고 그는 실학자 유형원 등과 가깝게 지냈으며, 채제공을 제자로 길러내 남인의 맥이 정계에서 다시 이어지는 데 크게 기여했다.

　　채제공은 그의 스승 오광운의 영향을 받아 서인, 남인, 노론, 소론이라는 당파에 연연하지 않고 '탕평정치'를 완성하고야 말겠다는 결심을 하게 되었다. 채제공은 그의 스승 오광운이 이룩한 '탕평정치' 때문에, 남인이라는 불리한 처지에도 불구하고 특히 작문 등에 무척 뛰어나 영조의 총애를 받았다. 그리하여 순탄하게 한림학사, 암행어사 등 관료의 길을 거쳐 1758년(영조 34년) 마침내 도승지(지금의 비서실장)까지 올랐다.

그런데 이때 영조 임금은 집권세력인 노론 일파의 술책에 말려 소론 일파와 가깝게 지내는 사도세자를 폐위시키려고 했다. 이에 채제공은 도승지로서 죽음을 무릅쓰고 무서운 군주 영조에 대항하여 당당하게 반대하고 나서서 사도세자 폐위를 막아냈다. 이때 세손(훗날의 정조)은 이러한 채제공의 강직하고, 사심 없고, 충성스런 모습을 지켜봤다.

이후 채제공은 대사간, 대사헌, 경기도 관찰사 등을 지내다가 1762년(영조 38년) 그의 어머니가 세상을 떠 관직에서 잠시 물러나 있었다. 만약 이때 그가 관직에 있었다면 사도세자의 죽음을 막아냈든가, 아니면 그 자신이 죽든가 했을 가능성이 컸다. 그만큼 채제공은 소신과 의리를 겸비한 강직한 인물이었던 것이다.

그 후 1767년(영조 43년) 채제공은 세손(정조)의 교육을 맡게 되었다. 영조 임금이 채제공의 심지가 곧고 바른 것을 알고는 세손의 교육을 맡겼던 것이다. 이에 따라 채제공은 세손(정조)과 사제지간으로 소중한 인연을 맺게 되었다. 그리고 훗날 세손이 정조 임금으로 즉위하게 되자, 그는 채제공을 등용하여 창경궁 수궁대장, 형조판서, 홍문관 제학, 의금부 판사, 공조판서 및 병조판서 등의 자리를 맡겼다.

정조 임금의 두터운 신임 때문에 채제공은 계속 승승장구할 것 같았으나 세도가 홍국영이 역모를 꾀해 정치적으로 몰락하고 귀양 가게 되어, 이때 채제공도 관직에서 물러나 8년 동안이나 은둔하며 야인생활을 하게 되었다. 채제공은 정조 초기에 당대의 세도가 홍국영과 친하게 지냈다는 점과 사도세자의 신원(伸冤)을 주장해 영조가 금한 정책을 부인한 점 때문에 노론 일파의 탄핵을 받았던 것이다.

이 때문에 채제공은 경기도 수락산 명덕동에 은둔하며 여생을 보내기로 했다. 그는 자신의 시골집에 '연명헌(戀明憲)'이라는 현판을 붙였다. '빈궁하든지 영달하든지 간에 밝은 군주를 사모하여 멀리 가지 못하고 근교에서 농사짓고 누에 친다'는 글귀에서 한 자씩 따와 지은 당호로, 차마 임금을 멀리 떠나지 못하고 그가 무슨 일을 당할까 노심초사하는 채제공의 충성스러운 마음이 그대로 드러나 있다.

당시 채제공은 시골에서 상당 기간 은둔생활을 하면서 서민들의 빈궁한 살림을 들여다볼 수 있었다. 자신이 빈궁하니 백성의 빈궁함이 보인다고 고백하기도 했는데, 이 경험을 다시 조선 경제정책에 반영할 수 있는 기회가 찾아왔다. 정조 임금이 8년 만에 초야에 묻혀 있는 그를 다시 조정으로 불러들인 것이다.

정조는 국정에 자신감을 보이기 시작한 1788년(정조 12년) 2월 11일 채제공을 전격적으로 우의정에 임명했다. 그런데 이런 파격적인 임명에 경악한 대신들은 정조의 명을 받을 수 없다고 반기를 들 정도였고, 특히 조정의 집권세력인 노론 벽파의 대신들은 죽기를 각오하고 그의 인사를 반대하고 나섰다.

그럼에도 불구하고 정조 임금은 과감히 채제공을 우의정으로 임명했으며, 신하들에게 "그는 뛰어난 재능의 소유자로서 불세출의 인물이고, 훌륭한 인격과 강인함을 겸비하여 어려운 일을 당해도 당당하고 의연한 인물"이라고 격찬하고 나섰다.

채제공은 유학자들의 일반적인 경향인 '대명의리론'에 속박되어 있어 청나라에 대한 지독한 반감을 드러낸 보수적인 인물이었지만, 1778년(정조 2년) 59세 때 청나라에 사신으로 갔을 때 급진적인 북학파의 박제가를 종사관으로 데려가 청나라의 선진문물을 견학케 함으로써 혁명적인 실학의 발전에 커다란 기여를 하게 되었다. 게다가 그를 보좌한 서장관 심염조 휘하에 청장관 이덕무를 대동하게 하면서 실학의 융성에 큰 도움을 주었다. 따라서 채제공은 당시 '대명의리론자'라는 보수주의자이면서도 청나라의 선진 문물을 과감히 받아들이려는 '혁신주의자'이기도 했다.

개혁군주 정조는 재야의 소론 인사와 남인 인사들을 다수 조정에 발탁했는데, 그 중심에는 언제나 채제공이 있었다. 그리고 정조와 채제공이 추구하는 '탕평정치'는 공평무사한 인재등용에 있었는데, 가문보다는 능력을 중시하여 인재를 발탁하였다.

채제공은 우의정을 맡은 후에 5년 동안 독상(獨相)으로 활약하기도 했다. 영의정, 좌의정, 우의정의 삼상(三相)이 정사를 돌봄이 원칙이나 오직 한 정승만이 그 자리에 있었다는 뜻이다. 그것은 그만큼 조정에 중임을 맡길 만한 중량감 있는 인물이 드물었기 때문이다.

이렇듯 조선시대 독상으로 활약한 인물은 세종 때 황희, 선조 때 노수신, 현종 때 김수홍 등이 있을 뿐이다. 게다가 조선왕조에서 영남 출신의 남인계 인사로서 정승을 맡은 사람은 노수신과 정탁, 유성룡, 유후조 등 손에 꼽을 정도였다. 따라서 채제공의 역량이 어떠했는지를 객관적으로 평가할 수 있는 대목이다.

또한 노론 일파가 조정을 장악했던 당시에 남인 정파라는 미약한 세력을 기반으로 그토록 오랫동안 중책을 맡았다는 것은 정조 임금의 전폭적인 지지와 신뢰도 있었지만 정적들과의 소통도 원만했다고 볼 수 있었다. 또한 그의 인품이 얼마나 훌륭했는지를 대변해 주고 있다. 실제로 채제공은 노론과 소론, 남인 정파를 넘나들며 합리적인 조정과 화해를 통해 운신의 폭을 넓혔다. 그러면서 당시 개혁의 선봉에 선 혁명적인 실학자들의 후원자 겸 방패막이가 되어주었다.

마침내 정치의 중심이 된 채제공은 정조와 함께 '개혁정치'와 '탕평정치'의 결의를 다지며 수시로 토론하고 연구하면서, 사대부들의 횡포로 낙후된 조선의 현실을 개혁해 부강한 근대국가로 나아가려 했다. 이처럼 정조는 보수혁신론자인 채제공을 개혁의 기수로 세우고, 정계에서 소외돼온 남인 인사들과 북학파 인사들을 대거 기용했다. 이러한 개혁정치로 등용된 주요 인물들은 남인 계열의 정약용, 이가환, 북학파의 박제가, 서얼 출신의 유득공, 이덕무 등이다. 그리하여 조선후기 정조 때의 눈부신 르네상스는 이들 실학파와 함께 다시 부흥되었다.

또한 채제공은 조선이 전통적으로 농업을 장려했지만 이제는 변화하는 시대 조류에 따라 상업을 활성화시켜야 한다는 실학자들의 견해를 과감히 수용하였다. 재화가 잘 유통되어야 국가재정과 서민경제가 발전하기 때문이다.

그리하여 채제공은 1791년(정조 15년) 전격적으로 '신해통공(辛亥通共)' 정책을 실시했다. 숙종 때부터 유지해 오던 시전 상인들의 특권인 '금난전권'을 폐지한 것이다. '금난전권'이란 시전 소속이 아닌 사사로운 상인들인 난전과의 경쟁에서 유리한 위치를 확보하려는 시전 상인들의 독점적 특권을 가리킨다. 그동안 시전 상인들은 조정의 사대부들과 결탁하여 상권을 확보하면서 시전을 독점체제로 이끌어가는 대신, 사대부들은 이에 대한 대가를 암암리에 받아 왔다.

이것을 채제공은 혁파하고 나선 것이다. 근대적인 '자유시장 경쟁체제'를 획기적으로 도입한 이 사건은 나라 전체로 봐서는 폐쇄적인 유통구조가 혁파되고 개방적인 자유시장 경제구조로 바뀜으로써 경제발전에 획기적인 전기가 마련된 것이다. 또한 이 정책은 누구나 자유롭게 시장에서 마음 놓고 장사하라는 길을 터준 것이니, 서민들로서는 대대적으로 환영할 일이지만 집권 노론 세력은 음성적인 돈줄이 차단되는 큰 타격을 입게 되었다.

따라서 당연히 그를 시기하고 반대하는 세력이 늘어났다. 그렇지만 채제공은 이런 정치적이고 개혁적인 노림수와 함께 오로지 국고를 축적하기 위해 과감하게 몇 가지 정책을 실시했다. 그 가운데 하나가 전매사업의 확충이다. 그는 정조의 명을 받아 인삼재배를 적극 권장하여 농가 수입은 물론, 국가 재정의 확대를 꾀했고 은화와 인삼의 통용을 통해 공무역을 활성화했다.

또한 채제공은 1792년(정조 16년) '만인소'를 통해 사도세자의 신원을 요구하는 1만여 명의 영남 선비들의 거듭된 주장에 적극 동조했다. 이듬해인 1793년 영의정에 오른 채제공은 사도세자 문제를 공식적으로 거론하고, 그의 죽음에 대한 잘잘못을 가려 사도세자를 재평가하여 새로운 정치 원칙을 정립하자는 '임오의리론'을 주장함으로써 정국을 소용돌이로 몰아넣었다. 이 시대의 '의리'는 정치의 중요한 가치이자 명분으로 '공적인 의로움'을 말하는 것으로, 정조 임금은 '의리론'에 대해 글을 쓰고 이를 설파할 정도로 정치에서 '의리'의 가치를 높게 평가하고 있었다. 따라서 채제공은 새로운 '임오의리론'을 주장하며 "사도세자가 죄인이라면 전하 역시 죄인이 됩니다. 비록 선왕(영조)이 그렇게 했을지라도 잘못된 처분은 올바르게 돌려놓아야 합니다!"라고 주장하고 나섰다.

이에 집권세력인 노론 벽파는 정조가 죄인의 자식이라는 개념에서 한 발짝도 물러나지 않으려 했으며, 정조 역시 재위 중에는 사도세자의 일을 거론하지 말라는 영조의 유훈을 저버릴 수 없는 처지였다. 그러나 채제공은 정조에게 이런 한계를 뛰어넘을 것을 주장하고 나선 것이다.

그러자 이 정치적인 명분 싸움에서 밀리면 조정에서 영원히 제거될 수 있다는 위기감에 빠진 노론 벽파는 '신임의리론'을 내세우며 거세게 반발하였다. 그들은 "우리는 목숨을 걸고 영조대왕을 지켜냈습니다. 그분이 아니었다면 전하가 어떻게 권좌에 있을 수 있었겠습니까? 사도세자는 불효했기 때문에 죽은 것이지 정파의 이해관계 때문에 그렇게 된 것이 아닙니다. 선왕(영조)의 유훈을 지키지 않으시렵니까? 이후 사도세자의 죽음을 영원히 거론하지 말라는 선왕(영조)에게 불효하시렵니까?"라며 정조의 아픈 부분을 공격하고 나섰다.

게다가 노론 벽파의 우두머리 격인 좌의정 김종수는 "한 하늘

아래에서 채제공과 자리를 함께할 수 없습니다!"라며 거세게 반발했다. 이렇게 노론 벽파가 필사적으로 반발하자 정조 임금은 한 발 양보하면서, 영의정 채제공과 좌의정 김종수 둘 다 자리에서 물러나게 했다.

이처럼 당시의 조선은 명분으로 정치를 하는 나라라, 왕이 불효한다는 명분만 있다면 언제라도 반정이 일어날 수도 있었다. 효심을 내세우고 아버지 사도세자를 무리하게 신원한다면 아버지 사도세자의 한은 풀 수 있을지언정 평생의 목표인 개혁은 돌이킬 수 없는 파탄지경이 될 수도 있었다. 그로 인해 파생되는 정치적 혼란은 고스란히 백성들의 몫이 될 것이므로 정조 임금은 일단 뒤로 물러났다. 정치 지도자로서 감정에 얽매이지 않고 사려 깊은 관용과 무서운 인내심을 보여준 대목이다.

사도세자를 둘러싸고 벌이는 이들의 전쟁이 다소 진정되자 정조는 채제공을 변호하고 진실도 밝힐 겸 영조가 남긴 비밀문서인 '금등(金縢)'의 일부 구절을 공개했다. 그것은 영조가 아들 사도세자를 죽이고 나서 몹시 후회하고 애통해하며 쓴 글이었다. 영조는 아들 사도세자가 죽은 후 '노론의 김상로가 5년 전부터 이 사건을 준비했으며…… 사도세자도 잘못이 없고 자신도 잘못이 없다.'는 내용을 글로 남겨놓은 것이 '금등'이다.

승지가 대신들 앞에서 이 '금등'의 일부 구절을 낭독하자 정조를 비롯한 모든 대신들의 통곡이 정전을 가득 메웠다. 충격적인 대반전이었다. 노론으로선 절체절명의 위기였다. 그러나 정조 임금은 노론 세력의 과오를 탓하지 않고, 사도세자의 죽음과 관련된 일을 더 이상 거론하지 않기로 했다.

'금등'이란 원래 쇠줄로 봉한 궤짝으로《서경》중 한 편의 이름이다. 주나라 무왕이 병들자 주공은 태왕, 문왕 등 조상들에게 '자신이 대신 죽을 테니 무왕의 목숨을 살려달라'고 빌고는 그 기도문을 금등 안에 넣어 보관했다. 성왕이 즉위한 뒤 관숙, 채숙 등이 주공이 조카 성왕의 자리를 노린다는 소문을 퍼뜨려 성왕이 주공을 의심했다. 그러나 금등을 꺼내 본 성왕이 비로소 주공에 대한 의심을 풀고 돌아오게 했다는 내용의 고사이다.

그리하여 이 '금등'은 자신의 목숨을 바쳐 다른 사람을 살리려는 뜻을 나타낼 때 주로 사용하는 말로 바뀌게 됐다. 영조는 사실 '소론 세력의 지지를 받는 아들 사도세자가 몰래 평양을 방문하는 등 하면서 평양군대를 동원해 자신과 노론 세력을 제거할 것이라고 생각했는데…… 후에 아들 사도세자에 대한 의심이 풀어진 것'이었다. 또한 영조는 자신이 아팠을 때 사도세자가 "자신이 대신 죽을 테니 부왕(영조)을 살려달라!"고 빌었던 사실도 기억해 냈다. 그러하니 일순간 영조는 노론 일파의 꾐에 빠져 자기 아들을 죽인 것이 얼마나 비통했겠는가?

따라서 훗날 이 '금등'이 공개됐을 경우 정권을 장악한 노론에게 커다란 타격을 입힐 것이며 무서운 보복이 뒤따를 것을 영조는 걱정하고 있었던 것이다. 그리하여 영조는 정국의 혼란을 미연에 방지하겠다는 궁여지책으로 이를 자신의 첫 번째 왕비 정성왕후 서씨의 위패 아래 보관하게 했다. 이러한 사실은 영조와 채제공 그리고 정조 세 사람만 알고 있었던 것이다.

사실은 임금 정조와 영의정 채제공이 신도시 화성(지금의 수원) 건설에 매진하여 개혁에 전력투구할 때 사사건건 노론 일파가 집요하게 방해하고 나서자 정조와 채제공은 그들을 향하여 이 '금등'을 꺼내든 것이다. 특히 1793년(정조 17년) 1월 신도시 화성이 유수부로 승격되자 노론 일파의 불안은 가중됐다. 이들은 이 신도시에 장용영 외영이란 막강한 부대가 주둔하고, 대규모 국영농장과 상업기반이 들어서는 것에 긴장을 늦추지 않았다. 만일 이곳에 성곽이라도 쌓아 올린다면 이 도시는 천하 그 어느 누구도 공격할 수 없는 도시가 될 것임을 깨달은 것이다. 만일 이곳을 기반으로 자신들을 제거하고자 공세를 펼친다면 속수무책으로 당할 수밖에 없는 지경이었다. 그래서 어떤 일이 있더라도 화성 유수부 축성만은 막아야 했다.

그러나 개혁군주 정조는 이 상황을 타개하기 위해 채제공을 화성유수에서 영의정으로 승진시켜 그들을 대척하다가 반격이 거세지자 '금등'을 꺼내 들어 노론의 공세를 무력화시켰던 것이다. 그리하여 정조와 채제공은 신도시 화성 건설 등 개혁정책을 계속 이끌어갈 수 있었고, 또한 왕권도 강화할 수 있었다.

정조는 노론 일파의 거센 반격으로 영의정 자리에서 물러나 있었던 채제공을 몇 달 후 다시 불러들여 화성 축성을 총괄하는 '화성 성역 총리대신'으로 임명했다. 이에 채제공은 노구를 이끌고 정조의 뜻을 받들어 신도시 화성을 근대적인 대도시로 만들기 위해 대상인들의 투자를 권장했고, 저수지를 만들어 농업을 활성화시켰으며, 사통팔달하는 교통의 중심지로 키웠다.

이처럼 채제공은 정조의 탕평정치의 요체인 위민정치, 즉 백성을 위한 정치를 현실에서 완성하기 위해 노력했다. 채제공의 획기적인 개혁정책은 양반 사대부들의 입장에서 보면 기득권의 상실을 의미했다. 주로 서울과 경기지역의 귀족층으로 이루어진 노론의 실세들은 소론과 남인으로 지칭되는 개혁세력들이 그야말로 그들의 정적이자 걸림돌이었다. 그들은 작은 흠집이라도 캐내서 채제공을 모함하기 일쑤였다. 그러나 정조 임금은 그를 믿으며 꼿꼿하게 그를 지켜주었다. 정조는 채제공과 그 사이를 이간하는 상소문이 가득해도 결코 그를 의심하지 않았다.

채제공에 대한 무한한 신뢰를 바탕으로 개혁군주 정조는 집권세력인 노론 일파의 극악스런 공격을 잘 이겨내고 그의 정치적 동지인 채제공, 정약용 등과 함께 준수도에 해당하는 특별도시이자 자급자족이 가능한 신도시 화성을 근대적인 도시로 만들고, 아울러 완벽한 방어시설을 갖춘 요새로 탈바꿈시켰다. 개혁군주 정조는 강력한 왕권의 바탕 위에서 백성이 살기 좋은 이상적인 신흥도시를 건설하려는 위대한 꿈을 가지고 있었던 것이다.

채제공은 조선시대 최고의 정치가로 그의 평생동지라고 할 수 있는 정조와 함께 개혁정치와 탕평정치 그리고 문화정치와 신도시 화성 건설 등을 성공적으로 이뤄내 조선 후반기에 르네상스를 부활시키고 부강한 근대국가를 향해 힘차게 나아갔던 것이다. 현재까지도 채제공과 정조의 위대한 개혁정치와 문화정치의 흔적이 서울과 경기도 수원 일대 곳곳에서 면면히 전해지고 있다.

사명감과 열정을 지니고 개혁군주 정조를 15년 정도 보좌하며 나름 소임을 완수한 '불세출의 정치가' 채제공은 1798년(정조 22년) 정계에서 은퇴하고 이듬해 1월 18일 80세를 일기로 세상을 떠났다. 안타깝게도 채제공이 세상을 떠난 후 다음 해에 정조 임금도 병을 치료하다가 49세의 나이로 의문의 죽음을 당했다.

채제공과 정조 임금이 함께 세상을 떠나자 다시 노론 세력에 의해 세도정치가 횡행하여 부패가 만연하는 등 급격한 역사적 퇴보를 겪다가 조선왕조는 100여 년 만에 '한일합방'으로 망하고 말았다. 그 시기에 채제공처럼 위대한 정치가가 다시 나타나 역사적 진보가 이루어졌다면 조선은 부강한 근대국가로 우뚝 서게 되어 '한일합방' 같은 치욕의 역사는 없었을 것이다.

위에서 채제공의 정치를 비교적 자세하게 논한 것은 지금의 혼란한 시국에 그처럼 위대한 정치가가 출현하기를 바라는 염원 때문이다. 정치 지도자 한 명이 나라를 망하게 할 수도 있고, 나라를 흥하게 할 수도 있다. 따라서 위대한 정치가를 키워내는 것이 나라를 살리는 것이다.

이런 불세출의 정치가 채제공이 세상을 뜬 지 220여 년이 지났다. 정조에 대한 책을 제일 많이 집필한 역사학자 한영우 박사는 우리 시대인 21세기에 다시 불세출의 지도자가 출현한다고 주장하고 있다. 따라서 필자는 그의 주장을 믿고 불세출의 정치영웅을 기다려왔다.

그런데 101세의 '행동하는 석학' 김형석 연세대 명예교수가 지금 '나라가 망해가고 있다!'고 탄식하고 있는, 마치 구한말 같은 위태로운 이 시기에 강직한 성품과 기개를 갖추고 용기, 결단력, 추진력 그리고 관용 및 인내를 두루 겸비한 새로운 지도자가 혜성처럼 출현했다. 그는 윤석열로서 마치 작금의 이 시대가 부르고 국민이 불러낸 '정치영웅'처럼 홀연히 등장한 것이다. 즉 '정치영웅이 필요한 시대'에 윤석열은 '불세출의 인물'처럼 등장한 것이다.

8장

성공하는
대통령을
보고 싶다

8장
성공하는 대통령을 보고 싶다

늦은 나이에 정치를 시작한 레이건과 윤석열

대한민국이 1948년 8월 15일 자유민주주의 국가로 건국된 지
70여 년이 지났지만 불행하게도 아직 '성공한 대통령'을 단 한 명도
보지 못했다. 곧 퇴임하는 문재인 대통령도 출발은 좋았지만 최근
잘 하고 있다는 여론보다 잘 못하고 있다는 여론이 훨씬 높아, '성
공한 대통령'이 되지는 못할 것 같다. 현재 우리나라는 문화 강국이
고 경제 선진국이나 정치 후진국으로 분류되고 있는 실정이다. 필
자는 자유 대한민국도 곧 '위대한 정치가'의 출현과 함께 '정치 선진
국'으로 도약하리라 기대하며, 아울러 '성공하는 대통령'을 볼 것으
로 확신한다.

항상 필자는 우리 시대인 21세기에 '위대한 지도자(정치영웅)'
즉 '성공하는 대통령'을 보고 싶어 했다. 그리하여 2005년 필자는 J
일보에 사명감과 열정을 지니고 '성공하는 대통령을 보고 싶다'라

는 글을 기고한 적이 있다. 그 글의 요지는 다음과 같다.

지난해(2004년) 위대한 미국 대통령 로널드 레이건이 타계하여 미국은 물론 전 세계를 큰 슬픔에 잠기게 하여, 세계적인 지도자로서 성공한 레이건 대통령의 막대한 영향력을 실감하는 한 해이기도 했다. 사실 그는 대통령을 퇴임하여 생존해 있는 기간에도 불구하고 링컨 대통령과 케네디 대통령보다 더 높은 지지율을 얻기도 하여, '위대한 지도자'로서의 명성을 확인시켜 주면서 미국민의 전폭적인 사랑과 존경을 받아온 '성공한 대통령'이었다.

그는 가난한 집안의 아들로 태어나 낙천적이고 진취적인 자세로 어려운 환경을 극복해 가면서 자수성가한 인물이며, 용기 있는 정치가로 성공한 인물이다. 특별나게도 그는 공화당 대통령 후보 시절, 단 몇 개의 주요 정책을 집중적으로 주장하는 선거전략을 펴다가 대학교에서 진보적인 학생들로부터 계란세례 등을 받으면서도 정치적 소신을 굽히지 않고 당당하게 맞선 용기 있는 정치가였다.

반면에 그의 정적으로서 민주당 대통령 후보인 먼데일은 대학생, 노조 및 소수민족 등 다양한 세력의 지원을 받으며 100여 가지 이상의 정책을 화려하게 펼친, 지성적이고 진보적인 민주당 대통령 후보였다. 그러나 민주당의 대통령 후보 먼데일은 공화당의 대통령 후보 레이건에게 패배하고 말았다.

그러나 아직 선진국의 문턱에 있는 우리 대한민국에서는 2005년 새해가 시작되었는데도 정치·경제적 불안은 계속되어 허탈감과 분노를 느끼고 있으며, 금년 1월 1일 KBS 여론조사에서 보도된 바와 같이 노무현 대통령이 잘못하고 있다는 여론이 60%가 넘어서 참으로 안타까운 실정이다. 최근 경제사정이 악화되고 있고, 소모적인 정쟁으로 정치혼란이 가중되고 있어 정치 지도자에 대한 실망감이 커지고 있는 실정이다.

따라서 이러한 때, 우리는 파당 싸움과 편협된 이념을 배격하고 '정치안정'과 '경제부흥'을 획기적으로 추진하려는, 참으로 용기 있는 정치 지도자를 보고 싶다. 급진적이고 진보적으로 서둘러 성과도 없이 국민들을 현혹하기보다는, 당대에는 불리해도 국민들에게 희망적인 성과를 안겨주기 위하여 레이건 대통령처럼 중장기적으로 일관성을 가지고 끈질기게 노력하는 대통령을 우리는 간절히 보고 싶다.

그리고 산업현장, 시장 및 서민의 일터 등을 찾아 근로자와 서민들을 격려하면서 허리 굽혀 민생을 살피는 대통령을 우리는 꼭 보고 싶다.

또한 분열보다는 통합을 추구하고, 노선투쟁보다는 실용적 자세를 견지하여 생산적인 정치를 실현하려고 고군분투하는 대통령을 우리는 몹시 보고 싶어 하며, 곧 '성공하는 대통령'을 볼 수 있을 것으로 확신한다.

필자는 이 글을 기고한 후 10여 년간 기다려도 '성공한 대통령'을 보지 못하여 아직 정치 후진국인 우리 대한민국에 위대한 레이건 대통령의 리더십을 전파하여 우리나라를 정치 선진국으로 도약시키겠다는 사명감을 가지고 2016년에 《위대한 대통령 로널드 레이건 평전》을 발간했다. 기존의 어려운 인물평전(전기) 형식에서 과감히 탈피하여 새로운 인물평전 전문작가로서의 소신으로 책 내용을 쉽고, 흥미진진하고, 체계적으로 기술하려고 노력했다. 그리고 필자의 이 책을 읽고 '위대한 지도자(정치영웅)'가 어려운 이 시대에 단 한 명이라도 탄생한다면 필자의 인생도 '성공한 인생'으로 마음먹기로 했다.

미국의 '위대한 지도자' 즉 '정치영웅' 레이건 대통령은 늦은 나이에 보수혁신가로서 보수주의 가치를 신봉하며 혜성처럼 정치스타로 부상하여 대통령에 도전한 점이 보수주의 정치신인 윤석열의 극적인 등장과 매우 닮았고, 그리고 둘이 추구하는 정치철학·정치 비전도 무척 흡사했다.

미국의 위대한 지도자 로널드 레이건 대통령은 다른 정치인들이 은퇴할 나이인 55세에 뒤늦게 정치 신인으로서 캘리포니아 주지사 선거전에 뛰어들었다. 그런 나이에 그는 1966년 처음으로 공화당 후보로서 캘리포니아 주지사 선거에 입후보한 것이다. 늦은 나이에 정치신인으로서 캘리포니아 주지사 선거에 도전한 레이건과 62세의 정치신인으로서 대통령에 도전한 윤석열은 둘 다 함께 '정치영웅'이라 평가할 만하다.

캘리포니아 공화당 지지자들은 그런 레이건에게 캘리포니아 주지사가 되어 공화당의 전통적 가치를 회복하여 줄 것을 열망하고 있었다. 공화당 지지자들은 진보적인 민주당이 그러한 미국의 전통적 가치를 훼손하고 있다고 우려하고 있었던 것이다.

레이건은 학창시절과 청년시절을 지내오면서 거의 20여 년 동안 민주당의 루즈벨트와 트루먼을 적극적으로 지지해 왔으나, 영화배우 조합장과 거대 기업 제너럴 일렉트릭사(GE)의 홍보대변인으로 활약하고 게다가 공화당 대통령 후보 골드워터의 지지연설을 하면서 보수주의자로 변해온 것이다.

레이건의 보수주의 정치철학과 닮은 윤석열의 정치철학

레이건은 민주당의 루즈벨트 대통령을 훌륭한 인격자로 존경하고 그의 연설을 무척 좋아하기는 했으나, 그의 정책을 지지하지는 않았다. 즉 그의 진보적 사상과 큰 정부가 시행하는 방만한 정책에는 반대했다. 레이건은 개인주의와 자유방임주의, 그리고 청교도주의가 혼합된 미국의 생활방식을 위대한 미국의 전통적 가치로 여겼다. 그리고 이러한 가치가 위기의 미국을 풍요로운 미국으로 만들 수 있었다고 생각한 것이다.

이러한 미국의 전통적 가치가 공화당 지도자에 의해 힘차게 발휘되어 미국을 풍요롭고 위대하게 만든 시기가 1920년대였다. 그 풍요의 시대를 누리게 한 대통령은 공화당의 캘빈 쿨리지였다. 그는 검소하고, 근면하고, 노력한 만큼의 이익을 얻는 사회의 건설을 이상으로 여기며 정부의 역할을 축소하여 정부의 간섭을 줄이고, 작은 정부, 자유방임을 통해 미국의 영광을 누리려고 했던 것이다. 당시 그가 추구한 이상이 미국의 전통적 가치였고, 공화당은 그 가치를 숭고한 정치이념으로 삼은 것이다.

　풍요로운 그 시대의 미국의 영광을 계속 이어가기 위하여 도안 로빈슨과 거츤 보글럼이란 선구적인 인물이 '러시모어 계획'을 추진했다. 1920년대 풍요의 시대를 누리고 있을 때 사우스다코타 주의 러시모어산에 미국을 위대하게 만든 대통령 4명의 얼굴을 조각하여 미국의 영광을 높여가고자 한 거대한 계획이 바로 '러시모어 프로젝트'였다. 원래 몇 년 안에 이 계획을 완성하려고 했지만 갑자기 1929년에 불어 닥친 대공황으로 이 거대한 프로젝트는 더 많은 시간이 걸렸다. 장엄한 러시모어산의 조각은 1927년 10월 4일에 시작하여 1941년 10월 31일에 완성했다. 무려 15년이라는 세월이 걸렸던 것이다.

　이 거대한 계획에 의해 러시모아산 암벽에 미국을 위대하게 만든 대통령 4명의 얼굴을 조각한 것이다. 미국 건국의 아버지이며 신생 독립국 미국이 나아가야 할 방향을 정확하게 제시한 워싱턴, 독립선언문을 기초하고 서부를 개척하며 자유와 평등의 개념을 확대시킨 제퍼슨, 공화당 출신이면서 사회정의를 실현하고자 혁신주의를 내세우고 미국을 세계의 지도국가로 만든 시어도어 루즈벨트, 연방을 보호하여 미국의 분리를 막고 흑인노예를 해방시켜 정의와 관용을 미국 땅에 실현시킨 링컨이 그들이다. 이들은 미국 건국정신에 충실하고 전통적인 미국의 가치를 실현시킨 지도자들이었다.

　따라서 레이건은 미국을 풍요롭고 위대하게 만든 미국의 전통적 가치를 정치이념으로 삼은 공화당에서 정치적 꿈을 실현하려고

한 것이다. 특히 레이건은 프랭클린 루즈벨트와 존 F. 케네디 두 민주당 대통령이 그 시대를 이끈 최고의 진보적인 지도자였다는 것은 인정하지만, 그들이 추구한 것은 미국의 전통적 가치의 실현과는 반대되는 길이라고 생각했다. 점차 레이건은 루즈벨트와 케네디가 개인주의적이고 자유방임적인 미국의 전통적인 길이 근본적으로 잘못된 것으로 보고 개인보다 집단을, 자유보다 간섭을, 작은 정부보다 큰 정부를, 그리고 성장보다 분배를, 나아가 미국의 영광스러움보다 타협에 집중했다고 판단하기 시작한 것이다.

그래서 루즈벨트와 케네디 이 두 대통령이 미국 국민들로 하여금 정부에 지나치리만큼 의존하게 만들어 미국인들 스스로가 노력하여 자립할 수 있는 힘을 잃게 만들었다고 레이건은 생각했으며, 이는 실로 위대한 러시모어의 지도자들이 통탄할 일이라고 여겼다. 그리하여 레이건은 이들과 다르게 미국의 전통적 가치인 개인주의와 자유방임주의 그리고 청교도주의를 바탕으로 위기의 미국을 이끌어 미국의 위대함을 다시 찾아야 한다는 정치철학을 가지게 되었다.

레이건은 1964년 치러진 '대통령 선거'에서 당시 공화당 대통령 후보 골드워터의 지지연설을 하면서 그의 정치철학을 집약하여 드러내기 시작했다. 그리고 캘리포니아 주지사에 도전하기로 마음을 굳히면서, 그가 걸어온 삶을 기록한 자서전 《나의 나머지는 어디에 있나?》를 1965년 출간하고 캘리포니아 주지사 선거전에 뛰어든 것이다.

이러한 레이건의 삶의 역정과 일관된 정치철학을 전혀 파악하지 못한 민주당의 현직 지사 브라운은 공화당의 정치스타 레이건을 몹시 수준이 낮은 영화배우 출신 정치 지망생으로 얕잡아 보았다. 주지사를 두 번이나 역임하고 민주당의 정계 거물을 자처하며 3선에 도전한 오만한 브라운은 레이건의 인기와 경쟁력을 과소평가한 것이다. 그리하여 레이건의 존재를 무시하듯이 브라운은 선거운동보다는 주지사 업무에 충실하겠다고 하면서, 레이건의 선거유세에 반응을 보이지 않았다. 그것은 배우 출신 레이건을 정면으로 무시한다는 뜻이었다.

그렇지만 정치스타 레이건의 인기는 시간이 갈수록 가파르게 상승하기 시작했다. 이런 상황을 전혀 예상하지 못했던 브라운은 레이건에게 강도 높은 막말 공격을 퍼붓기 시작했다. 브라운은 레이건이 하찮은 배우였다는 점을 공격하고 나섰다. 정책대결보다는 철저한 인신공격이었다. 브라운은 자신의 선거광고 방송에 출연하여 어린아이들을 상대로 "나는 배우에 대항해 선거운동을 하고 있습니다. ……여러분도 아시지요, 누가 링컨을 암살했는지?"라며 레이건에게 비아냥거렸다. 그것은 레이건이 '배우'이고 또 링컨을 죽인 사람도 '배우'였다는 점을 강조하기 위한 광고였다. 마치 '영화배우'였던 레이건이 링컨의 암살범인 '연극배우' 존 부스처럼 함께 '배우'였다는 점을 지나치게 강조하고 나섰던 것이다. 그것은 레이건에 대한 인격모독이고 지나친 비약이었다. 금도를 넘어선 야비한 공격이었다.

이러한 민주당 주지사 후보 브라운의 거침없는 흑색선전에 공화당의 레이건 지지자들은 분노가 폭발하여 거칠게 맞대응을 하려

했으나, 당사자인 레이건 후보는 추호의 흔들림이 없이 냉정한 자세를 유지하며 자신의 일관된 정치철학을 반복해서 강조했다. 그것은 레이건이 1964년 공화당 대통령 후보 골드워터 지원을 위한 방송연설의 내용이었다. 주된 내용은 개인책임의 원칙(개인주의), 감세(세금감면), 작은 정부, 시장경제, 강경한 대소정책 등이었다.

이 연설 때문에 레이건은 전국적인 인물로 부상하여 일약 공화당의 정치스타가 되었으며, 미국 정계에서도 레이건의 이 연설을 미국의 전통적 가치를 강조한 중요한 연설로 평가하고 있다. 레이건은 이러한 정치철학을 올바른 길이라고 생각했고, 죽을 때까지 그 신념을 바꾸지 않았다.

그는 잃어버린 미국의 위대함을 다시 찾기 위하여 위와 같은 미국의 전통적 가치를 군건하게 고수해야 한다고 주장했다. 따라서 레이건은 미국의 전통적 가치를 거스르고 이를 근본적으로 고쳐야 한다고 주장하는 진보적인 만주당을 정면으로 반박했다. 캘리포니아 민주당 지지자들의 치열한 공세에 레이건은 추호의 흔들림이 없이 용기 있는 보수혁명가처럼 보수주의 정치철학을 강력하게 반복적으로 외쳐댔다. 마치 중세의 영웅적인 기사가 새로운 갑옷으로 무장하고 적진 깊숙이 들어가 용기 있게 싸우면서, 잃어버린 위대한 왕국을 찾으려는 듯이 보였다. 타협적이고 비겁한 민주당의 후보 브라운은 당시 폭동과 반전데모에 감히 맞서지 못했지만, 공화당의 용감한 후보 레이건은 대학도시 버클리에 있는 대학 내에 진입하여 대학생들의 계란을 온몸으로 맞아가면서 강경한 대소정책 등을 부르짖었던 것이다.

이처럼 레이건의 용기 있고 도전적인 선거유세에 캘리포니아 주민들은 점점 호응하면서 선거열기가 고조되었다. 특히 공화당 지지자들은 레이건의 인기가 치솟자 승리에 대한 기대감으로 열광적인 환호를 보내기 시작했다. 점차 그들은 승리를 확신하며 레이건이 캘리포니아를 혼란과 침체의 늪에서 구해주기를 열망했다.

마침내 치열했던 주지사 선거는 막을 내렸다. 혜성처럼 등장한 정치신인 레이건이 승리를 거뒀다. 압승으로 눈부신 승리였다. 공화당에 유망한 정치스타가 확실하게 탄생한 것이다. 레이건이 얻은 표는 374만 2,912표로 브라운이 얻은 274만 9,174표보다 거의 1백만 표나 많았다. 압도적으로 승리가 확정되자 레이건과 그의 부인이며 정치동지인 낸시는 뜨겁게 열광하는 공화당 지지자들과 주민들 앞에서 감사의 인사말과 함께 기쁨의 눈물을 흘렸다.

드디어 레이건은 1967년 1월, 56세의 나이에 선출직 공무원인 캘리포니아 주지사로 취임했다. 레이건은 민주당이 진보적인 성격을 넘어 과격한 사회주의적 혁명성을 띠게 되자 이에 용기 있게 맞서서 기존의 전통적인 가치를 부활시키기 위해 공화당에서 정치를 시작했던 것이다. 1960년대 민주당의 케네디의 등장, 그리고 존슨 정부의 '위대한 사회' 운동으로 진보주의 물결이 절정을 이루고 있을 때, 레이건은 나름대로 시대의 흐름을 통찰하고 미국이 가야 할 길은 진정한 보수주의의 길이라고 확신하게 되었다. 그 당시 진보주의가 혁명성을 띠고 과격해지면서 프로테스탄트 윤리까지 파괴함은 물론 성과 마약의 혁명을 외치며 전통적인 미국의 가치를 위협했기 때문이다. 따라서 레이건은 용기와 통찰력을 가지고 이러한 시대의 흐름에 맞서서 대항했던 것이다.

레이건은 캘리포니아 주지사가 되고 난 후 미국의 전통적 가치를 회복하는 데 정책의 최우선을 두었다. 미국의 전통적 가치의 세 가지는, 첫째는 '개인주의'로 개인의 자유와 개인의 자기실현을 최고의 목표로 삼는 것이며, 둘째는 '프로테스탄티즘 윤리'로 개인의 영적 구원과 개인의 직업적 성공에 관련된 것으로 근면, 자조, 검소, 절제, 도덕적 생활 등을 강조하는 것이며, 셋째로는 자유방임주의로 개인이 자유롭게 자기실현을 하도록 정부가 간섭하지 말자는 것이다.

레이건은 먼저 정부 규모를 축소하고, 세금을 줄이고, 규제를 푸는 것에 집중했다. 레이건은 정부 사업을 효율적으로 집행하기 위하여 행정부처를 축소하겠다고 선언하고 나섰다. 그리하여 레이건은 주지사실에 새로 예산담당관을 두고 다시 정책과 예산 및 지출에 대한 전반적인 통제를 하기로 했다.

레이건은 첫 임기 때 인플레이션의 영향으로 예산을 과감하게 축소하려 했으나, 오히려 예산이 늘어나 경제 관련 개혁 정책은 실패하고 말았다. 그러나 사회관련 개혁 정책에서는 눈부신 성공을 거두었다. 그는 복지문제를 캘리포니아 주의 핵심문제로 지적하며 복지개혁을 주장했다. 사회적 약자에 대한 지원은 필요하지만, 일을 하지 않는 사람들에 대한 지원은 개선해야 한다고 주장했다. 캘리포니아 주 슬로건으로 '창조적 사회'를 내걸고 주민들에게 '자아존중', '자립' 그리고 '품위'를 강조했다. 그리고 로스앤젤레스 와츠 지구 등의 흑인폭동, 버클리 대학교 학생들의 캠퍼스 내 정치활동

자유화를 위한 시위, 베트남전에 대한 과격한 반대 시위, 늘어나는 마약 문제 등에 대해 단호한 조치를 취했다.

그리하여 법과 질서를 회복하였고, 국가와 사회를 정치적 혼란에서 벗어나게 하여 미국의 전통적 가치가 존중받도록 캘리포니아 주를 강력하게 이끌어 나갔다. 결과적으로 많은 캘리포니아 주민들은 레이건이 그들의 이익을 위해 열심히 노력하고 있다고 확신하게 되었다.

그 후 레이건은 1970년 59세의 나이로 캘리포니아 주지사 재선에 도전했다. 그는 선거기간 중 일관성 있게 보수주의 정책인, '작은 정부'와 '복지정책의 개혁'을 다시 주장했다. 그는 1966년 선거 때보다 낮은 지지율인 53퍼센트로 가까스로 재선에 성공했다.

1971년 1월 4일, 레이건은 2차 취임사에서 '복지정책의 개혁'을 핵심정책으로 내세웠다. 1960년대 존슨 행정부가 '빈곤에 대한 전쟁' 정책을 실시하면서 복지비가 급속히 확대되어 거대한 괴물로 성장해 있었다. 즉 복지비에 의존하는 사람들이 대폭 늘고 있었다. 복지비는 세금을 높였으나 세금으로 모두 감당할 수가 없었다. 당연히 재정 적자를 낳았다.

1971년 캘리포니아 주에서 복지비를 신청하는 사람들이 매달 4만 명씩 늘어갔다. 레이건은 세금으로 복지문제를 해결할 수 없다고 판단하고, 복지개혁 법안을 만들어 복지 혜택을 받을 수 있는 사람들의 자격조건을 엄격히 강화했다. 주 정부의 재정적 파국을 피하기 위하여 재정지출을 획기적으로 줄이기로 한 것이다. 그 당시 캘리포니아는 정치적, 사회적, 경제적으로 곤경에 빠져 있었다. 베트남 전쟁이 미국 사회 전반에 짙은 그림자를 드리우게 했고 경제까지 침체되어, 극도로 비관적인 분위기가 퍼져 있었다. 그리하여 재정지출을 획기적으로 개혁하기 위해 방만한 복지정책을 주요 대상으로 선택한 것이다.

이를 해결하기 위하여 레이건은 사회복지 분야에 대한 경험이 전혀 없는 로버트 칼슨을 사회복지국장으로 임명했다. 그는 샌디에이고 시 총무국장을 역임하고 캘리포니아 주 공공사업국 부국장으로 근무하고 있던 사람이었다. 그는 해군장교 출신으로 서던 캘리포니아 대학을 졸업했다. 개혁을 위해 칼슨은 자기 부서에 사회복지 분야에서 일해 보지 않은 사람들만 모았다. 그 분야에서 일해 온 사람들은 자기 집단의 이익을 보호하기 위하여 개혁을 성공시키지 못하기 때문이다. 그는 과감한 복지개혁을 단행하기 위하여 두 가지 실천 지침을 제시했다. 첫째는, 일할 능력이 있는데 일하지 않고 복지비만 받는 사람들에게 주는 복지비는 삭감하라! 둘째는, 근로 자격이 있는 사람에게 주는 복지비는 없애라! 그러나 근로 능력이 없는 사람에 대한 복지비는 손대지 말라고 지시했다.

그 후 개혁의 결과는 엄청난 것이었다. 복지개혁 3년 후인 1974년 캘리포니아에서 복지비 수혜자의 숫자가 무려 85만 명이나 줄었다. '가족복지비(AFDC)'의 수혜자도 30만 명 이상 줄었다. 그리하여 미국 역사상 처음으로 캘리포니아에서 복지비 지출이 최대로 감소했다. 레이건은 불구자이거나 근로 능력이 없는 사람들을 도와주어야 한다고 생각했지만, 한편으로 그는 복지혜택을 받는 많은 사람들이 스스로 노력하여 일자리를 찾기보다는 정부의 지원금을 받고 살아가는 길을 선택한다고 보았던 것이다. 열심히 노력하고 일하는 사람은 언젠가 반드시 성공할 것이라는 부모의 가르침을 교훈으로 삼고 살아온 레이건은 야심 없이 의존적인 삶을 사는 사람들에 대한 정부의 온정을 잘못된 정책으로 보았던 것이다.

레이건은 캘리포니아가 극도의 사회적 혼란과 경제적 침체로 어려운 시기에 있을 때 훌륭한 인재를 과감하게 등용하여, 획기적인 복지개혁과 강력한 사회안정 등을 성공시켰다. 비록 공약과는 달리 예산을 감축시키지 못했고, 민주당 주 의회가 주도한 '낙태법안'을 막지 못했지만, 전체적으로 레이건은 캘리포니아 주지사로서 용기, 결단력 및 추진력을 충분히 발휘하여 훌륭한 업적을 이뤄낸 것으로 평가받았다.

레이건의 끝없는 도전의 삶과 흡사한 윤석열의 삶

이후 레이건은 1975년 11월 20일 포드 대통령을 상대로 공화당 대선후보로 나서겠다고 선언했다. 65세의 레이건은 포드 대통령이 대외정책에 있어 온건주의자로 공산주의자들에게 휘둘리고 있으며, 국내적인 문제에 있어서도 '작은 정부'를 제대로 실현하지 못하고 있다고 공격하고 나섰다. 미국민들에게 레이건은 소련을 상대로 단호한 정책을 취할 것이며, 또한 연방정부의 지출을 줄이고, 세금을 인하하고, 그리고 균형예산을 반드시 이루겠다고 약속하고 나섰다.

그러나 포드 대통령의 인기가 추락하고 있다고는 하지만, 현직 대통령으로서의 영향력은 막강한 것이었다. 현직 대통령 포드와 레이건은 같은 공화당 소속이어서 현직 대통령을 상대로 승리한다는 것은 무척 어려운 일이기도 하였다. 그렇지만 레이건의 인기가 가파르게 상승하고 있어서 둘의 지지율은 우열을 가리기 어려울 정도였다.

　대의원 선거가 거의 끝날 무렵, 포드는 레이건보다 대의원 수에서 약간 우세했다. 이에 레이건은 과감한 전략으로 승부를 걸기로 했다. 결정을 못하고 있는 중도적인 성향의 대의원들을 확보하기 위한 계획을 세운 것이다. 만약 후보로 지명되면 러닝메이트로 펜실베이니아 주 출신 연방 상원의원 리처드 스웨커를 지명하겠다고 선언하고 나선 것이다. 궁여지책으로 중도파로 분류되던 스웨커를 끌어안아서 그를 따르는 중도파 대의원들을 흡수하기로 한 것이다. 선거에 너무 몰입하다 보면 큰 숲의 흐름을 잘못 보고 몇 개의 나무를 중시하는 경향이 있다. 어렵게 중도파 대의원들을 확보하니 오히려 큰 흐름인 보수파 대의원들이 거세게 반발하고 나선 것이다.

　따라서 레이건은 전략적 실책을 저지르고 말았던 것이다. 결국 레이건은 포드에게 적은 차이로 패배하고 말았다. 포드는 대의원 투표에서 1,187표를 얻었고, 레이건은 1,070표를 얻었다. 포드가 공화당의 대통령 후보로 확정된 것이다. 당당한 패자가 된 레이건은 짧은 즉흥 연설에서 민주당의 복지정책과 거대정부를 비난하며, 민주당 정부가 유산으로 넘겨준 사회·정치제도 아래서는 미국의 장래가 어둡다고 전망했다. 그래서 공화당이 대선에서 승리하기 위해서는 새로운 통치이념 아래 뭉쳐야 한다고 역설했다. 그리고 "승리에 대안은 없다!"며 연설을 마쳤다. 레이건이 인용한 이 말은 맥아더 장군이 퇴임하면서 미국 의회에서 한 말이었다.

당당하고 자신감이 넘치는 패배자 레이건의 이 연설에 많은 공화당 인사들은 후보를 잘못 뽑은 것 같다고 탄식했다. 공화당 전당대회에서 47.4퍼센트의 지지를 받고도 후보 경선에서 탈락한 레이건은 다시 4년을 기다려야 했다. 이제 그는 미국 역사상 최고령인 69세에 대통령 후보에 다시 도전해야 할 운명에 놓이게 됐다.

레이건은 실망하는 참모들과 지지자들에게 낙관주의자 특유의 목소리로 "우리는 아직 패배하지 않았다. 그것은 긴 전쟁에서 하나의 전투에 불과하다. 우리는 살아 있는 동안 우리의 정치신념을 전파할 것이다. ……여러분도 지금 하고 있는 일을 하게 만든 바로 그 믿음과 신념을 갖고 있기 바란다. 무대 위의 배우들은 바뀔지도 모른다. 하지만 우리의 정치신념은 바뀌지 않고 계속 이어나갈 것이다. 그리하여 결국 우리는 승리할 것이다. 여러분은 이상을 포기하지 말라! 절대로 타협하지 말라! 편법에 의지하지 말라! 냉소하지 말라! 수많은 미국인들은 우리의 이상을 지지한다. 그들은 우리와 같은 길을 갈 것이다."라고 당당하게 외치며 다시 도전하겠다는 자신감을 드러냈다.

그 후 1976년 11월 치러진 대통령 선거에서 유약한 포드 공화당 후보는 혜성처럼 등장한 민주당 후보 지미 카터에게 패배하고 말았다. 따라서 민주당 대통령 카터의 시대가 현란하게 개막되었다. 그는 도덕성을 내세우며, 그러한 도덕적 지도력을 바탕으로 옳고 그른 것을 판단해 국가 정책을 운영하겠다고 천명했다. 그리하여 미국의 우방국들에게도 도덕성에 반하는 인권정책을 강력하게 질타하고 나섰다. 처음에는 미국민들이 도덕군자처럼 근엄하고 고결한 카터에 열광하였으나 불행하게도 국내경제가 극도의 불황에 빠져들었고, 대외적으로는 미국의 영향력과 위신이 급속도로 추락하고 있었다.

그의 정치적 이상은 도덕적이고 현란했지만 국내적으로는 경제가 피폐해지고 있는 데다가, 국제적으로는 강대했던 미국이 종이호랑이처럼 위상이 추락하고 있었다. 이처럼 카터 대통령이 어려움에 처하자 미국민과 시대가 레이건을 부르기 시작했다. 특히 대외적으로 미국의 영향력이 현저히 줄어들어 가기에 미국민의 자존심에 큰 상처를 주고 있었다.

그런 가운데 중남미에서 미국의 영토로 인식되던 파나마 운하가 미국에서 떨어져 나갔다. 1960년대 초 쿠바가 공산화된 후 중남미는 끊임없이 공산주의 혁명의 위험을 안고 있었다. 미국의 뒷마당에서 위협적인 독버섯인 공산주의가 자라나고 있었던 것이다. 게다가 거친 반미주의 물결이 중남미 국가들 사이로 퍼져가고 있었다. 이의 영향으로 수십 년간 친미국가였던 중남미의 니카라과도 공산주의 국가가 되었다.

이는 강대국 미국에게 큰 상처를 줬다. 특히 철저한 반공주의자인 레이건에게도 용납할 수 없는 큰 외교실책으로 각인되었다. 또한 카터의 고결한 인권외교 때문에 미국의 민주 우방국들이 인권을 무시하는 독재국가로 몰리어 국내적 혼란을 겪어야 했다. 특히 자유우방국인 한국과 필리핀에서 인권외교 때문에 다소 민주주의 역량은 강화되었으나 공산주의자들에게 이용당할 빌미를 제공하여 극심한 정치혼란을 야기시키기도 했다. 게다가 주한미군 철수를 둘러싼 한국과의 의견 대립으로 상원 청문회를 개최하는 등 양국 간 긴장이 고조되기도 했다.

또한 카터 대통령은 유럽에서도 어려움에 직면했다. 유럽은 소련의 강력한 핵 위협으로 핵전쟁의 공포에 시달렸다. 핵전쟁으로 위협하는 소련에게 카터는 타협을 선택했다. 이런 타협으로 구체화된 '헬싱키 협정' 때문에 카터는 보수세력의 거센 항의를 받아야 했다. 게다가 카터는 중동에서도 어려움에 처했다. 가까스로 이스라엘과 이집트의 협상으로 관계 개선을 도모했으나, 과격한 이슬람 근본주의자들의 준동으로 친미정권인 이란이 붕괴되어 그들이 미국인들을 인질로 붙잡아 미국의 자존심에 큰 상처를 주기도 했다.

무엇보다도 카터 대통령은 재임기간 동안 장래에 대한 비전을 제대로 제시하지 못했다. 도덕적 외침만으로는 임박해 있는 복잡한 여러 문제를 해결할 수 없었던 것이다. 인플레이션이 계속되고 있었다. 높은 실업률과 가솔린의 부족은 미국민들을 불안하게 만들었다. 게다가 '이란 인질 사건'은 베트남과 아프가니스탄에 이어 미국의 자신감과 국제적 위신을 추락시키고 있었다. 따라서 카터 대통령은 임기 동안 침체의 늪 속에서 헤매야 했다.

드디어 호시탐탐 때를 기다리던 레이건은 카터 대통령의 국내경제 문제와 외교 문제를 공격하고 나섰다. 그리고 레이건은

1979년 11월 13일, 뉴욕에 있는 힐튼호텔에서 공화당 대통령 후보 지명전에 출마하겠다고 힘차게 선언했다. 68세의 나이로 후보 지명전에 도전한 것이다. 레이건은 침체한 경제를 되살리고, 강력한 국방력을 확보하며, 정부운영을 개혁하고, 추락한 미국민의 자존심을 회복시키고자 출마한다고 밝혔다. 레이건은 경제가 침체한 것은 민주당 정부의 경제정책이 잘못된 탓이라며 세금과 정부운영의 비효율성을 지적했다. 즉 방만한 연방정부를 축소하여 지출을 줄이고, 그럼으로써 국민의 늘어나는 세금을 줄여야 한다고 역설했다.

레이건은 "연방정부는 너무나 많이 지출하고 있으며, 지나치게 많이 배정하고 있고 그리고 지나치게 많이 규제하고 있습니다. (중략) 경제의 건전성을 회복하는 열쇠는 세금을 줄이는 데 있습니다. 연방지출에서 불필요한 것은 없애야 합니다. 그렇지만 업무를 줄이겠다는 것이나 혹은 가난한 사람이나 노인, 아픈 사람들과 장애인들에 대한 혜택을 줄여야 한다는 것은 아닙니다."라고 강조했다. 즉 레이건은 연방정부의 규모를 줄이면 효율성이 증가하고 관료들이 감소하여 세금도 줄어들면서 그 자체가 경제적 인센티브가 되기 때문에, 경제성장이 일어날 것이라고 주장했다.

또한 레이건은 강력한 국방력을 확보하여 외교문제 전반에 대처해야 한다고 역설했다. 즉 '힘을 통한 외교'를 바탕으로 전쟁을 미리 억제함으로써 '평화로운 세상'을 만들어야 한다고 주장했다. 즉 소련과의 협상이 유화적이어서는 안 되고, 강력한 국방력을 바탕으로 협상해야 확실한 평화를 얻을 수 있다는 주장이었다. 그리하여 대소관계에서 '힘의 우위'를 확보하기 위하여 진정한 친구가 될 수 있는 동맹국을 확보해야 한다고 강조했다. 그리고 미국의 대소정책에 동참하는 나라들과는 동맹관계를 유지하겠다고 밝혔다. 또한 지리적으로 가장 가까운 이웃나라 캐나다와 멕시코를 '외국'으로 보는 것을 중단하고 이들을 통합해야 한다는 강력한 의지를 천명했다. 즉 북미 대륙에 함께 위치하고 있어서 북미 통합을 추진하겠다는 것이었다. 끝으로 미국민의 자신감 회복을 강조했다.

레이건의 주장은 한결같았다. 15년이라는 긴 세월이 흘러갔지만 1964년 공화당 대통령 후보 골드워터 지지연설 때 주장했던 내용들을 일관되게 그대로 반복하고 있었다. 계속하여 레이건은 작은 정부 운영, 세금 인하, 힘을 통한 외교 등을 외치고 있었다.

1980년이 시작되자마자 대통령 후보를 뽑는 공화당 예비선거가 본격적으로 시작되었다. 1월 21일 아이오와 코커스에서 레이건은 부시와 처음 격돌했다. 그런데 부시가 선두주자로 예상된 레이건과 출마후보들을 꺾고 1등을 하여 파란을 일으켰다. 부시는 32%를 얻었고 레이건은 30%를 얻었다. 3등은 상원의원 출신 베이커였고, 그 다음은 상원의원인 밥 돌 후보였다.

예비선거 초반에 파란을 몰고 온 조지 부시는 텍사스 출신으로 일본이 진주만을 공격한 직후 군에 입대하여 비행사로 출전했다. 그는 고등학교를 졸업하자마자 대학 진학을 연기하고 바로 군에 입대하여 전쟁에 참가한 것이다. 전쟁이 끝나자 부시는 제대하고 전통의 명문 예일대에 진학했다. 대학 졸업 후 조지 부시는 텍사스 휴스턴에서 석유사업을 하여 많은 재산을 모았다. 그의 부친인 프레스코 부시는 월스트리트에서 돈을 벌었었다.

그리고 조지 부시는 닉슨 행정부에서 유엔대사와 베이징 주재 미국연락사무소 대표를 지냈다. 또한 포드 행정부의 중앙정보국장을 지내기도 했다. 이러한 여러 국정 경험을 바탕으로 하여 부시는 마침내 대통령 후보 지명전에 도전하고 나선 것이다. (그의 부친은 코네티컷 주의 연방 상원의원을 지냈고, 후에 조지 부시와 그의 아들 조지 워커 부시는 둘 다 대통령까지 되어 그의 집안은 미국에서 정치 명문가를 이루게 된다.)

이러한 환경에서 성장한 부시는 주변에 사람이 많았다. 국제 외교에도 경험이 풍부하여 주위에는 세련되고 부드러운 인상을 풍겼지만, 실제로는 텍사스 출신답게 강인한 성격의 소유자였다. 1960년대에 민주당의 아성이었던 텍사스에서 민주당 후보를 이겨내고 연방 하원의원으로 진출한 것이 이를 입증한다.

부시는 온건한 보수주의 정치이념을 표방하고서 전략적으로 중도 온건파를 겨냥한 선거운동을 펼쳤다. 레이건의 강경한 보수주의 정치 철학에 정면으로 맞선 것이다. 그런데 처음 격돌한 아이오와 코커스에서 레이건은 뜻밖에도 부시에게 진 것이었다. 코커스란 특수한 형태의 정당 집회로, 제한된 수의 정당 간부나 선거인단이 모여 공직 선거에 나설 후보자를 선출하거나 지명 대회에 참석할 대의원을 선출하는 모임이며, 정당별 대통령 후보를 선출하는 예비 경선의 한 방식이다. 그리하여 당황한 레이건 선거캠프는 비상이 걸렸다. 특단의 대책을 세웠다. 즉 전략적으로 레이건에게 불리한 푸에토리코 예비선거를 포기하는 대신 뉴햄프셔 예비선거에 총력을 기울였다.

레이건의 선거캠프는 1975년 후보 선거 때 참모들을 중심으로 구성되었다. 폴 라쌀트가 선거대책위원장이었고, 마이크 디버가 선거전략과 후원금 모금을 담당했다. 린 노프지거가 홍보를 맡았고, 에드 미즈가 선거 고문으로 후보 자문을 맡았다. 디버나 미즈 모두 캘리포니아 주지사 시절부터 인연을 맺어온 사람들이었다.

승승장구하는 부시는 푸에토리코에서 무려 60퍼센트를 얻어 대승을 차지했다. 그러자 연거푸 승리한 부시는 "승기를 잡았다!" 며 자신감을 피력했다. 그러나 운명의 여신은 2월 26일 뉴햄프셔 예비선거에서 위기에 빠진 레이건을 가까스로 살려냈다. 마치 용과 호랑이의 싸움처럼 막상막하의 치열한 싸움이었다. 화력을 집중한 뉴햄프셔에서 레이건이 50퍼센트의 득표율을 보이며 23퍼센트를 얻은 부시를 처음으로 눌렀던 것이다.

그런데 부시가 또 3월 4일 실시된 메사추세츠 주 예비선거에서 레이건보다 2퍼센트 앞선 31퍼센트를 획득하면서, 결코 쉬운 상대가 아닌 저력 있는 상대라는 것이 입증되었다. 차차 승부를 예측하기 어려운 혼전 상태로 빠져들었다.

부시는 레이건이 주장하는 '감세정책'으로 경제를 부양시켜 국가 세수를 늘리겠다는 경제정책은 주술로나 가능한 엉터리 경제정책, 즉 비현실적인 '주술경제'라고 비아냥거리며 공격했다. 사실 세금을 삭감해 주어 경제가 부양되게 해 그와 동시에 국가 수입을 늘린다는 것은 어려운 일이기도 하였다. 그러나 강경한 보수주의자 레이건은 이러한 정책을 일관되게 주장하고 있었다.

그런 가운데 3월에 실시된 버몬트 주부터 다시 레이건은 승기를 잡았다. 그런데 또다시 부시가 코네티컷, 펜실베이니아, 워싱턴 그리고 미시간에서 승리하면서 예비선거 끝까지 후보를 사퇴하지 않고 투혼을 발휘했다. 그렇지만 다른 후보들은 3월 8일 사우스캐롤라이나 예비선거 이후 대부분 역부족으로 후보를 사퇴했다.

드디어 5월 20일이 되자 레이건이 거의 대세를 확정지었다. 그리고 오리건 예비선거 이후 레이건은 승리를 직감했다. 마침내 6월 3일 끝이 난 예비선거에서 레이건은 59.79퍼센트를 얻었고, 끈질긴 승부를 펼친 부시는 23.81퍼센트에 그쳤다. 그리고 3등을 한 앤더슨은 12.19퍼센트를 얻었고, 나머지 후보들은 한 자릿수 이하의 표를 얻었다.

공화당 대통령 후보를 지명하는 공화당 전당대회가 1980년 7월 14일부터 4일 동안 미시간 주 디트로이트에서 개최되었다. 유망한 대선주자로 부상한 레이건은 무려 대의원 1,939표를 획득하여 득표율 97.44퍼센트로 공화당 대통령 후보로 확정되었다. 69세의 나이로 후보 도전에 성공한 레이건과 낸시, 그리고 그의 연로한 지지자들은 그동안 걸어온 길을 생각하며 함께 모여서 뜨거운 눈물을 흘렸다.

공화당 대통령 후보 레이건은 후보지명 수락연설에서 미국이 어려움에 직면한 경제, 국방 그리고 에너지 문제를 거론했다. 또한 경제가 어려움에 처한 것은 정부의 지나친 과세와 방만한 지출에 원인이 있다고 지적했다. 따라서 레이건은 정부의 규제를 풀고 세금을 줄이면서, 정부 지출을 개혁해야 한다고 목소리를 높였다. 그리고 3년 안에 세금을 30퍼센트까지 줄이고, 그 감세로 인하여 결국 국가 수입이 증가하게 될 것이라는 그의 정치적 소신을 강하게 피력하고 나섰다.

나아가 레이건은 카터의 우유부단한 국방정책이 미국의 안보위기를 초래했다고 비판했다. 그러면서 강력한 국방력 강화를 통하여 미국의 안보를 유지하고 '평화로운 세상'을 반드시 만들겠다고 대내외에 단호히 천명했다.

그리하여 레이건은 국내문제에 있어 미국의 경제를 다시 번영시키겠다고 약속했으며, 대외적으로는 미국의 국방력을 더욱 강화하여 평화를 위협하는 세력에 단호히 대처하고 또한 척결하여 '평화로운 세상'을 만들겠다고 힘차게 선언하고 나섰다. 그리고 민주당 소속의 현직 대통령 카터에게 도전하기 위해 전열을 정비하기로 했다. 인생이란 나이와 패배에 상관없이 끝없는 도전의 연속이라고 레이건은 스스로 어려운 도전의 삶을 체험하면서 절실히 깨달았다.

공화당의 대통령 후보로 지명된 레이건은 당내 화합을 도모하기 위하여 예비선거에서 최대 라이벌이었던 부시를 부통령 후보로 지명했다. 레이건이 최고의 경쟁자를 포용하여 당내 통합을 도모한 것은 매우 훌륭한 정치적 결단이었다. 당내 강경파인 레이건과 온건파인 부시의 조합은 환상적인 것이었다.

한편 민주당 내에서는 현직 대통령 카터의 인기가 저조하여 대통령 후보를 교체해야 한다는 여론이 들끓고 있었다. 카터는 국내에서 극심한 경기침체로 시달리고 있었고, 대외적으로도 '이란 인질사태' 등으로 골머리를 앓고 있었다. 그에게는 정치적인 희망이 없어 보였다. 따라서 수세에 몰린 카터에 대항하여 메사추세츠 주 상원의원 에드워드 케네디가 민주당 대통령 후보에 강력히 도전하고 나섰다. 에드워드 케네디는 미국 전 대통령 존 F. 케네디와 전 법무장관 로버트 케네디의 막냇동생으로 정치 명문가인 케네디 집안의 후광을 바탕으로 현직 대통령 카터에게 과감히 도전하고 나선 것이다.

대통령 존 F. 케네디에 이어 그의 동생 로버트 케네디가 대통령에 출마하려다가 연거푸 암살되어 비운의 정치 명문가로 널리 회자되어 왔는데, 또다시 에드워드 케네디 상원의원이 민주당 대통령 후보로 출마한 것이다. 카터가 인기가 없었고 민주당 내에서 후보를 교체해야 한다는 여론에 시달리고 있었지만, 현직 대통령이란 위세와 영향력 때문에 에드워드 케네디 후보가 그를 이긴다는 것은 결코 쉬운 일이 아니었다.

둘은 예비선거에서 치열한 접전을 벌였다. 서로 우열을 가리기가 힘들었고, 예비선거가 끝날 때까지 혼전 상태는 계속 이어졌다. 카터가 대의원 숫자를 더 많이 확보했지만 안정적으로 승리를 보장할 수 있는 숫자는 아니었다. 에드워드 케네디는 전당대회에서 역전할 기회를 노리며, 전당대회가 개최될 때까지 패배를 인정하지 않고 전력투구했다.

하지만 결국 카터가 가까스로 승리했다. 그러자 에드워드 케네디는 너무도 억울한 나머지 감정적으로 처신하며 승리자 카터에 대한 지지선언을 하지 않았다. 그리하여 민주당은 대선을 앞두고 분열되었고, 카터는 불안한 마음을 안고 출발해야 했다. 바야흐로 현직 대통령 카터와 공화당 대통령 후보 레이건의 대결이 시작되었다.

레이건은 유약한 카터 정부가 인권과 도덕성을 내세우며 소련과 어설프게 데탕트 정책을 내세우는 것은 음흉스런 공산주의자들에게 이용당할 수 있다고 경고하고, '평화로운 세상'을 추구하기 위해서는 소련을 능가할 정도의 강력한 힘 즉 국방력을 갖추어 확실하게 전쟁을 미리 방지해야 한다는 현실론을 강조하고 나섰다.

레이건은 "서로 평화롭게 살자고 그들을 설득할 수 있는 최선의 방법은 그들이 전쟁에서 결코 우리를 이길 수 없다는 것을 확신시키는 것입니다. 그들이 우리의 강력한 국방력 때문에 우리와 우리 동맹국들을 결코 정복할 수 없도록 알게 한다는 것이 중요합니다. (중략) 우리는 2차 세계대전 이후 거대한 군사력을 가지고 다른 국가를 지켜주는 데 사용한 것이지 그 힘으로 해외의 영토를 얻는 데 쓰지 않았습니다!"라고 주장했다. 그리고 레이건은 미국의 '예정된 운명'은 다른 나라 사람들도 '자유'를 누릴 수 있다는 사실을 알려주는 것이라고 했다. 그의 연설은 마치 19세기 초에 '명백한 운명'이라고 강조했던 미국 팽창주의자들의 주장처럼 들렸다.

또한 레이건은 9월 1일 노동절에 행한 유세연설에서 주로 경제정책을 거론하며, 카터를 향해 공격의 포문을 열었다. 레이건은 언성을 높이며 "카터 정부는 우리 미국인이 더 이상 꿈을 꾸지 못하도록 미국경제를 피폐화시켰습니다. 그가 우리에게 한 약속은 깨졌으며, 신뢰 또한 무너져 우리 모두 절망 속에 빠져 있습니다. 카터 정부 아래 800만 명의 실업자가 늘었고, 흑인들의 실업률은 더욱 높아져 무려 14퍼센트에 이르고 있습니다. 1980년 1분기에만 18퍼센트에 달하는 인플레이션이 발생했습니다. 또한 카터 정부는 4년 연속 적자예산을 기록하고 있습니다. 게다가 대출 이자는 남북전쟁 이후 가장 높은 20퍼센트까지 올랐습니다."라고 구체적인 경제지표까지 제시하며 주장하고 나섰다. 그리고 레이건은 경제가 불황이면 카터 자신도 해임의 공포를 경험해야 할 것이라고 경고했다.

또한 레이건은 충분히 생산한 다음 분배에 나서야 한다고 주장했다. 생산적인 경제를 위하여 생산에 우선순위를 두고 세금 부담을 줄여야 한다고 레이건은 강조하고 나섰다. 즉 레이건은 분배보다는 생산을 더욱 중시한 경제정책을 추구했다. 따라서 감세는 생산력을 키우기 위해 꼭 필요하다는 것이 레이건의 확고한 주장이었다. 또한 레이건은 그해 10월 24일 TV 유세연설에서 보다 상세한 경제계획을 발표했다. 미국은 과거에 세계에서 가장 강력한 제조업 국가였음을 강조하면서, 토머스 울프의 "힘찬 노래"라는 표현을 이용했다. 경제적 번영을 구가했던 미국의 "힘찬 노래"는 카터의 잘못된 경제정책으로 거의 사라져 갔고 그와 함께 미국 경제는 쇠락의 길로 빠져들었다고 카터를 강력히 공격했다.

현직 대통령 카터는 대통령직을 힘들게 지켜야 하는 수세적 입장이었고, 69세의 공화당 대통령 후보 레이건은 과감하게 도전하여 대통령직을 쟁취해야 하는 공세적 입장이었다. 마지막 도전이기도 한 레이건은 마치 보수혁명가처럼 사명감과 열정을 지니고 진보주의자 카터를 거세게 공격했다. 레이건은 카터 정부가 경제불황 속으로 빠져든 것은 정부의 과도한 지출 증가 때문이라고 공격했다. 레이건은 "지난 4년 동안 카터는 정부 지출을 거의 60퍼센트까지 증가시켰습니다. 이러한 과도한 지출이 인플레이션을 유발시킨 것입니다. ……정부가 너무 잘살기 때문에 우리가 계속 인플레이션 속에서 살고 있는 것입니다."라고 주장하며, 장기적 인플레이션으로 달러 가치가 하락하는 등의 경제불황 실태를 맹렬하게 질타했다.

그리고 구체적으로 자신의 경제정책을 발표하며, 정책만 좋으면 미국의 경제는 다시 살아날 수 있다고 주장했다. 레이건은 경제를 성공시키기 위하여 정부 지출을 줄이고, 개인소득세를 감세하며, 불필요한 정부의 규제를 폐지하여 경제활동을 촉진시키고, 안정되고 건전하며 예측 가능한 금융정책을 실시하고, 해외수출을 증진하고, 산업을 부흥시키고, 경제성장과 삶의 수준을 높일 수 있는 에너지 정책을 채택하고, 변함없고 지속적인 국가 경제정책을 수행하여 신뢰감을 회복한다는 8개의 정책을 구체적으로 제시한 것이다.

이처럼 레이건의 경제정책은 구체적이고 실현가능성이 충분히 있어서 계속되는 경제침체로 절망감에 빠져 있는 미국민들에게 새로운 희망을 줄 만한 것이었다. 도전자인 레이건은 카터처럼 수많은 현란한 정책들을 내세우지 않고 단 몇 가지 정책만을 집중적이고 반복적으로 주장했다. 점차 현직 대통령 카터와 공화당 대통령 후보 레이건은 치열하게 격돌하며 선거의 절정을 향하고 있었다.

대통령 선거운동의 절정은 미국민 1억 2천만 명이 지켜본, 레이건과 카터의 TV토론이었다. 1980년 10월 28일 두 후보의 역사적인 토론이 이루어졌는데, 대통령 선거일이 일주일 후인 11월 4일이었기 때문에 치열한 선거 분위기는 최고조로 달아오르고 있었다. 레이건은 스포츠방송 아나운서와 영화배우 및 제너럴 일렉트릭(GE)의 홍보대변인 등의 경험을 통하여 온화한 미소와 유창한 언변을 습득하고 있었다. 그의 말은 가볍고도 유려한 바리톤 음색으로 빠르고 경쾌하여 재미있고 설득력이 있었다. 게다가 마치 복숭아 솜털처럼 부드럽고 푹신한 느낌을 주는 아름답고 매력적인 목소리였다.

그러나 56세의 카터는 4년 동안 대통령을 하면서 많은 연설과 기자회견 및 TV 대담 등을 경험했지만, 제일 재미없고 지루하게 한다는 평을 듣고 있었다. 게다가 그는 연설할 때 날카롭고 차가운 인상을 풍겼다. 그리고 서툰 연설 솜씨에 음성도 약하여 TV토론을 거부했던 것이다. 그렇지만 레이건의 거듭된 요구에 앤더슨 후보를 배제하자는 조건으로 레이건과 카터만의 토론이 성사되었던 것이다.

TV토론은 여성유권자협회의 주최로 오하이오 주 클리블랜드 시 컨벤션 센터에서 이루어졌다. 사회자는 ABC 뉴스의 하워드 스미스였고, 패널리스트로 참석한 사람들은 '크리스천 사이언스 지'의 기자 해리 일리스, '유에스 뉴스 앤 월드 리포트'의 편집장 마빈 스톤, '포틀랜드 오리거니언 지'의 부편집장 윌리엄 힐러드, ABC 뉴스의 여기자 바바라 월터스였다.

먼저 마빈 스톤이 국가안보와 관련한 질문을 하였다. 카터는 선거기간 내내 레이건을 호전적인 전쟁광으로 비난했다. 그리하여 카터의 이런 비난에 대한 의견을 물었다. 레이건은 미국의 안보가 위협받는 경우에 한정하여 모든 방법이 실패로 돌아간 다음에 최후의 수단으로 군사력을 사용할 것이라고 답변했다. 그리고 미국은 세계의 다른 나라들에 대한 책임이 있기 때문에 군사력을 적정 수준으로 유지해야 한다고 강조했다.

이어서 마빈 스톤은 국방력 강화와 국가 예산의 절감을 어떻게 함께 이룰 수 있을 것인가를 물었다. 이에 레이건은 예산의 증액을 줄여서 국가 예산을 줄이는 것이므로 현재의 지출을 줄이는 것은 아니라고 주장했다. 스톤은 카터에게도 같은 질문을 던졌다. 카터는 자신의 임기 이전에 이미 국방비의 감소가 진행되어 왔다고 밝혔다. 오히려 그는 그의 임기 동안 국방력을 증강시켰다고 답변했다. 즉 그는 결코 유약한 지도자가 아니며, 국방력을 감소시킨 대통령이 아니라는 뜻이었다. 단지 군사력 이외의 방법으로 국가의 안보를 지키려고 했다는 것이었다. 그러면서 이집트와 이스라엘 사이의 평화적 합의도 자신의 업적이라고 내세웠다.

그리고 페르시아 만의 안정과 안보가 미국의 이익과 직접 결부된다면 군사력을 사용할 수 있다고 답변했다. 그는 자신의 국방 외교 정책이 결코 나약하지 않다는 것을 증명하려는 듯 여러 가지로 현란한 주장을 펼쳤지만, 1979년 11월 4일 '이란 인질 사건'과 1979년 12월 27일 '소련의 아프가니스탄 침략' 등으로 이미 미국의 위신이 추락하여 많은 미국인들은 카터 정부에 대해 환멸을 느끼고 있었다.

또한 카터는 영화배우 출신 레이건을 지적 능력이 모자라는 '얼간이'처럼 과소평가하며, 인종차별주의자이며 호전적인 전쟁광이라고 품위 없게 계속적으로 공격을 퍼부었다. 카터는 자신보다 13세나 많은 레이건에게 예의 없게 편협한 자세로 집요한 공세를 펼쳤다. 그러나 참고 견디면서 가시덤불을 헤쳐 가듯 힘든 인생을 살아온 레이건은 온화한 미소와 겸손한 자세로 카터의 비난을 은근히 묵살하며 피해 갔다. 그는 카터의 집요한 비난에 "또 그 이야기를 하시는구려!"라며 그의 공세를 피했던 것이다. 그러면서도 레이건은 다른 예산은 절감하더라도 국방비만은 증액하여 강력한 군사력을 바탕으로 '힘을 통한 평화' 정책으로 전쟁을 미리 방지하여 '평화로운 세상'을 만들겠다고 약속했다.

경제정책에 관련해서는 일리스 기자가 질문을 했다. 그는 카터 정부의 경제정책이 대부분 실패했다고 지적하며 여러 경제지표를 제시했다. 이에 대해 카터는 1979년 석유파동을 경제불황의 주요 요인이라고 핑계를 댔다. 하지만 그는 1980년에 들어서 9백만 개의 새로운 일자리가 창출되었다고 주장했다. 카터의 이러한 주장에도 불구하고 카터의 임기 내내 미국은 극심한 인플레이션과 높은 실업률 그리고 고율의 이자 등으로 심각한 경제불황을 겪고 있었다.

초조해진 카터는 세금을 줄이면서 동시에 국가의 수입을 늘리겠다는 레이건의 주장은 무당처럼 주술을 부려야 가능한 '주술경제'라고 꼬집었다. 공화당 전당대회에서 부시 후보가 레이건 후보의 경제정책을 '주술경제'라고 신랄하게 공격한 적이 있는데, 바로 이러한 주장을 카터가 인용하여 레이건의 정책을 비난하고 나선 것이었다.

이에 대해 레이건은 캘리포니아 주지사 경험을 이야기하며, 세금을 줄여서 생산력을 늘리고 동시에 세수를 증대시켰고 또한 주정부의 지출을 줄여 균형예산을 이룰 수 있었으며 인플레이션도 줄일 수 있었다고 주장했다. 그리하여 연방정부가 지나치게 낭비되고 또 비대한 부분을 줄일 수 있다면 그의 정책은 성공할 수 있다고 주장했다.

카터는 레이건의 이러한 경제정책을 인플레이션을 조장하는 정책이라고 격렬하게 비판하였으나, 카터의 신뢰는 계속 추락하고 있었다. 특히 카터 대통령 아래 보건복지부 장관을 역임한 분이 의료복지비 부분에 700억 달러의 부정과 낭비가 있었다고 증언하여 카터는 더욱 곤궁한 입장에 처하게 되었다. 실제로 복지비 지출 한 가지 분야에서만 수천억 달러에 달하는 부정지출이 행해지고 있었던 것이다.

그리고 범죄문제, 빈곤문제 및 인종문제 등 사회문제에 대한 질문과 답변이 있었다. 카터는 빈곤 등 사회문제를 해결하기 위하여 그가 민주당 소속 대통령으로 빈곤층에 대한 복지정책을 핵심정책으로 추진하고 있다고 강조했다. 그는 핵심정책으로 실업수당제도, 최저임금제, 복지제도 그리고 전국민 건강보험제도 등을 시행하고 있으며 이는 그의 민주당 정권의 업적이라고 내세우고 있었다. 그런데 공교롭게도 그의 동생 빌리 카터가 대형 범죄인 로비 스캔들에 관련되어 카터의 신뢰가 땅에 떨어지고 말았다.

카터가 복지에 관련된 현란한 여러 정책을 내세우며, 복지정책을 대폭 축소하여 국민을 어려움에 빠뜨릴 것이라고 레이건을 맹렬하게 비난하였지만, 레이건은 일관된 목소리로 사회보장과 같은 핵심적인 복지정책은 유지하겠으나 그 외에는 대폭적으로 개혁하여 지출을 줄이겠다고 선언했다.

또한 카터는 레이건을 냉혹한 인종차별주의자로 비난하면서, 남부 출신인 자신은 인종통합 정책을 제대로 실시하겠다고 강조했다. 카터의 이런 무리한 주장에 대해 레이건은 미국의 인종문제가 잘못되고 있다고 생각하지 않았기 때문에 심각하게 대응을 하지 않았다.

사회문제 다음으로 토론한 것은 국제테러문제였다. ABC의 여기자 바바라 월터스는 카터의 가장 아픈 부분인, 이란이 미국인들을 억류한 사건에 대해 질문하며 파고들었다. 곤혹스런 카터는 테러에 대해 단호하게 대처하겠다고 원론적으로 대답하면서, 이란에 대한 규제를 완화할 것을 암시하며 은밀히 협상을 진행하고 있다는 인상을 풍겨주었다. 레이건은 카터 정부의 곤혹스런 '이란 인질 사건'에 대해 정면으로 질타하지는 않았다.

또한 레이건과 카터는 전략무기 제한에 대하여 치열한 난타전을 벌였다. 레이건은 미·소 간에 이미 협상이 끝난 'SALT 2'는 지나치게 소련에 유리하고 미국에 불리한 조약이므로 미국의 국방력을 다시 강화한 다음 소련을 압박하면서 재협상을 해야 한다고 주장했다. 이에 대해 카터는 레이건의 재협상 아이디어는 매우 위험한 발상이며, 이는 미·소 간 군비경쟁을 격화시킬 뿐이라고 비판했다.

그러자 레이건은 점잖은 태도로 카터야말로 진짜 의사가 나타나 병을 치료하는 것을 시기하는 사이비 의사와 같다고 공격했다. 레이건에 직격탄을 맞은 카터는 딸 에이미와의 대화를 소개하며, 핵무기의 가공할 위험성을 최대한 부각시키려 했다. 그의 어린 딸 에이미가 미국의 가장 중요한 문제로 핵무기와 핵무기 통제를 꼽았다는 것이었다. 그런데 그의 어린 딸과 함께 핵무기 통제를 이야기했다는 사실이 엄청난 역효과를 가져왔다. 즉 핵무기와 같은 심각한 문제를 초등학생 딸과의 대화에서 답을 물어보는 아버지 카터를 언론들은 희극적인 인물로 묘사했던 것이다.

전체적으로 카터는 웃음과 유머가 없이 지나치게 공격적인 자세로 일관했다. 반면에 레이건은 자주 웃으면서 유머를 구사하여 공격의 예봉을 피했다. 카터는 목소리에 확신이 없었고 불안해했으나, 레이건은 목소리에 자신이 있었고 편안하고 여유가 있었다. 카터는 대통령으로서의 경험을 내세워 경험 없는 레이건이 급진적인 개혁과 강력한 국방력으로 미국을 혼란과 위험에 빠뜨릴 것이라고 맹렬하게 공격했다.

카터는 자신의 계획과 정책을 내세우기보다는 레이건의 위험한 정책을 부각시켜 맹공을 퍼부었다.

그리하여 카터는 "이번 선거는 전쟁이냐 평화냐를 선택하는 것"이라는 선거구호를 전면에 내세웠다. 반면에 레이건은 "카터가 대통령이 된 이후로 여러분은 전보다 더 행복해졌다고 느끼십니까?"라는 부드러운 선거구호를 반복적으로 주장하면서, 과연 카터를 재신임해도 좋을지를 미국민들에게 물었다. 이는 미국민의 감성에 호소하여 카터에 대한 신임을 묻는 신임투표로 대선을 유도하려는 레이건 진영의 고도의 전략이었다. 미국민들은 카터 대통령 아래 계속 침체된 경제와 미국의 위신을 떨어뜨린 대외정책에 실망하고 있었기 때문에, 그들이 신임할 수 있는 인물이 과연 누구일까를 다시 고민하기 시작한 깃이다.

레이건은 TV토론의 마지막 인사에서 "다음 화요일은 선거일입니다. 투표소에 서서 결정을 하셔야 할 것입니다. 여러분이 그 결정을 하실 때 여러분은 스스로에게 질문해 보십시오. 4년 전보다 여러분의 살림이 나아졌는가? 4년 전보다 가게에 가서 물건을 사는 것이 쉬워졌는가? 4년 전보다 이 나라에 실업이 줄었는가? 과거에 그랬던 것처럼 미국은 지금 전 세계적으로 존경을 받고 있는가? 우리 국가가 안전하다고 느끼는가? 우리는 4년 전만큼 강한 나라인가?"라는 쉬운 표현으로 청중을 설득했다.

위대한 지도자 레이건처럼 윤석열도 성공한 대통령이 될 것인가

드디어 1980년 11월 4일 대통령 선거가 실시되었다. 선거가 끝나기 몇 시간 전에 카터는 패배가 확실시된다는 소식을 참모들로부터 들었다. 선거 종료 1시간 전쯤 카터는 짤막하게 패배를 인정하는 선언을 하면서 그만 울음을 터뜨리고 말았다. 반면에 10퍼센트 정도 앞서간 레이건 진영은 승리의 분위기에 휩싸였다. 곧 이어 승리가 확정되자 레이건은 영원한 연인이자 정치동지인 낸시에게 뜨거운 키스를 퍼붓고, 하염없이 흐르는 굵은 눈물을 손등으로 닦았다. 섬세하고 정이 많은 거인 레이건은 눈물이 많은 사람이었다. 낸시는 눈물을 글썽이며 그녀의 전부인 남편 레이건을 존경스럽게 우러러보았다.

선거 결과는 레이건의 압승이었다. 레이건은 총 투표수에서 50.7퍼센트를 얻었고 카터는 41퍼센트를 얻었다. 그리고 제3후보인 앤더슨이 기대 이상으로 선전하여 6.6%를 얻었다. 양당 구조의 미국정치에서 제3후보는 아주 미미한 존재로 보통 1퍼센트 득표율도 기록하지 못한다. 그런데 미국 대선에서 제3후보 앤더슨이 6.6%를 얻은 것은 획기적인 일로서 카터에게 실망한 민주당 이탈표가 몰렸기 때문이었다. 선거인단에서 레이건은 44개 주에서 승리하여 489명을 차지했고, 카터는 겨우 6개 주에서 승리하여 49명을 차지했을 뿐이다.

1981년 1월 20일 레이건은 미국 제40대 대통령으로 취임하였다. 대통령 레이건의 등장은 여러 의미가 있지만, 무엇보다 그것은 뉴딜 이후 거의 사라져간 미국의 전통적 가치 즉 보수주의의 부활을 의미했다. 미국민들은 카터의 현란한 진보주의에 환멸을 느꼈기 때문에, 레이건의 보수주의 등장에 새로운 희망과 기대를 품고서 대통령 레이건을 새로운 지도자로 열렬히 맞이했다.

레이건은 취임사에서 먼저 미국이 경제적으로 어려움을 겪고 있음을 지적했다. 경기가 침체되고 인플레이션으로 고통을 받고 있는 현실의 원인으로 과세의 부담과 정부의 방만한 지출에 따른 고질적인 적자예산을 지목했다. 레이건은 미국의 문제는 다른 곳에 있는 것이 아니라 바로 연방정부 자체에 있다고 강조했다. 즉 미국의 어려운 경제를 해결하기 위해서는 연방정부의 규모 축소와 연방정부의 업무를 각 주와 지방정부에 이관해야 한다는 것이었다. 레이건은 미국이 안고 있는 경제적 어려움의 핵심이 '거대 정부'에 있다고 생각한 것이다.

뉴딜 이후 몇 십년간 비대해진 '거대 정부'는 국민들로 하여금 국가에 더욱 의존하도록 만들었다는 것이 레이건의 생각이었다. 이러한 '거대 정부'가 거대한 재정적자를 낳아서 경제가 침체되었다고 레이건은 생각한 것이다. 그래서 레이건은 '거대 정부'를 '작은 정부'로 만들고자 했고, 그렇게 실천하기로 했다. 간섭보다는 자유에, 분배보다는 성장에, 집단보다는 개인에, 의존보다는 자치에 집중하기로 했다. 이러한 것들은 레이건이 아버지와 어머니로부터 배운 가치였고, 나아가 미국의 전통적 가치 즉 보수주의의 가치였다. 레이건은 이것이 미국과 미국인이 가야 할 생활방식이라 생각했다. 이것을 통하여 번영하는 미국을 다시 일으키겠다는 것이 레이건이 제시한 비전이었다.

레이건은 '지역적 탕평'을 고려한 인사정책을 단행했다. 그리고 충성도와 능력을 충분히 고려한 '인사정책'을 추진했다. 레이건에게 헌신하고 봉사한 참모들은 스스로를 미국 '신보수주의 운동'의 선봉이라고 자처하며 미 연방정부 임명직 인사에 전권을 행사했다. 레이건의 참모들은 충성도나 결속력이 무척 뛰어난 데다가 주로 캘리포니아 주지사 시절에 형성되어서 이들은 '캘리포니아 사단' 혹은 '캘리포니아 마피아'로 불렸다.

레이건은 전격적으로 비서실장에 부시의 최측근 출신인 베이커를 임명했고, 백악관 핵심 참모로 에드 미즈와 비서실 차장으로 마이클 디버를 임명했다. 이들은 소위 백악관 3인방으로 불리며 레이건 개혁의 실질적인 추진자 역할을 한다. 이들 3인방은 레이건의 '보수개혁 정책'을 강력히 뒷받침해 실질적 성공을 이끌어 낸 숨은 공로자로 후에 평가받게 된다. 이들 3인방은 야당인 민주당 출신 하원의장 오닐이 칭찬할 정도로 출중한 핵심 참모들이었다. 이처럼 레이건은 충성도와 능력을 고려한 '지역적 탕평인사'를 단행한 다음 대통령 업무를 시작했다.

그리고 레이건 대통령은 2월 18일 백악관에서 새로운 경제회복정책을 발표했다. 이러한 레이건의 새로운 경제개혁정책을 '레이거노믹스'라고 불렀다. 레이건은 극심하게 침체된 경제를 회복시키기 위하여 국민들에게 야심적으로 이 '레이거노믹스'를 주창하고 나선 것이다. 그것은 프랭클린 루즈벨트와 케네디의 진보주의에서 벗어나 보수주의로의 선회였다. 핵심 목표는 '경제적 번영'이었다. 이를 위해 레이건은 정부 지출을 삭감하고, 감세정책을 실시하며, 정부 규제를 완화하고, 긴축통화정책을 실시하자는 것이었다. 레이건은 이러한 정책이 올바른 정책이라고 확신했고 꼭 성공할 수 있다는 낙관주의적 신념으로 무장하고 강력하게 추진해 나갔다.

진보주의 지도자 카터는 추상적인 정책을 내세워 국민을 현혹하다가 실패하였지만, 보수주의 지도자 레이건은 구체적인 방법을 내세워 반드시 '경제부흥'을 이룩하겠다는 일념으로 임했다. 그리하여 첫째로는 높은 인플레이션과 경기침체를 해결하기 위하여 정부 지출을 최대한 줄이자는 것이었다. 따라서 이를 위해 9개 세부 항목을 제시했다.

둘째는 세금을 줄이자는 것이었다. 높은 세금은 개인과 기업의 경제활동을 위축되게 했다. 또한 근로의욕을 심각하게 상실하게 했다. 레이건은 세금을 대폭 줄여야 국민들이 저축을 하고 투자를 하여 근로의욕을 충전하게 되어, 결과적으로 경제성장이 이뤄질 것으로 생각했다. 레이건은 감세에 대해서도 연도별 목표치를 제시했다.

셋째로는 금융정책을 바꾸자는 것이었다. 레이건은 금융을 시장에 완전히 맡기는 '금융 자유화'를 선언했다. 정부의 간섭을 최소화하기 위하여 연방준비제도이사회에 금융정책에 대한 전권을 주기로 했다. 그동안 경제전망에 대한 정부 예측이 자주 빗나가면서 정부 금융정책에 대한 신뢰가 무너졌다. 그리하여 연방준비제도이사회에 전권을 주어, 필요한 통화량의 확대와 조화를 이룰 수 있게 준비금의 확대를 꾀하는 정책을 집중적으로 추진하기로 했다. 장기적인 정책을 추진하여 인플레이션을 잡고, 금융시장의 안정화를 도모해 투자가 활성화되어 경제를 회복시키자는 것이었다. 즉 경제가 살아날 수 있는 경제환경을 조성하는 안정적인 금융정책이 무엇보다도 필요하다고 보았다. 레이건은 위와 같은 정책을 실시한다면 빠르게 경제가 회복될 것으로 전망했다. 그리고 1981년 2월 18일 레이건은 상·하원 합동회의에 나가 백악관에서 발표한 '경제회복정책' 즉 '레이거노믹스'를 집중적이고 상세하게 설명하고 경제개혁을 단행하겠다고 강조하고 나섰다.

레이건은 이 경제개혁안을 통과시키기 위하여 의원들을 상대로 '소통의 리더십'을 발휘하기 시작했다. 레이건이 그의 경제개혁안을 의회에서 통과시키기 위하여 할 수 있는 일은, 반대를 하는 의원들과 소통하여 협조를 얻는 길밖에 없었다. 레이건은 의원들을 집단적으로 혹은 개인적으로 백악관에 초청하여 낸시와 함께 정성스럽게 음식을 대접하며, 우호적이고 부드러운 분위기 속에서 경제를 회복시켜야 한다고 열정적으로 설득했다. '설득의 리더십'을 최대한 발휘한 것이다.

게다가 레이건은 아침 8시에 직접 의회를 방문하기도 했다. 전례가 없었던 파격적인 행동이었다. 그리고 레이건은 공화당 원내 지도자들과 조찬을 함께 하며 경제개혁안에 대한 지지를 호소했다. 비록 미국이 격식을 중시하지 않는 데다가 민주주의가 잘 발달된 나라라고는 하지만, 대통령이 직접 의회를 찾아가 의회 지도자들과 국정을 의논한다는 것은 쉬운 일이 아니었다. 대통령이 가지고 있는 권위나 정치적인 힘은 대단한 것이었지만, 경제개혁안을 시급히 통과시키기 위하여 격식을 무시하고 직접 의원들을 설득하기 위해 의회로 달려갔던 것이다.

또한 레이건은 기자들을 존경으로 대했다. 닉슨은 집요한 기자들에 대해 잔뜩 의구심을 가지고 대했다. 카터는 근엄한 자세로 대했다. 레이건은 연설을 하든 대화를 하든, 마치 옆 사람과 재미있는 이야기를 하듯이 했다. 레이건은 루즈벨트처럼 자주 그리고 정기적으로 기자간담회를 열었고, 기자들의 질문에 솔직하고 친절하게 대답했다. 레이건은 기자간담회에 늘 참모들을 동반했고, 기자들이 참모들에게도 직접 질문할 수 있도록 해주었다.

같은 민주당 소속이면서 카터 대통령에게서 실망을 금치 못했던 오닐 하원의장은 "레이건은 루즈벨트 이래 언론을 잘 다루었던 지도자로서 당대의 존 F. 케네디보다도 훨씬 더 나았다"라고 말했다. 또한 '워싱턴 포스트'의 편집국장인 브래들리는 "우리는 어느 대통령보다 레이건에 대해 호의적이었다."고 고백하기도 했다.

레이건은 취임 후 첫 100일 동안 49회의 만남을 통해 467명의 의원들을 만났다. 그 때문에 의원들 중에는 카터 정권 4년간 받았던 것 이상의 대접을 레이건 정부 4개월 동안에 다 받았다고 말했을 정도였다. 이처럼 레이건은 '위대한 소통능력'을 겸비한 지도자였다.

드디어 레이건의 경제개혁안이 7월 29일 의회를 통과했다. 마침내 레이건의 경제개혁안이 법으로 탄생된 것이다. 레이건의 경제개혁안 통과는 경제뿐만 아니라 정치의 대변혁이기도 했다. 정치적으로는 1920년대 풍요롭던 보수주의 시대의 부활을 의미하고 있기도 했다. 레이건은 그 풍요롭고 팽창주의적인 시대처럼 다시 '경제적 부흥'과 '힘을 통한 평화로운 세상'을 꿈꾸고 있었다.

취임 초인 1981년 3월 30일 범인이 쏜 흉탄 한 발이 대통령 레이건의 왼쪽 폐를 관통하여 죽을 뻔한 위기를 넘기기도 했고, 의회에서 '경제개혁안'이 통과되는 순간 '항공 대란의 위기'가 발생하여 '법치국가'의 기본원칙을 수호하기 위해 불법파업에 가담한 1만 1,300명의 노조원을 해고하기도 했다. 이런 강력한 법적 조치는 미국민 3분의 2 이상의 지지를 받았다.

　그런 후 레이건은 '국방개혁'에 나섰다. 레이건 대통령은 미국이 그동안 냉전과 데탕트 시대를 지내면서 소련을 비롯한 적에게 너무나 유약하게 대처하여 베트남 전쟁의 패배와 이란 인질사건의 치욕을 초래했다고 보았다. 특히 카터 대통령 때 발생한 '이란 이질사건'은 베트남과 아프가니스탄을 이은 치욕적인 사건으로 미국의 국제적 위신을 추락시키고 말았다. 그리하여 레이건은 미국이 힘이 있어야만 국제적 위신과 자존심을 세우고 가장 큰 적인 소련을 굴복시켜 안정되고 평화로운 세상을 만들 수 있다고 보았다.

　즉 소련이 따라오지 못할 만큼의 국방력을 강화하는 것이 소련의 위협을 물리치고 미국이 유리한 조건에서 협상을 주도할 수 있는 길이라고 믿었다. 실제로 강력한 반공주의자 레이건은 정치를 시작하면서 공산주의는 없어져야 할 세력으로 보았다. 따라서 강력한 힘을 구축하여 세계 평화를 위협하는 공산주의 국가 소련을 제거하는 것이 레이건의 궁극적인 목표였다. 레이건에게 경제회복 다음으로 중요한 정책목표가 국방력 강화였다. '힘을 통한 외교'를 주장하는 레이건에게 국가의 힘은 곧 국방력을 의미했다.

　레이건은 경제력에 바탕을 둔 막강한 군사력 증강으로 충분히 소련의 과대포장을 제압할 수 있다고 보았다. 소련을 동등한 자격으로 인정하는 한 불안한 평화를 계속 유지해 나가야 했다. 그리하여 레이건은 일부러 역사적 결단을 내려 유명한 연설에서 소련을 '악의 제국'으로 불렀던 것이다. 즉 공산주의 소련을 없애야 할 적으로 규정하게 되는 것이다. 그것이야말로 자유민주주의 국가 미국이 공산주의 국가 소련을 제거해야 할 '도덕적 명분'이 되는 것이었다. 레이건은 국민들에게 미국은 국방력을 더욱 강화하여 평화를 위협하는 세력에 단호한 대처를 하고, 궁극적으로 이들을 제거할 것이라고 천명했던 것이다. 그리하여 레이건은 경제개혁안이 성공적으로 의회를 통과하자 곧 국방력 강화에 적극적으로 임했다.

그리고 거대한 곰처럼 속내를 드러내지 않는 소련을 향하여 레이건은 '위대한 소통과 설득의 리더십'을 발휘하여 '전략무기 감축 협상'을 제안하고 나섰다. 레이건은 궁극적으로 공산주의 국가 소련을 해체하기 위하여 사명감과 열정을 가지고 험난한 여정에 나섰다. 그것은 '전쟁이 없는 안정되고 평화로운 세상'을 만들기 위한 용기 있고 위대한 여정이었다.

위대한 지도자 레이건은 재선에 성공하여 8년이란 긴 임기 동안 지속적이고 일관성 있는 경제정책과 다양한 보수개혁정책을 통해 경제부흥을 이뤄내 장기간 미국에게 경제적 번영을 안겨주었다. 또한 소련의 고르바초프 서기장과의 끈질긴 회담을 통하여 그에게 소련의 번영을 추구하기 위한 결단을 촉구하여, 공산국가 소련의 붕괴를 이끌어 냈다. 실제로 고르바초프는 '페레스트로이카(개혁정책)'와 '글라스노스트(개방정책)'로 명명된 민주화 조치들을 추진하여 정치의 민주화, 언론보도의 공개, 문화예술의 자유화 등을 추진하고 1990년 노벨평화상을 수상하며 공산국가 소련을 해체시켜 갔다.

레이건은 백악관에서 고르바초프를 영접했다. 두 위대한 지도자는 링컨이 사용하던 테이블에 앉아 '중거리 핵전력 폐기조약'

에 서명했다. 즉 사정거리 300마일에서 3,400마일의 모든 핵미사일을 없앤다는 내용이었다. 이렇게 맺은 조약 덕분에 레이건이 임기를 마치기 전까지 핵미사일을 미국 측에서 1,700기, 소련 측에서 800기를 폐기하게 되었다. 소련의 신세대 지도자로서 박사 학위까지 취득한 지성적인 개혁가 고르바초프는 '안정되고 평화로운 세상'을 염원하는 레이건 대통령의 위대한 꿈에 충분히 화답해 주었던 것이다.

그리고 1989년 11월 갑자기 베를린 장벽이 무너졌다. 레이건이 퇴임한 지 채 1년도 지나지 않은 시점이었다. 기나긴 냉전의 차가운 얼음이 녹은 것이다. 레이건이 1987년 6월 베를린 브란덴부르크 문 앞에서 "고르바초프 씨, 이 장벽을 허무시오!"라고 외친 지 2년 후에 기적처럼 공산국가 동독이 무너진 것이다. 당시 레이건의 외침이 공허하게 들렸겠지만, 참으로 자유세계의 위대한 지도자 레이건의 '통찰력'은 놀랄 만한 것이었다.

결국 레이건은 경제개혁정책을 성공시켜 미국민들에게 장기간 '경제적 번영'을 안겨주었고, 힘을 통한 외교를 용기 있게 지속적으로 추진하여 공산국가 소련을 붕괴시켜 '안정되고 평화로운 세상'을 만들어 내었다. 따라서 레이건 대통령은 그의 정치비전을 실현시킨 '위대한 지도자'로서 '성공한 대통령'이었다. 그는 대통령을 퇴임한 이후에 여론조사에서 링컨이나 케네디보다도 더 높은 인기를 얻기도 하면서 미국민의 대폭적인 사랑을 받은, 참으로 '위대한 지도자' 즉 '정치영웅'이라고 할 수 있다.

위에서 비교적 상세하게 '위대한 지도자' 레이건의 정치를 언급한 것은 아직도 정치 후진국인 우리 한국의 정치인들에게 그의 '선진적 정치'를 배우라고 강력히 촉구하기 위해서였다. 자유민주주의 역사가 240여 년이 되는 미국에 비해 아직 자유민주주의 역사가 70여 년밖에 안 되는 우리 한국은 경제적으로는 선진국이고, 문화적으로도 찬란한 강국인데 정치적으로는 여전히 후진국으로 평가받고 있다. 또한 지금까지 단 한 명의 '성공한 대통령'을 보지 못하고 있는 실정이다.

그러나 역사는 끊임없이 진보하기에 작금의 구한말 같은 내우외환의 시기에 혜성처럼 '불세출의 인물'이 등장할 것이다. 그는 망해가는 나라를 바로 세우고, 도탄에 빠진 국민들을 구해낼 것이며, 자유 대한민국을 눈부시게 번영시켜 '자유민주주의 통일'을 추구할 것이다. 우리나라를 '정치 선진국'으로 도약시키고 '자유민주주의 통일'의 대업을 달성하여 21세기에 다시 르네상스를 부활시킬 것이다. 그 '불세출의 인물'은 작금의 이 시대가 부르고 우리 국민이 불러낸 인물일 것이다.

그렇다면 지금 우리 국민들에게 희망과 기대를 불러일으키는 윤석열이란 인물이 우리가 기다려온 '불세출의 인물'일 것이라는 생각이 든다. 과연 윤석열은 망해가고 있는 우리 자유 대한민국을 구할 '불세출의 인물'인가? 과연 그가 이런 국난의 시대에 혜성처럼 등장한 '불세출의 인물'이라면 반드시 '공정한 나라'를 세워 '성공한 대통령'이 될 것이라고 희망적인 꿈을 꿔본다.

이 책을 끝마치면서

　필자는 작금의 구한말 같은 내우외환의 시기에 정치혁신과 경제개혁을 추진해 '정치적 안정'과 '경제적 번영'을 이룬 다음, '자유민주주의 통일'을 실현할 '위대한 정치 지도자' 즉 '정치영웅'의 출현을 애타게 기다려 왔다. 경제 선진국이고 문화 강국이지만 아직 '정치 후진국'인 우리 자유 대한민국을 '정치 선진국'으로 도약시켜 줄 '정치영웅'을 학수고대하여 왔던 것이다.

　그런데 공교롭게도 이러한 인물이 혜성처럼 등장한 것이다. 그는 '위선'과 '거짓' 그리고 '내로남불'과 '비리'로 점철된 문재인 정권을 향해 혈혈단신으로 대항했다. 그는 '정의'와 '공정' 그리고 '상식'을 용기 있게 부르짖었고, 그의 용감한 모습에 국민들은 열광했고 환호했다. 그는 이 시대가 부르고, 국민이 불러낸 영웅 같았다.

　그 영웅은 윤석열 검찰총장으로서 그가 관직생활을 힘들게 하면서 걸어온 길이 조선시대 '구국의 영웅' 이순신과 '불세출의 인물'

채제공 같았다. 이 두 강직한 인물이 걸어온 길을 보면 이들의 미래를 알 수 있듯이, 강직한 윤석열이 힘들게 걸어온 길을 보면 그의 찬란한 앞날을 예견할 수 있다.

또한 '자유민주주의'와 '법치주의' 그리고 '한미동맹'을 매우 중시하는 윤석열은 '자유'와 '보수혁신' 그리고 '법치주의'와 '힘(국방력)을 통한 외교'를 중시하는 미국의 '위대한 정치 지도자' 레이건 대통령을 닮았다. 최근 서울대 정치학과 교수 출신의 저명한 어느 학자는 아직 우리나라는 '정치 후진국'으로 30여 년이 뒤떨어졌다고 강조한 바가 있다. 필자 또한 그의 주장에 전적으로 공감하는 바이다.

지금부터라도 우리나라의 정치 지도자들은 30여 년 전에 미국민에게 경제개혁을 통한 '경제적 번영'과 '힘을 통한 외교'로 공산국가 소련을 해체시켜 '안정되고 평화로운 나라'를 장기간 이룩한 위대한 대통령 레이건의 리더십을 배워야 할 것이며, 그래야만 비로소 우리나라는 '정치 선진국'이 될 수 있다. 그리하여 이 책에서 특히 레이건 대통령의 선진국 정치를 많이 기술하게 되었다.

따라서 이 책은 윤석열이 걸어온 길을 미화하여 서술해 놓은 단순한 위인전이 아니고, 필자의 주관적 견해를 가미한 '인물평전'이자 그의 원대한 정치비전을 조망해본 '대망론(待望論)'으로 집필된 것이다.

굿모닝, 윤석열

초판 1쇄 인쇄 2022년 1월 15일
초판 1쇄 발행 2022년 1월 20일

지은이 김윤중
펴낸이 김형성
펴낸곳 (주)시아컨텐츠그룹

책임편집 강경수
디자인 공간42
인쇄·제본 정민문화사

주소 서울시 마포구 월드컵북로5길 65 (서교동) 주원빌딩 2F
전화 02-3141-9671
팩스 02-3141-9673
이메일 siaabook9671@naver.com
등록번호 제406-251002014000093호
등록일 2014년 5월 7일

ISBN 979-11-88519-33-0 [03340]